MW01681328

Книга [illegible]
при фи[illegible] поддержке
Нидерландского
литературного фонда

Nederlands
letterenfonds
dutch foundation
for literature

Серия
Встречное
движение

Sjoerd Kuyper

Bizar

Hoogland & Van Klaveren

Шурд Кёйпер

Бред какой-то!

Перевод с нидерландского
Ирины Лейченко и Ирины Михайловой

Москва Самокат

УДК 821.112.5-053.6
ББК 84(4Нид)6-44
К33

Серия «Встречное движение»

Кёйпер, Шурд.
К33 Бред какой-то! : [для старшего шк. возраста] / Шурд Кёйпер ; пер. с нидерл. Ирины Лейченко и Ирины Михайловой. — М. : Самокат, 2021. — 384 с. — (Встречное движение). — ISBN 978-5-00167-028-5.

Салли Мо тринадцать. В три года она научилась читать и с тех пор только этим и занимается — буквально живет в книгах. Ее страсть к чтению всегда поощрял самый близкий человек — любимый дедушка Давид, с которым можно было обсудить любую книгу и поговорить по душам. Когда дедушка уходит из жизни, Салли Мо справляется с горем с помощью чтения и понемногу начинает терять связь с реальным миром. Мама отводит Салли Мо к психологу доктору Блуму, и тот предлагает ей три месяца не притрагиваться к книгам. Можно только наблюдать за миром, думать и писать в дневнике.

И тогда Салли Мо решает: а не написать ли ей самой книгу, раз читать запретили? И раз уж придется пожить в реальности, почему бы не завоевать сердце Дилана, в которого она влюблена всю жизнь? Вот только грань между правдой и выдумкой в ее истории так тонка, что иногда и не понять: то ли всё было на самом деле, то ли Салли Мо это придумала.

Роман нидерландского писателя Шурда Кёйпера в 2020 году был удостоен премии «Серебряный грифель» за лучшую детскую книгу. За значительный вклад в детскую литературу Кёйпер награжден также национальной премией Тео Тейссена.

Text copyright © 2019 by Sjoerd Kuyper
Originally published by Hoogland & Van Klaveren, Hoorn, the Netherlands under the title Bizar
Translation rights arranged by élami agency
© Ирина Лейченко, Ирина Михайлова, перевод, 2020
© Издание на русском языке, оформление.
ООО «Издательский дом «Самокат», 2021

ISBN 978-5-00167-028-5

Маргье, Йосту и Марианне,
с благодарностью за то счастье
и утешение, которое они мне дарят
в этой бредовой жизни.

Ты ходишь ко мне, чтобы я вправил тебе мозги

10 июля, пятница, 13:45

Если быть уродиной вроде меня, можно здорово повеселиться. Никому до тебя и дела нет. В смысле, никто не следит за тобой без конца влюбленным взглядом. Так что если хочешь, вставай и уходи — никто не заметит. Если и хватятся, то через час, а то и побольше: «И куда это Салли Мо подевалась?» А за час можно много чего успеть. Ограбить банк. Или убить человека. А люди скажут: «Ну нет, это точно не Салли Мо, она же все время сидела тут со своей книжкой. Так ведь?»

Правда, этим преимуществом я еще ни разу не воспользовалась, потому что до 13 часов 32 минут сегодняшнего дня только и делала, что читала. Научилась в три года, а до того делала вид, будто умею. Стоило родителям один раз прочитать мне книжку вслух, как я уже знала ее наизусть. А когда ты произносишь текст по памяти и в нужном месте перелистываешь страницу, все думают, что ты и правда читаешь. Если, конечно, до тебя кому-то есть дело. Но для взрослых уродские младенцы еще хуже уродских тинейджеров. Уродских младенцев вообще не должно быть. Вот взрослые и делают вид, будто тебя не существует. Да и вообще, все всегда только делают вид. Никогда не понятно, что люди думают на самом деле. Понятно бывает только в книгах. Эту мысль я еще поясню попозже. Десять лет подряд я только читала, целыми днями. Никто мне не мешал, никто не спрашивал, не хочу ли я поцеловаться у живой изгороди или искупаться на закате, «наедине, вдвоем». Никто не звал меня сниматься в кино.

Все, хватит!

Так вот.

Я пишу лучшую в мире книгу. В ней сначала идут приключения, потом немножко моих размышлений — и так далее. Всем должно быть настолько интересно узнать, что дальше, что и мои идеи они волей-неволей проглотят. Только нельзя сразу рассказывать, кто есть кто из героев, кто у них отец и мать, чтобы не получилось как в Библии. А Библию даже я не осилила.

Мы с мамой добрались до места, как всегда, первыми. Отправились на десятичасовом пароме, так что в полдвенадцатого уже были на острове, в двенадцать дошли до кемпинга, а к половине первого поставили палатки. Мы с мамой спим в разных палатках. Не потому, что мне так хочется, а потому, что ей нужна свобода делать что угодно, тем более в отпуске. Это ее слова. Дедушка Давид говорил: «Свобода — это когда сидишь в поезде с билетом в кармане». Но мама считает, что свобода — это когда она в отпуске целями днями ищет мне нового отца. Так она это называет: искать нового отца для Салли Мо. Если находит — проверяет, хорош он или нет. Этим она и занимается у себя в палатке. А я могу только помешать. Я ее понимаю. Но ненавижу эти проверки. Хоть и привыкла к ним. В общем, потому мы и спешим попасть в кемпинг первыми. Чтобы был выбор.

Мама уже поставила белое вино в походный холодильник, а я дочитывала последние страницы «Гамлета», когда из-за деревьев показались Дилан с его мамой.

— Вот и они! — громко воскликнула моя мама. — Отлично, да, Салли Мо?

— Здорово, — сказала я.

И соврала второй раз за день.

— Ну как, уже присмотрела какую-нибудь крепкую попку? — спросила мама Дилана.

Они кинулись обниматься и так крепко стиснули друг друга, что я испугалась, как бы сиськи у них не выдавились со спины. А что, удобно. Если дочка у тебя такая уродина, что глаза б твои не глядели, можно и не смотреть, пока кормишь ее грудью. Мама

Дилана и сейчас на меня ноль внимания. Зато Дилан мне подмигнул. Он единственный знает, что я существую. Но держит это в тайне.

— Все в порядке, Салли Мо?

— Все отлично, Дилан!

Ну вот, соврала в третий раз. Теперь мне три месяца нельзя читать книг. Бред какой-то.

Попозже я еще напишу, как умер дедушка Давид, а потом его кот. Когда они умерли, меня отправили к психиатру — считали, что я слишком странно себя вела, и боялись, как бы я полностью «не утратила связь с реальностью». Я ходила к нему каждую неделю. К Блуму. Это его фамилия. К доктору Блуму. Побывала у него двенадцать раз.

И вот вчера он сказал:

— Салли Мо, ты едешь на каникулы, и давай-ка ты на время перестанешь читать. Три месяца выдержишь? Попробуй жить отдельно от книг. Смотри вокруг себя, размышляй о том, что видишь. Когда человек читает, он думает чужой головой, а тебе уже пора думать своей. И старайся искать возвышенные моменты. Давай договоримся: три таких момента — и сможешь снова взяться за книги, не выжидая трех месяцев.

Мы с ним, с доктором Блумом, часто беседовали о *возвышенном*. Древние философы видели это самое возвышенное в неукротимых силах природы: грозе, землетрясениях, двойных радугах, водопадах, извержениях вулканов — во всем, от чего ты чувствуешь себя более живым, чем прежде. Снег тоже считается. «Но такое может случиться и когда просто идешь по дамбе, — говорил доктор Блум. — Слева земля, справа вода, над ней солнце встает из тумана, и в какой-то миг мир становится совершенным». «Как будто Вселенная уместилась у тебя в голове, — сказала я, — а может, в сердце. Или наоборот: как будто заполняешь собой Вселенную. Как будто все, что есть на свете, — это ты». — «Рад, что ты меня понимаешь, Салли Мо. По-моему, возвышенное — это тот миг, когда ты счастлив, что родился на свет». Да, доктор Блум — не какое-то там трепло, мне с ним повезло.

— В твоей жизни было что-нибудь возвышенное, Салли Мо?

— В настоящей жизни? — переспросила я.

Он кивнул. И я вспомнила. Как несколько лет назад мы были здесь в кемпинге, и шел дождь, и все сидели по палаткам или были в столовой, или пошли в музей вынесенных морем сокровищ, а я сидела одна на краю бассейна, и тут с дерева слетел листок и, кружась, приземлился на воду.

— Приземлился — в данном случае дурацкое слово, — сказала я.

— Неважно, — ответил доктор Блум.

— Так вот, — продолжала я, — листок упал прямо как надо. Не могу точно объяснить, что это значит. Но когда листок упал прямо как надо, то и все в мире стало прямо как надо. Я была совершенно счастлива.

И тут я заплакала. Из-за листка, упавшего на воду в бассейне. В кемпинге. Ну и бред. Доктор Блум тоже повел себя прямо как надо. Встал, подошел к окну и стал смотреть на улицу. Выжидал, пока мне захочется продолжить разговор.

— Все, уже прошло, — сказала я через несколько минут.

Он обернулся и ответил:

— Вот именно такие возвышенные моменты и стоит искать, Салли Мо. Их можно найти где угодно, даже в общении с людьми, клянусь!

— Может, в эти мгновения человек как бы возвращается в то время, когда он еще не родился, — сказала я, — такое появляется ощущение.

— Фу ты ну ты, Салли Мо! Ты ходишь ко мне, чтобы я вправил тебе мозги, а получается наоборот: от разговора с тобой я становлюсь еще более чокнутым, чем был.

Тут мы с доктором Блумом — мы оба рассмеялись. Не громко. Ни капельки не громко. Скорее как два листка, которые падают рядышком, прямо как надо, на поверхность бассейна. Под дождем.

Но вчера мы с ним поссорились. Перед самым моим уходом. Из-за правды. Начали у него в кабинете, продолжили на лестнице и в передней, а закончили на улице. Проговорили минут пятнадцать, не меньше. Попозже я еще опишу подробно, но дело сводится вот к чему: доктор Блум считает, что правда — это полная чушь, а я считаю, что до правды, наоборот, надо доискиваться изо всех сил, ведь это высшее, что есть в жизни.

— Высшее, что есть в жизни, — сказал доктор Блум, — это когда твои стихи переводят на китайский, а еще выше — когда ты превращаешься в лягушку.

Отлично сказано, но я слишком на него злилась, чтобы улыбнуться. И вообще, я ненавижу животных. Правда. Всех животных.

— Если ты так ценишь правду, — предложил доктор Блум, — попробуй хотя бы один день не врать.

— В смысле?

— В прямом. Просто попробуй.

— Я и так не вру.

— Ты влюблена?

— Нет.

— А в Дилана?

Блин! О Дилане я сама рассказала доктору Блуму на одной из первых встреч. Довольно много всего. Уверена, что Дилан перевернулся бы в могиле, услышав мое «нет». Или со злости взвился бы пепельным смерчем в урне. Если бы, конечно, был мертвый. Но он пока не умер. Насколько я знаю. В смысле, любой человек, которого ты не видишь и не слышишь прямо сейчас, может оказаться умершим. Я вдруг ужасно испугалась: вдруг Дилан и правда уже все?

— Упрощу тебе задачу, — сказал доктор Блум, — если соврешь меньше трех раз за день, можешь снова взяться за книжку. По рукам?

— Значит, соврать два раза за день можно?

— Вообще не врать невозможно, это бесчеловечно.

Ну ладно.

С утра я сразу начала говорить правду. Встала, посмотрелась в зеркало и сказала:

— Ну и рожа!

Хорошее начало. Мама спросила из своей комнаты, проснулась ли я.

— Да!

Отлично!

— Хочешь ко мне заглянуть?

— Нет!

Тоже честно.

— Ну пожалуйста!

— Ладно.

Это я сказала неохотно, но не соврала.

Я вошла к ней в комнату, она стояла перед зеркалом в шортах, которые были ей явно малы.

— Как я в них, Салли Мо?

— Классно.

Вот и первый раз. Через пять минут после того, как встала с постели. Затем, когда в кемпинге появились Дилан со своей мамой. «Здорово!» Второй. Может быть, надо было честно сказать, что маму Дилана я ненавижу еще сильнее, чем свою? Впрочем, самая ужасная сука — это мама Донни и Бейтела. «Все в порядке, Салли Мо?» — «Все отлично, Дилан!» Третий раз. Вот и все. Или я должна была сказать, что он поганец, потому что год не подавал признаков жизни? Но я так счастлива, что с ним все в порядке!

Все, что я тут пишу, — чистая правда. А все, что я сегодня сказала, было ложью. Теперь посмотрим, как получится с возвышенным.

— Умереть.

— Не родиться.

— Если ты умер, то ты хотя бы сколько-то пожил, — сказал Дилан.

— Если ты не родился, то ты еще можешь родиться, — сказала я.

— А если умер — не можешь, что ли? — спросил Дилан. — Взять да родиться еще раз?

Это у нас такая игра — «Что хуже». Мы играем в нее уже лет пять. С ней у нас есть о чем размышлять те пятьдесят недель, что мы не видимся. В прошлом году мы расстались на вопросе «Что хуже — умереть или не родиться?». Есть о чем подумать. До этого мы обсуждали вопрос «Впасть в летаргический сон и проснуться в крематории от огня или в гробу, закопанном в землю на два метра?» Я была за крематорий: в огне ты сгоришь раньше, чем поймешь, что еще жив, а в гробу будешь загибаться долго и мучительно от голода и жажды.

Но Дилан считал, что гроб лучше: «Потому что я возьму с собой мобильный телефон». «Который там не ловит, угу», — сказала я. «А кто-нибудь это проверял?» — «Аккумулятор сядет, или деньги закончатся». — «Думаешь, я такой дурак?» — «Тогда тебя найдут через несколько веков, а твой скелет будет руками и ногами упираться руками и ногами в крышку гроба, чтобы ее поднять». — «Можно попросить, чтобы перед похоронами тебе вонзили нож в сердце, тогда точно будешь мертвый». — «Но нож надо потом обязательно вынуть, а то кровь не вытечет. Иначе получится, будто рану залепили пластырем или бутылку заткнули пробкой. И ты остаток жизни проваляешься в гробу с ножом в груди». Мы, я и Дилан, никогда не хохочем во все горло. Только тихонько смеемся.

Я влюблена в него уже четырнадцать лет. Мне тринадцать, но наши отцы дружили, и, когда родился Дилан, мой отец сказал его отцу: «Сделаю-ка я девочку для твоего мальчика». Через девять месяцев появилась я и к моменту рождения была влюблена в Дилана уже достаточно долго. Чаще всего выдуманные истории — самые забавные. Было бы жалко их не записывать. Но в этой книге я буду всякий раз пояснять, где правда, а где — нет. Я считаю правду высшим, что есть в жизни, как бы там ни думал доктор Блум. То, что я влюбилась в Дилана еще до рождения, — выдумка.

А теперь правда: сегодня Дилан сказал: «Когда ты появляешься на свет, все улыбаются. И только ты один плачешь. А когда ты умираешь, то все плачут.

И только ты один улыбаешься». Думаю, взял это из какой-нибудь книги. Правда, я ни разу не видела, чтобы он читал.

Поскольку только Дилан знает о моем существовании, он — единственный, кто может в меня влюбиться. Пока этого не случилось, но он всегда относится ко мне по-доброму. Как-то раз я сидела рядом с ним на мостках, читала и вдруг взяла и обняла его за плечи. Он не возражал. Но сам в ответ даже не пошевелился. Так что через какое-то время я убрала руку. Он нырнул в воду, а я вернулась к книге.

В этом году все будет иначе. Я сделаю так, чтобы он в меня влюбился. Об этом я и пишу книгу. О том, как завоюю Дилана. Я же столько всего прочитала. Мне ли не знать, как устроены книги.

Выбирай: пуля в лоб или перерезанная глотка?

10 июля, пятница, 18:17

Следом явились Донни с Бейтелом и их мама. Теперь все в полном сборе. Шесть палаток в кемпинге на острове. Три — для четверых детей, три — для разведенных мам. Небольшое уточнение: нельзя сказать, что я ненавижу мою маму. Я ненавижу все, что она делает и говорит, но это другое дело. У нее нет никаких материнских способностей. Она думает, что хорошая мать первым делом должна позаботиться, чтобы у ребенка был отец. Вот она постоянно и старается его найти, нового отца для меня. Как только ни крутится. У меня от такого просто кровь из глаз. Может, с ее стороны это и мило. Но вообще-то я без отца легко обойдусь — и от одной родительницы забот выше крыши.

— Дальше — тишина*, — сказал Гамлет и умер.

---

* Здесь и далее цитаты из пьесы У. Шекпира «Гамлет» в переводе М. Л. Лозинского.

Доктор Блум разрешил мне дочитать «Гамлета», но на этом все. После «Гамлета» он велел мне начать записывать то, что я вижу, и слышу, и думаю. Этим-то я сейчас и занимаюсь, но пока писала, не заметила, что Дилан куда-то делся. Shit. Вот любит он быть один. Точнее сказать, не любит быть среди нас. Среди людей. Он всегда уходит на пляж, и сегодня я нашла его именно там. Увидела издали и потихоньку направилась следом. Кралась через дюны. Если ты влюблена, научишься красться совсем незаметно.

Я часто ругаюсь, это у меня в крови. В нашей семье все матерщинники. Это не мешает долголетию. Дедушка Давид умер в девяносто два года. У нас в роду народ крепкий. Умеем пожить в свое удовольствие. Маме тридцать девять, а вытворяет она такое, как будто ей шестнадцать. И ругаемся мы не затем, чтобы кого-то оскорбить. Да мы вообще в значение этих слов не вникаем. Когда я говорю shit, то вовсе не представляю себе кучу какашек, да и большинство людей вовсе не думают о сексе, вставляя в речь fuck. Моим первым словом было «тфаюма». Папа тогда пришел в восторг. Незадолго до того, как я это выдала, дедушка Давид вешал занавески и пропустил одну дырочку, так что у него осталось лишнее колечко. Надо было все начинать заново. «Твою мать», — ругнулся он. Я играла тут же рядом в кубики, строила пирамидку. Когда я поставила предпоследний кубик, она рухнула. «Тфаюма», — сказала я. «У Салли

Мо отличное языковое чутье, — сказал папа, — она найдет себе место в жизни!» И ушел от нас. Теперь он багермейстер — расчищает фарватеры в Дубае. Но каждый год переводит пятьдесят два евро в Фонд борьбы против ругани. Плати по евро в неделю — и ругайся весь год, говорит он. Это выдумка. Я уже больше десяти лет не слышала его голоса. Понятия не имею, как он звучит.

Дилан шел по пляжу вдоль моря, а я кралась за ним через дюны. В то короткое время, что мы живем рядом, я не хочу упускать ничего из того, что он делает. Ни шага, ни слова, ни взгляда, ни ухмылки. Я следую за ним повсюду, но Дилан-то не знает. Значит, и не страдает от этого. Так что не беда, я так считаю. Я написала, что всю жизнь только и делала, что читала. Это выдумка. Когда мы на острове, я только и делаю, что слежу за Диланом. Представляю себе, как все сложилось бы, будь у нас роман. И прокручиваю в голове сюжеты из любовного чтива. Бредятина.

А когда я бываю у дедушки Давида — вернее, *бывала*, — я тоже не читала, а пересказывала книги. Даже когда мы ловили рыбу. Или он сам рассказывал мне истории. Вторым моим словом было «Молчунишка». Так звали гнома из одной дедушкиной сказки, я ее слушала раз сто. «Твой двоюродный дед Барбер очень ее любил, — говорил дедушка, прежде чем ее начать, — знал назубок». Я тоже запомнила ее наизусть, но это было давно. Насколько помню, в сказке вот что происходило. Давным-давно в одном лесу жило множество зверей и гномов. И вот они заметили, что луна становится все меньше и меньше, но подумали, что им только кажется: с нее просто сходит краска. Однажды ночью луна вообще исчезла, и все разволновались. Кого-то надо было отправить на луну, чтобы покрасить ее заново. Старая сова погрузилась в такие тяжкие раздумья, что ветка, на которой она сидела, совсем прогнулась. «В этом месте Барбер всегда очень смеялся», — пояснял дедушка Давид. Сова позвала Молчунишку. Это был гном, который никогда не произносил ни слова, и другие гномы уже почти забыли о его существовании. Или никогда не знали. Сова спросила: «Может быть, это как раз для тебя задание?» А Молчунишка ответил: «Да, а то на земле все чересчур много болтают». По дереву он залез на небо с двумя ведерками, зачерпнул серебряной краски из Млечного Пути и поднялся выше, к луне. Кисточку он тоже с собой прихватил. Все животные и гномы сидели на опушке леса и смотрели вверх. И правда, на следующее утро они увидели на небе тонюсенький серп. Далее следовала любимая фраза Барбера. Дедушка Давид произносил ее во весь голос: «Это Молчунишка начал красить луну». В этом месте у Барбера наворачивались слезы. А гномы с животными устроили праздник и веселились до восхода солнца, да и после него тоже. Мне очень нравился такой конец. Кажется, я тогда еще не ненавидела животных. И гномов. Невзлюбила я их в два года.

Хватит отвлекаться.

Так вот.

Продолжаю рассказ.

Ужасно хочется вставить куда-нибудь слово «заклинать».

Обычно во время этих прогулок Дилан ничего особенного не делает. Идет себе, глядит вокруг и поет что-то под нос. Иногда ныряет в море. В таком месте, где его никто не видит. Впрочем, ныряет — это сильно сказано. Он бросается плашмя на волну, когда она разбивается, и потом его вместе с пеной несет к берегу. Затем он снова заходит в море, и все повторяется. И так раз двадцать. Или тридцать. Потом сидит на полотенце, пока не высохнет, и шагает дальше. Глядя по сторонам и напевая. Вот и все. Однажды я слышала, как он что-то кричал морю. Слов не было понятно — только его голос. Стоял, подняв к небу сжатые кулаки. Бред какой-то. Может быть, у него было горько на душе.

Сегодня все пошло по-другому. Сначала собака, потом художник, и под конец эта сукина дочь в бункере. С двумя братьями. Как будто мир проведал, что я пишу книгу, и решил подсыпать событий. Дилан снял кроссовки, подвернул брюки и пошлепал по мелководью. Вдруг из-за дюны выскочила большая собака — и рванула к нему. Сзади. Дилан ее не видел.

Стоило ему услышать, как ее лапищи шлепают по песку, и обернуться, как собака выхватила кроссовки у него из руки. Наверное, я должна была крикнуть Дилану — предупредить. Но кто же кричит тому, за кем крадется. Собака чесанула обратно в дюны. С кроссовками в пасти. Дилан от неожиданности ушел в песок по колено. Выдумка. Он сначала растерялся, а потом знаете что? Заорал:

— Псина, эй ты, псина!

Правда.

— Эй ты, псина!

А потом двинулся к дюнам. Пригнулся к земле низко-низко и почти уткнулся носом в песок. Он шел по следу! Очень трогательно. Я прямо млела от любви к нему. Сердце так и таяло от нежности, пока в поле моего зрения снова не оказалась собака: она спускалась с другой стороны дюны. Съехала по песку в лощинку между двумя горбами и принялась взбираться на следующую вершину. Эта вторая дюна была вся из белого песка, ни травинки на ней не росло. Только куст терновника на самой макушке. Или шиповника. Фиг разберешь. Я знаю названия всех растений и животных, но понятия не имею, как они выглядят.

Собака поставила кроссовки перед кустом и гавкнула высоким голосом. Три раза. Аа-ав! Аа-ав! Аа-ав-в-в! Похоже на птицу. Куст немедленно открылся. По-другому и не скажешь, потому что он оказался дверцей. И эта самая дверца открылась. Я прижалась к земле. Из-под куста высунулась голова какой-то девчонки. Она заговорила с собакой шепотом, но до меня долетало каждое слово. Чем нож острее, тем лучше режет — типа такого эффекта. Думаю, девчонку было слышно даже на материке.

Она шептала:

— Молодец, Брат Монах, отличная добыча.

Высунула из дверцы руку и почесала собаку за ухом.

— Но я же просила принести нам поесть. Сбегай еще раз в кафе на пляже! В ка-фе!

— Аа-ав! — ответила собака и убежала.

Девчонка цапнула Дилановы кроссовки и исчезла с ними. Дверца с кустом захлопнулась. Я даже не заметила, как она выглядит. Не обратила внимания. Хотя доктор Блум велел мне приглядываться ко всему как можно пристальнее: смотреть, думать, записывать. Наблюдать, размышлять, фиксировать на бумаге, говорит он. В смысле, чтоб ушки все время были на макушке. А я сплоховала. Вообще-то, когда ты видишь на вершине дюны куст и этот куст вдруг откидывается и из-под него высовывается голова девчонки, — так вот, когда все это случается, толком ничего и не рассмотришь. Что там у нее: лицо как мяч или впалые щеки, тонкие губы, зубы как покосившиеся надгробия? Только и успеваешь подумать: ничего себе, что она тут делает? В этой норе. Обалдеть.

Неожиданно я услышала голос Дилана:

— Здесь собака не пробегала?

— Да она чуть мольберт мне не свернула, — ответил ему мужчина (ну или кто-то с мужским голосом).

Чтобы его увидеть, я подкралась поближе. Задача непростая, потому что меня могли заметить с двух сторон. Дилан и девчонка. Если вдруг подсматривала в щелочку. Но я ползла по песку, точно змея, и вот: Дилан стоит в лощине между дюнами и разговаривает с мужчиной за мольбертом. Лысым и мелким. Больше ничего сказать не могу, потому что вижу его только со спины.

Я сидела, затаившись, совсем рядом и наблюдала через кустик дюнной травы. И картину на мольберте разглядела — классная! Поначалу кажется абстрактной — три горизонтальные линии. Но присмотришься и понимаешь, что это песчаный пляж, море и небо. А по небу плывет красное облако и отражается в воде. Краска лежала классными густыми мазками. Я в этом знаю толк, потому что мой дедушка Давид был художником. Настоящим. Дилан тоже впечатлился.

— Ух ты, — сказал он, — если повесить на стену, все подумают, что это окно.

Понимаете теперь, почему я в него влюблена?

— Спасибо, — сказал художник, — этого я и добивался. Твоя собака побежала вон туда.

— Да, вижу! — ответил Дилан.

Снова пригнувшись к земле, он пошел дальше. Опять взял след.

Пожалуй, дневник — не самый удачный жанр для первой книги. В дневнике ход событиям задает действительность, «настоящая жизнь», а не автор. Художника я бы ни за что не стала выдумывать. Мне он не нужен. Будь моя воля, Дилан просто брел и брел бы по собачьим следам. Что и происходило. А художник — это бесполезный факт. Это я еще объясню попозже. Вторую книгу я выдумаю от начала до конца. Как Бог в первый день творения. Начало Библии я все-таки одолела. От Моисея я без ума.

У подножия дюны с кустом Дилан остановился. Здесь собачьи следы расходились: на север и на юг, на запад и на восток — во всех направлениях. Я проползла по противоположной стороне дюны и залегла у самой верхушки. Чтобы смотреть из-за гребня. Дилан заколебался. Внимательно огляделся и шагнул не туда, так что я... сделала самую глупую, самую дурацкую, самую нелепую штуку. Ничего тупее в своей жизни я не творила ни до, ни после. Бред, короче. Я ведь понятия не имела, к чему это приведет. Просто хотела, чтобы Дилану вернули его кроссовки. В общем, что получилось — то получилось.

Я прогавкала, как та собака. Три раза. Высоко и протяжно. Аа-ав! Аа-ав! Аа-ав! Получилось вполне похоже. Дилан обернулся и глянул вверх, я вжалась в песок и услышала шорох на другом склоне дюны. Девчонка откинула свой куст.

— Ч-ч-черт побери!

Было понятно, что разозлилась она по-настоящему, но говорила как на сцене — точно какие-нибудь министры столетней давности.

— Ч-ч-черт побери, с какой стати ты подражаешь моей собаке?

— Я ищу свои кроссовки.

Ну и кто так знакомится с девушкой?

Я не могла подсматривать как следует, оставаясь незаметной, поэтому сползла с дюны и перебралась на местечко с обзором получше. Пока ползла, слышала, как они говорили.

— Неостроумно с твоей стороны, потому что теперь ты должен умереть, — сказала девчонка. — Выбирай: пуля в лоб или перерезанная глотка? И знай: я серьезна как никогда.

Дилан ничего не ответил — явно затруднялся с выбором.

Теперь мне их снова было видно. Обстановка оказалась более серьезной, чем я думала. Девчонка с ружьем в руках целилась в Дилана, а тот, весь красный, уставился на дуло. Никогда он так не краснел.

Волосы у девчонки, черные как эбеновое дерево, длиной до плеч, совершенно спутались. Наверное, и внутри головы у нее все точно так же спуталось. Кожа на лице белая как снег, а губы красные как кровь. Белоснежка долбаная. Но еще больше она походила на бродяжку, которую я когда-то видела в старом черно-белом фильме. Такую красивую, что мне стало не по себе.

Фильмы я иногда тоже смотрю. Но только не те, что по книгам. Никаких экранизаций. Это как если бы вечером в спальню зашел папа в зеленой шапочке и сказал, что он Питер Пэн. А мама скакала бы за ним следом на деревянной лошадке, утверждая, что она Пеппи Длинныйчулок. С куском проволоки в одной косичке. Фу, тошнячка. Лучший фильм на свете — это «Крупная рыба»*. Про то, что в рассказах жизнь можно приукрашивать. Преувеличивать, чтобы стало красивее и интереснее. Люди от этого будут только счастливее. Вот о чем он. Я часто плачу, когда смотрю кино, но только от счастья. Надеюсь, по моей книге фильм не снимут.

На лице у девчонки чернели грязные разводы. Глаза пронзительные. Идеально для роли «девочки, живущей в норе в дюнах». Выходит, это выдумка, что люди с собаками всегда уроды. Совсем не всегда. Я могла закричать, броситься на нее или позвать на помощь художника, но почему-то точно знала, что она не выстрелит. И правда. Дилан постоял какое-то время, подняв руки вверх, как-то очень по-

---

* «Крупная рыба» (Big Fish) — фантастическая трагикомедия Тима Бертона (США, 2003).

любительски, а девчонка вдруг растянулась на песке носом вниз, прямо с ружьем.

Из норы высунулись двое мальчишек лет восьми, с виду ровесники Бейтела. Перебрались через лежащую Белоснежку, держа каждый по кроссовке Дилана. Близнецы. Морды нахальные. Все в веснушках, но все равно несимпатичные. Выражались они так же выпендрежно, как и девчонка.

— Сколько ты готов за них заплатить? — спросил один из них.

Оба подняли кроссовки вверх.

— Пятьдесят евро — и ты получишь их обратно, — уточнил второй.

Дилан опустил руки.

— Вы совсем, что ли? — сказал он. — Это же мои кроссовки.

— Но теперь они принадлежат нам, — возразил первый.

— Собака принесла, — пояснил второй.

— Так она их у меня же и стырила, — сказал Дилан. — Не валяйте дурака.

Девчонка между тем села, положив ружье себе на колени.

— Стырить — все равно что получить в подарок, — сказал первый мальчишка.

— Деньги, которые наш папа стырил у людей, они принесли ему сами, — сказал второй.

— Все равно что подарили, — сказал первый.

Жалко, что я не знаю их имен, — писать было бы проще.

— Чтоб я ничего подобного больше не слышала, — прошипела девчонка и направила ружье на мальчишек.

По-моему, художник должен был слышать все их разговоры в этом безветренном мире. Хотя, возможно, он уже ушел. Картина его выглядела завершенной.

— Никаких разговоров о евро и о деньгах, — воскликнула девчонка, — и слышать не желаю о выгоде, о прибыли, о доходах и так далее. И об айфонах и чипсах тоже. Здесь всего этого просто не существует.

— Пятьдесят этих самых, — обратился второй близнец к Дилану.

— Пятьдесят У.Е., — добавил первый, — или мы выставим их на eBay.

Взметая песок, на дюну взбежала собака. Положила у ног девчонки кусок сырого мяса и гавкнула три раза.

— Ч-ч-черт, — сказала девчонка.

Ругаться у нее совершенно не получалось. Видимо, она старательно учила плохие слова, но браниться с таким изысканным произношением — это смех на палочке.

— Ч-ч-чер-р-рт, оно же сырое! Какой нам от него прок! Принеси нам мяса не из кухни, а с тарелок!

Собака грустно гавкнула и легла на песок рядом. Девчонка почесала ее за ухом. Вполне нежно. Пока она не чешет за ухом Дилана, все в порядке.

Дилан подбежал к мальчишкам и попытался отобрать кроссовки. Мгновенно получил от них коленом в пах и сложился вдвое. Я тоже чуть согнулась от боли, как будто у меня трещина в лобковой кости. Преувеличение не считается выдумкой.

— Что с воза упало, то пропало, — сказал первый близнец. А может, второй.

И тут произошло кое-что замечательное. Дилан выпрямился, схватил этих гаденышей за шкирку и столкнул головами. Просто чудо, что у них не треснули черепушки, а то вылетел бы рой черных чертенят.

Shit. Зовут за стол. После еды надо все перечитать и самую сочную фразу отправить в заголовок. Чтобы у главы было название. А потом буду дальше писать о приключениях Дилана. Пока что он главный герой, этот подлец. Так Гамлет называет своего ублюдка дядю: подлец.

Любовь — это смесь жадности со щедростью

11 июля, суббота, 2:22

— Нашел ботинки? — спросила девчонка. — Тогда проваливай! Тебе повезло: я тебя отпускаю. Но если ты кому-нибудь хоть словом обмолвишься, что мы здесь...

— Я никогда ничего не рассказываю, — ответил Дилан. — Никому.

Это правда.

— Вот и продолжай в том же духе. Если я хотя бы заподозрю, что ты меня сдал, тебе от меня не уйти. Я умею читать следы даже на асфальте, и тогда выбирай — пуля или нож. Чтобы ни одной живой души тут и в помине не было!

— А они как же? — Дилан указал на близнецов, сверливших его злобными взглядами.

— Я воспитаю их как зверей.

— А ты сама?

Кровь опять прилила к его щекам. Значит, в прошлый раз он покраснел не от страха. Я так и читала его мысли: если уж мне суждено погибнуть, то от ее рук.

— Я тоже пытаюсь стать зверем, — ответила она.

И принялась объяснять, чем люди отличаются от животных. Несла какую-то чушь. Реальный бред. Разница, по ее словам, только в том, что у людей есть деньги, а у зверей — нет. Ну да, конечно, а еще у людей есть нос, а у сахарниц — нет, вот и вся разница. Мальчишки исчезли в норе за кустом, и обстановка на дюне стала какой-то уж больно домашней. Думаю, девчонка почувствовала, что Дилан ее не выдаст, и после нескольких дней в укрытии ей захотелось поговорить с кем-нибудь нормальным. С кем-нибудь красивым. Добрым. Пусть даже и с человеком.

Она заявила, что вообще-то между животными и людьми различий миллион, но все в итоге сводится к деньгам. Звери отправляются на поиски пищи, как только почувствуют голод, а люди покупают продукты, чтобы съесть потом, когда проголодаются. Потом! Животные, в отличие от людей, не думают о будущем. Животные убивают своих собратьев, чтобы их съесть, или со злости, когда кто-нибудь на них наступит или полезет к их детенышам. А люди — потому что им приказывают другие. И они убивают. Других людей и животных. Ради денег. Ради денег, которые им понадобятся потом, в старости. Они прячут их в сейф или в банк. Человек без денег хочет просто денег, а человек с деньгами — еще больше денег.

— Животные не откладывают на потом, — заявила она.

— Белки запасают всякие грибы, даже поганки, — осторожно возразил Дилан.

— Нет, они их просто прячут. Причем сами знают, что потом не найдут. А люди откладывают все подряд. Есть даже такие поганки, которые запасают белок.

Дилан просто скрючился от хохота — клянусь. Будто впервые в жизни услышал шутку. Но девчонка не засмеялась, так что он поскорей перестал.

— У людей есть вещи, — продолжила она, — деньги и вещи, а у зверей нет абсолютно ничего. Поэтому они не завистливы. Они не крадут, не обманывают, не мошенничают. Звери — хорошие, люди — плохие.

Прямо так и сказала. Было видно, что она не шутит. Есть такие декоративные плитки, на которых написано: «Чем лучше узнаю людей, тем больше люблю животных». И некоторые такое покупают. Не жалеют денег. Идут в сарай за гвоздями и молотком, чтобы такую плитку повесить. В туалете. Или вызывают мастера. Человека. Не слона или дятла, а человека. А тот делает себе, что его попросили, и не задумывается, правильная ли это мысль.

Дилан опустился на песок напротив девчонки.

— С какой стати ты тут уселся?! — зашипела она. — Тебя здесь нет и никогда не было. В твоем мире меня не существует, а тебя не существует в моем. Уходи! Забудь все, что слышал и видел, и ботинки свои забери.

Дилан подскочил так, будто сидел на злющем скорпионе. Ну то есть как будто скорпион разозлился, потому что Дилан на него уселся.

— Для зверя ты слишком красиво говоришь, — заметил Дилан.

Девчонка показала ему средний палец и сказала:

— Да пошел ты на хр-р-рен!

Как будто у нее рот от рождения полон взбитых сливок и ругательствам приходится через них пробиваться.

— Слова тоже изобрели ради денег, — провозгласила она, — чтобы торговать. Назови мне хоть что-нибудь, для чего нужны слова.

Чтобы писать книги, подумала я, или песни — все, что считаю важным.

Дилан не знал.

— Чтобы драться, слова не нужны, — сказала девчонка. — И избавиться от тебя я могу без слов: просто ткну тебя в ребра ружьем, зарычу и оскалюсь. Слова не нужны, чтобы плавать, строить дома, смеяться, целоваться, заниматься любовью.

Мне показалось, что закат начался дико рано, будто уже зима на дворе. Но то было не заходящее солнце, а голова Дилана. Ну и мастер же он краснеть! И драться, оказывается, тоже. Кто бы мог подумать! Его отец был старый хиппи — мир-любовь и все в таком духе. Просил прощения у каждой морковки перед тем, как от нее откусить. Жена выставила его на улицу, потому что он был в два раз старше ее — «на сто процентов старше», как она говорила, — ему едва хватило времени назвать Дилана Диланом. Вот откуда у него это имя.

— А как тебя зовут? — спросил Дилан.

Девчонка вскочила и ткнула его стволом ружья в ребра.

— Думаешь, я идиотка? — воскликнула она. — Дам тебе раззвонить по всей округе, что мы здесь прячемся? Чтобы ты еще и вознаграждение получил? — Последние два слова она процедила с таким видом, будто ее вот-вот вырвет.

— Ничего я рассказывать не собираюсь! — ответил Дилан. — Я даже не знаю кому...

— Полиции, журналюгам.

— За полсотни мы тебе скажем, как ее зовут.

— И как нас — тоже.

Близнецы снова высунулись из норы. Девчонка кинулась к ним и стала заталкивать их обратно:

— А ну заткнитесь!

— Ее зовут Джеки! — выкрикнул один.

— Джеки Кромме Линге!

— Мы ее братья, она нас похитила.

— Забери нас отсюда!

— Позвони в полицию!

Значит, девчонка — Джеки. Наверное, уменьшительное от Жаклин. Я узнала об этом часов десять назад, но мне было ни капли не трудно держать язык за зубами. Не очень-то приятно писать ее имя. Она умудрилась затолкать братьев обратно и захлопнула куст. Раздался металлический щелчок. Выходит, это настоящая дверь, и ведет она, скорее всего, в бункер. Джеки подперла куст веткой.

— Шарфы наденьте! — крикнула она через дверь и повернулась к Дилану. — Ну что, не проболтаешься?

Дилан кивнул и спросил:

— Что я могу для тебя сделать?

— Уйти и больше здесь не показываться, — ответила она. На ее лице вдруг проступила неописуемая грусть.

— Ты здесь до конца каникул просидишь? — спросил Дилан.

— До самой моей смерти, — ответила она, — и даже после нее никто меня не найдет.

Дилан кивнул и ушел. С кроссовками в руке. Девчонка уселась рядом с псом и прижалась к нему — прямо щекой к щеке.

Дилан карабкался по рыхлому склону здоровенной дюны. Добравшись до вершины, он побежал. Кинулся вниз сломя голову. И запел! Я еще ни разу не видела, чтобы он краснел, или дрался, или пел. Вот это день! Но до чего же идиотские песни способен сочинять человек, когда влюблен! Дилан пел о Джеки, что сбежала навеки. Ну-ну. Он продолжал горланить всю дорогу до кемпинга. Джеки-навеки. Чувак, да ты поэт! Он еще и пританцовывал. Как утка на пуантах. Я начала понимать эту Джеки, что сбежала навеки. Без слов, пожалуй, и вправду лучше.

Каждое лето я слежу за Диланом. Я видела все, что он делал, и слышала все, что он говорил, но никогда не знала, о чем он думал. А теперь я могу это выдумать. Впервые! Проще простого. Весь вечер он просидел, уткнувшись в свой мобильник: само собой, прочесывал интернет в поисках мефрау* Кромме Линге.

«Мефрау» — так всегда называл женщин дедушка. И женщину, в которую влюбился в свои девяносто лет, — тоже. А слово «гараж» он произносил не на голландский манер, с хриплым, горловым «г», а по-французски мягко, почти что с «к» в начале. Он говорил по-старомодному чинно, но не напыщенно. В отличие от некоторых. Когда он кричал «твою мать!», голуби подрывались с деревьев как ненормальные.

Для моей книги то, что мефрау JKL вдруг возникла из ниоткуда, из песков, — просто подарок судьбы. Нашей героине Салли Мо сразу же приходится убрать

---

* Мефрау — вежливое обращение к женщине, принятое в Нидерландах и Фландрии.

с дороги серьезное препятствие: обворожительную соперницу! Лучше бы — с помощью собственного ружья врагини. Чехов писал: если в начале появляется ружье, в конце оно обязательно должно выстрелить. Еще можно прикинуться милой старушенцией и затолкать этой девчонке в глотку отравленное яблоко. Вот это по-злодейски! И книга станет даже лучше, чем я думала. А может, даже лучше, чем я надеялась.

Сейчас полчетвертого утра. Спать — только зря время терять. Люди, дожившие до девяноста, проспали тридцать лет. А жили — только шестьдесят. Я потеряла уже больше четырех. От сновидений никакого толку. Делать или думать, что хочешь, ты не можешь. Сон накатывает на тебя как волна, а ты лежишь со связанными руками на дне моря и даже закричать не в силах, потому что рот тебе заткнули твоими же дипломами по плаванию. Я выключила фонарик и высунулась из палатки. Небо покрыто тонким покрывалом ночи, тут и там его прокалывают звезды.

Может, все-таки лучше поспать? Чтоб никакого Дилана в голове. Все мои мысли — только о нем и о той девчонке. И вот что: когда так сильно любишь человека, как я — Дилана, разве не полагается хотеть для него всего, чего его душа пожелает? И самой парить на седьмом небе от счастья, когда он влюблен, пусть и в другую? Ведь любить по-настоящему — значит отдавать, не прося ничего взамен? И сейчас я должна бухнуться на колени и молиться о том, чтобы у Дилана и Джеки все сложилось и они бы жили долго и счастливо и попросили бы меня быть свидетельницей на их свадьбе и крестной их детей — я же лучшая подруга Дилана. А потом я бы еще до конца дней своих врала, что и Джеки — моя лучшая подруга. Ненавижу эту стерву. И вообще, JKL — это вроде бы такой истребитель. Пошумит-пошумит — и нет его. (Или не JKL, а JSF?* Да ладно, кто их разберет, главное — сравнение хорошее!)

Дилан должен краснеть и драться — из-за меня! Петь и танцевать — для меня! Любовь — это смесь жадности со щедростью. Нужно выложить сердце на стол, но, если другой не сделает то же самое, очень важно вернуть сердце себе обратно. Иначе оно истечет кровью. Ну или придется вырвать сердце ему. Возлюбленного надо покорить, так вроде бы говорят? И не зря. На абордаж! Как в старину, когда солдаты в яркой форме бросались в атаку, с криками и песнями, чтобы их всем было слышно и видно. Бред как он есть. Но если этого не сделать, то моргнуть не успеешь, как будешь писать любовные письма девчонке за парня, которого ты упустила. Потому что он

* JSF (Joint Strike Fighter) — «Единый ударный истребитель». Американская программа по разработке истребителей нового поколения. Приобрела широкую известность в Нидерландах благодаря бурной парламентской дискуссии о необходимости приобретения разработанных в рамках программы истребителей.

в эту девчонку влюблен, а сам двух слов на бумаге связать не умеет. Я прямо вижу, как лежу в дюнах, а Дилан стоит чуть поодаль перед этой девчонкой, башка у него как стеклянная чаша, полная лавы, а язык отнялся. И что, я должна подсказывать ему из своего укрытия сладкие словечки, чтобы он смог покорить ее лживое сердце? Ну уж нет! Потому что тогда я опять перестану существовать. Точнее, так и не начну. Если ты всю жизнь старался оставаться невидимкой — это значит, что ты существовал, или нет?

Дедушка Давид говорил: «Жить — значит брать и отдавать. Я отдал все, что мог». — «И взял, дедушка?» — «Только одно: я всегда брал на себя ответственность». И он грустно смеялся. Я рада, что он умер. Серьезно. Он так этого хотел! Жить он продолжал только из вежливости. Раньше, когда я навещала его и спрашивала, как дела, он вздыхал: «Ох, девочка моя, о-хо-хо». Но в последнее время вместо ответа он ругался такими черными словами, что в округе церкви рушились. Он прожил сколько мог — пока не стало совсем невыносимо.

Выходит, это я умею: так сильно любить человека, чтобы думать только о его счастье, а не о собственном. Мне безумно не хватает дедушки, просто жесть как сильно. Только с ним можно было поговорить по-настоящему. И все же я рада, что он умер. Рада за него. Но если завтра я увижу, как он сидит на облаке и рыбачит с другой девочкой, пожалуй, я и передумаю. А что, если Дилан меня отвергнет? На время, чтобы сначала заполучить подругу покрасивее. Но смолкни, сердце, скован мой язык! Это из «Гамлета».

С тех пор как я пообещала доктору Блуму не читать, а жить отдельно от книг, в реальности, я пробую проделывать всякое, что на самом деле невозможно. Кладу руку на стол и жду, чтобы стакан сам заскользил ко мне с другого конца. Ну или хоть сдвинулся с места, совсем чуть-чуть, — начнем с простого. Интересно, что я почувствую, если получится: обрадуюсь или перепугаюсь до смерти? Или взять ду́хов: что со мной будет, если встречу призрака? Думаю, если Дилан вдруг решит меня поцеловать, я помру со страху. С тех пор как читать нельзя, мне все кажется адским бредом.

Деревенские часы бьют четыре. Идет дождь. Я впитала в себя почти все, что написало человечество, — от изобретения клинописи и до 13 часов 32 минут вчерашнего дня. Как губка. Пора бы комунибудь меня выжать.

Значит, ты умеешь убивать котов одним взглядом?

11 июля, суббота, 9:11

Мы, Бейтел и я, перешли по мостику и оказались в лесу. Было еще рано, половина восьмого, листья на деревьях мокро блестели. К свае в воде была прибита табличка: «ЛОВИТЬ РЫБУ ВОСПРЕЩЕНО». На свае сидела цапля с рыбой в клюве.

— Читать не умеет, — сказала я. — Глупая птица!

— Наоборот, умная! — возразил Бейтел. — Она-то знает, что люди думают: цапли читать не умеют. А цапли как раз отлично умеют и еще отлично умеют притворяться, что не умеют читать.

А что, вполне возможно.

— Ты подожди тут, — попросил Бейтел, — а я пойду поздороваюсь с бобрами.

Он исчез в кустах на берегу озерца. Бейтел разговаривает с животными. Особенно с невидимыми. Я животных ненавижу, так что невидимые звери для меня — лучший вариант. Чувствую, у нас с ними есть кое-что общее. Бейтелу восемь лет, но он все еще живет в сказочном мире. Может, вообразил себя Питером Пэном и не хочет взрослеть, вот и выбрал сказку. Или это звери его не отпускают. Лично меня Питер Пэн всегда бесил. «Умереть — вот это настоящее приключение», — говорит он*. Ну да, как же. И все же, глядя на Бейтела, я думаю: вот будет жалость, если он со дня на день превратится в тормознутого подростка.

Может, пубертат — это первая из вереницы жутких болезней, которыми надо переболеть за всю жизнь? Если так, то Бейтелу повезло, что он пока здоров. Я бы хотела, чтобы мне прямо сегодня исполнилось семьдесят четыре. Серьезно! Ведьма с корзинкой отравленных яблок. У меня старая душа. Жду не дождусь, когда эта душа по возрасту совпадет с моим телом. Или наоборот. Молодость меня уже достала, причем с самого рождения.

Бейтел появился из-за кустов. Оказывается, бобры еще спали. Мы направились глубже в лес. Бейтел решил поздороваться с совой:

— Думаю, она еще не заснула.

Он снова исчез из виду.

На этот раз он запропастился надолго. Я осталась совсем одна, а ветер легко потряхивал ветки, и от этого под деревьями как будто накрапывал дождь. Присесть было некуда — сплошная сырость кругом.

---

* Перевод Н. Демуровой.

Лучи солнца тянулись между деревьями горизонтально, а я стояла и чувствовала себя счастливой. По правде. Ночью темными делаются не только вещи — дома, крыши, трубы, — но и мысли. А утром все светлеет. И мысли тоже.

Солнечный свет отражался в каждой капле — и в тех, что падали, тоже. И они искрились, и внутри у меня все искрилось тоже. Я закрыла глаза, но продолжала видеть, потому что в мою голову вместился целый мир. Даже тела не ощущала: оно заполняло размером Вселенную, не натыкаясь ни на какие препятствия. На глазах выступили слезы, и я почувствовала, что солнце в них засверкало искрами так же, как в дождевых каплях. Я была во всем, и все было во мне, и все складывалось прямо как надо — как тогда с листком, упавшим на воду бассейна! И когда Бейтел вышел из-за деревьев, все по-прежнему оставалось как надо. Вид у Бейтела был серьезный, но свою беседу с совой он пересказывать не захотел.

Мы вышли на поляну. Ее обступали хвойные деревья. Посередине стояли три то ли сосны, то ли елки — кто ж их разберет — и еще одно дерево, с листьями как большие зеленые ладони: мизинец, короткий большой палец и три длинных. В деревьях я ни бум-бум, правда. Бейтел тут же полез на самую высокую то ли сосну, то ли ель. Получалось у него хорошо, он легко сновал между ветвей. Как будто путь был ему знаком. Он взбирался из тени к солнцу. Высоко. Еще выше. Слишком высоко. Бейтел встал на одну из верхних ветвей, обхватил рукой ствол и приложил ладонь козырьком ко лбу.

— У меня тут наблюдательный пост! — завопил он.

— Братец Бейтел, — крикнула я, задрав голову, — ты высоко сидишь, далеко глядишь, видишь ли кого-нибудь?

— Динозавров! — заорал он. — Целое стадо!

Солнечные лучи гребнем чесали ему волосы. От того, как он там стоит, мне стало жутко. Предупредить, что это опасно? Но я ж ему не мама. Доктор Блум говорит: мы родились не затем, чтобы осторожничать. Я прочла десять тысяч книг и еще немного. Не меньше чем в половине из них встречались дети, и все они были намного счастливей, если их не дергали без конца. Если Бейтел упадет, я его поймаю. И сломаю спину. Тут же прослыву героиней. А деревья — они, по-моему, обожают, когда на них залезают, уж им-то вреда не будет.

— К оружию! — скомандовал Бейтел и змеей соскользнул вниз.

Фух, гора с плеч! Он поднял с земли длинную ветку и протянул мне:

— Твое копье. Я возьму только рубило. Самок и детенышей не трогаем.

— Договорились.

— Слышишь топот? Они близко. — Бейтел напряженно всматривался в деревья на краю поляны. — Там! — закричал он. — Вон они! Целое стадо! Матери с малявками. Самец — только один. Вот тот, здоровущий. Давай! Бросай! Скорее!

Нужно было прицелиться, но я не знала, куда метить. Тогда я вообразила, как прямо на меня надвигается тираннозавр.

— Плотоядный! — закричала я. — Человекоядный! — И метнула копье.

— В яблочко! — радостно подхватил Бейтел. — Ты пронзила его холодную кожу! Молодец, Салли Мо! Он валится на землю!

Бейтел подбежал к месту, где упало копье, осмотрел убитое чудовище и заплясал вокруг туши, припевая: «Наповал! Наповал!» Потом глянул в ту сторону, откуда появился динозавр, и сказал:

— Вот этого я и боялся: самки удирают. Что же нам теперь делать с детенышами?

— Давай спрячем их под теми деревьями? — предложила я и показала на четыре торчащих посреди поляны ствола.

— Нет, там лежит наше оружие, они испугаются. Родители научили их бояться человека.

— Можем попробовать их приручить.

— Это невозможно.

— С саблезубыми тигрятами же получилось.

— Ну да.

Не успела я и глазом моргнуть, как мы оказались в хвойном сумраке, ветки накрывали нас шатром, а рядом возились семнадцать динозавриков. Ну не бред, а? У одного малыша глаза косили. Мы сидели на мягком ковре из сосновых игл. На сук рядом с моей головой опустилась птичка и принялась выводить трели.

Бейтел нашел яму и принялся маскировать ее ветками и листьями: ловушка для саблезубого тигра. Закончив, он отошел немного в сторону и осмотрел ее. А потом направился прямо к яме.

— Осторожно! — закричала я. — Еще сам упадешь!

— Хочу проверить, как сработает, — ответил Бейтел.

Он шел, насвистывая и заложив руки за спину, разглядывая облака. Прямо как саблезубый тигр-папаша в воскресенье, когда у него нет других дел, кроме как гулять и наслаждаться хорошей погодой. Наконец Бейтел наступил на листья и ветви и провалился по пояс.

— Сработало! — воскликнул он.

Надо же, какое чудесное выходило утро! Внезапно я поняла, почему люди продолжают рожать детей. Всегда есть один шанс на десять миллиардов, что у тебя получится маленький Бейтел.

Возвращались мы опять мимо озера.

— Наверное, бобры уже проснулись, — сказал Бейтел и скрылся в прибрежных кустах. Надолго.

С детьми пообщаешься — станешь буддистом. Нужно столько терпения, что время как будто перестает существовать и отступает: мол, сдаюсь-сдаюсь.

Рядом вынырнул Бейтел:

— Знаешь, что мне бобры рассказали? Они говорят, что... — Тут на берегу показались другие туристы, и Бейтел быстро сменил тему: — Мы еще матч не доиграли, а мама уже зовет меня домой. И вот я лежу в постели и слушаю, как остальные радуются, что гол забили. Разве это честно?

— Нет, конечно, — ответила я.

Я в жизни не играла в футбол, но мне было так приятно, что Бейтел впустил меня в свой мир, что я соглашалась с ним во всем. Мы приближались к кемпингу, на тропинках все чаще появлялись прохожие. Что рассказали бобры, так и осталось загадкой.

Отец Бейтела — самый добрый из всех отцов нашего маленького клуба. К Донни он отношения не имеет: у того другой папа, с которым я не знакома. Хорошо, что я единственный ребенок: никакой путаницы с отцами. Папа Бейтела каждый вечер рассказывал нам, всем четверым, сказки перед сном. Он прозвал Бейтела Франциском в честь древнего святого, который беседовал с птицами. По-моему, он и сам умел общаться с любыми животными. Только с матерью Бейтела ему не повезло. Зараза каких мало! Изменила прямо у него под носом! Ну и он после этого тоже ей изменил. К сожалению, с моей мамой. Скандал вышел ужасный, и больше мы папу Бейтела не видели.

Боже, как же я ненавижу измены! Из-за них все, что ты раньше чувствовал и говорил, становится враньем. Если завтра мы с Диланом станем парой, я буду хранить ему верность всю жизнь. И еще десять лет после своей смерти — клянусь. Да и потом тоже.

Не то что мать Гамлета: у нее муж умер, а она уже через несколько недель вешается на его брата — своего деверя, дядю Гамлета... Да я бы им всю постель заблевала! Как раз перед тем, как они в нее нырнут. Хотя это вроде как не измена — она ведь вдова, и все же. Вокруг Гамлета — сплошные интриги, заговоры и обман. Его ярость — это моя ярость.

Донни похож на свою мать, а Бейтел — на отца. Вот бы детей называли Номер Один, Номер Два и Номер Три, пока они не вырастут. А там уже решали, какое имя им подходит. Тогда Бейтел был бы не Бейтелом, а Франциском. А меня так и звали бы Номер Один.

Когда мы подошли к палаткам, наши мамы уже проснулись. Обстановка царила душевная. На огне закипал чайник, жарились яйца, Дилан и Донни еще спали. Я сидела у входа в свою палатку и писала. Все, что написано выше. Прямо досюда. Никто этого не замечает. Что я пишу, а не читаю. Что я здесь сижу. А если и замечают, по чистой случайности, то думают, что я нахожусь в другом мире, у себя в голове. И так уже тринадцать лет. Все уверены: слова из реального мира до меня не доходят, вот и мелют при мне все подряд. Так что о наших матерях я знаю все, что только можно (и нельзя).

Черт!

Дилана в палатке не было! Впервые за все эти годы я проворонила, когда он ушел. А он возьми да появись с мотком проволоки и удочкой в руках! Ходил в деревню. Без меня! Ну то есть он все делает без меня, но я-то всегда держусь рядом. Мы сели завтракать. Всемером. Такое редко случается. Донни тоже вылез из палатки. Я еще расскажу попозже...

Мама старалась изо всех сил.

— Ну как, весело тебе тут, Салли Мо? — спросила она.

— Очень, мам, а тебе?

— Качественный досуг, детка, качественный досуг!

Я кивнула и улыбнулась ей.

— Значит, тебе не хочется сходить с нами в деревню, выпить кофейку, погулять вчетвером в девчачьей компании?

Я заставила себя приподнять уголки губ и помотала головой. А вот Бейтелу выбора не оставили.

Он ужасно возмутился:

— Я хочу остаться с Салли Мо!

Но у него нет права голоса. Он нужен нашим мамам в доказательство того, какие они чудесные родительницы. Они пичкают его чипсами и детским капучино и без устали наглаживают по голове. Тут и свихнуться недолго. Делают они это, только когда на горизонте появляются мужчины.

Донни опять выполз из палатки. Дилан ненавидит Донни с рождения. Ни разу не видела, чтобы они вместе играли или разговаривали. Даже в детстве. Если спросить Дилана, кто самый большой сукин сын на свете, он ответит: «Донни и еще раз Донни».

Как я писала вчера, врать я не стану, но преувеличивать могу. Дедушка Давид говорил: «Рассказ можно приукрасить один раз, если ему это пойдет на пользу». Подрался с одним чемпионом мира по боксу — скажи, что с двумя. Прочел за день три книжки — скажи, что четыре. Засунул себе в нос пять шариков — скажи, что шесть, по три в каждую ноздрю. Угодил в семь канав — скажи, в восемь. Так что «Донни и еще раз Донни» — подходящий ответ. Пусть это и выдумка. Правда, когда я рассказала дедушке Давиду, что за мной крался какой-то извращенец, юмора он не понял. Чуть в полицию не позвонил. Ну и я тогда была еще маленькая.

Дилан находился в превосходном настроении. Читал что-то на телефоне у себя на коленке, одновременно пытаясь вязать силки из проволоки. При этом он мурлыкал себе под нос ту самую идиотскую песенку о Джеки, что сбежала навеки. Без слов, конечно, но я-то их слышу, слова, даже если он их и не произносит.

— Эй, Дилан! — окликнула я его. — На рыбалку собрался?

— Да, — ответил он, — и кроликов ловить. Или фазанов. Хочешь на ужин фазана, Салли Мо? На этом острове такая тоска, надо же чем-то заниматься.

Врет и не краснеет! Это он для нее собирается охотиться, для мефрау JKL и ее тошнотворных братцев. Хочет хорошенько подготовиться к своему следующему выходу и предстать перед ней мощным охотником и собирателем. Может, доктор Блум прав, и все врут напропалую изо дня в день, потому что от правды только больнее. Может, Дилан просто не хочет меня расстраивать.

В мои мысли опять просочилась вчерашняя ревность.

— И что, ты их ощиплешь, обдерешь, вытащишь кишки и отрежешь голову, да? — спросила я.

— Ага, — ответил он. — Я как раз гуглю, как это делается. Ужин будет — пальчики оближешь. Кстати, как прошел твой год, Салли Мо?

— Лучше не бывает, Дилан, а твой?

— Как обычно. Я слышал, ты кота убила.

— От кого ты это слышал, Дилан?

— От моей матери, и от твоей тоже.

— Я всего лишь на него посмотрела. Это не то же самое, что убить, совсем не то же самое. Откуда мне было знать, что он этого не вынесет?

— Значит, ты умеешь убивать котов одним взглядом?

— Вообще-то, мне для этого целая ночь понадобилась. Когда нас нашли, он уже умер. Упал от сквозняка, когда взломали дверь подвала. Но я понятия не имела — ну, что он уже какое-то время был мертв.

— Ясно. Что еще нового?

— Перешла в следующий класс, — ответила я. — А у тебя?

— И я перешел. А ты в какой уже?..

— Во второй гимназический.

— У, гимназия! Латынь и древнегреческий. Как будет «латынь» по-древнегречески?

— В то время еще не было никакой латыни, Дилан.

— Ты совсем не изменилась, Салли Мо.

— А надо было?

— Ни в коем случае.

Но он ошибается. Я изменилась, и теперь грядут перемены, большие перемены. Дилан первым заметит. И тоже не сможет остаться прежним.

Донни снова вылез из палатки. Он рыгнул и спросил:

— С каких это пор ты пишешь, а не читаешь?

Ну надо же, я становлюсь видимой. Папа всегда меня замечал, и дедушка Давид, и Дилан, а больше никто. Да, еще доктор Блум — но ему за это платят. С сегодняшнего дня еще и Бейтел. Но это ни о чем не говорит, потому что он разговаривает с невидимыми животными, так что с невидимыми людьми тоже наверняка способен общаться. Но Донни? А может, тебя видят, только если ты тоже смотришь? Это как светящиеся в темноте глаза или что-то в этом роде. Наши мамы меня пока не видят, и лучше бы так было и дальше.

— Салли Мо прочла все книги на свете, — ответил Дилан. — Если ей захочется чего-то нового, ей сначала придется самой это написать.

Надо же, он заговорил с Донни! Что за бред!

Донни перданул, как реактивный истребитель.

— Обо мне чтоб не писала! — пригрозил он. — А то убью.

— Понятия не имею, что о тебе написать, — ответила я.

Он поплелся в душевую с полотенцем на шее. Донни каждый день по часу стоит под душем. Ему шестнадцать. Видимо, гнусный возраст. После душа он опять валяется у себя в палатке. Потом выходит поесть и снова ложится. Когда темнеет, он топает в деревню. Один. Возвращается очень поздно, вчера вот в три притащился. И при этом круглый отличник. Просто бред. Наверное, однажды на перекрестке столкнулся с дьяволом и продал ему душу за хорошие оценки. А самая бредятина в том, что шестнадцатилетний парень ездит на каникулы с матерью. Подозреваю, она ему за это приплачивает. Я-то еду из-за Дилана и думаю, что Дилан приезжает ради меня. Не *из-за* меня, а *ради*.

Мило, что он сказал, будто я прочла все книги на свете. Вообще-то, он прав. Неизвестных мне книг — миллионы, но вряд ли в них написано то, чего я еще не знаю. Все хорошие книги я уже прочла. Хорошую книгу может написать только тот, кто ее написал. Ну, в смысле, никто другой с ней не справился бы — так же классно и с теми же мыслями. Хорошую книгу перелистываешь назад, потому что хочешь еще раз посмаковать самые лучшие предложения. Или чтобы хорошенько переварить важную мысль.

А еще бывают плохие книги — их мог бы написать кто угодно. Может, еще и получше их автора получилось бы. Даже у меня. И вышло бы круче. Плохую книгу читаешь как можно быстрее. Потому что хочешь только узнать, что будет в конце, или просто надеешься, что она закончится поскорее. О такой книге и думать необязательно — ни перед тем, как читать, ни во время, ни после.

Странно, что большинство людей читают именно такие книги. Хотят отдохнуть, проветрить голову. Но это как раз не для меня. Я хочу, чтобы, когда я умру, моя голова была забита до отказа. Чтобы она была тяжелой, как мир. Чтобы к ногам гири привязали, иначе гроб перевесит. Правда, хорошо бы этим мыслям иногда успокаиваться и укладываться по местам. А то скачут туда-сюда без конца.

Насвистывая, как саблезубый тигр-папаша в воскресенье, Дилан перебросил удочку через плечо, взял свои проволочные силки и с улыбкой попрощался со мной:

— Аве, Салли Мо! Тот, кто идет добывать вкусный ужин, приветствует тебя!

И пошел себе из кемпинга. Можно даже не следить. Я и так знаю, куда он направляется.

Подлец, улыбчивый подлец, подлец проклятый! Это опять из «Гамлета». Если ты прочитал «Гамлета», можешь потом ничего больше не читать. Это доктор Блум верно подметил.

Я живу в больном квартале: площадь Ветрянки, 17

11 июля, суббота, 22:16

Теперь все еще хуже, чем было. Теперь я ревную к классной девчонке. Ненавидеть ее у меня не получается. Когда ревнуешь, то ненависть — твоя лучшая подружка. С ней можно посмеяться над чумазой физиономией, вычурной манерой речи, над мелкими гаденышами-братьями и папой-бандитом. Но моя ненависть к этой девочке рассосалась, и теперь непонятно, что я чувствую. И что думаю. О Дилане, о Джеки и о себе. Может быть, разберусь, если все опишу. Дилан и Бейтел лежат у себя в палатках. Наши мамы пьют белое вино и хихикают. Донни ушел в деревню или еще где шляется — понятия не имею, чем он занимается и заполняет свою жизнь.

Я пришла к дюне раньше Дилана. Спряталась и стала наблюдать. Мефрау JKL сидела на песке перед кустом-дверкой в ее укрытие. С ружьем на коленях.

Собака лежала рядом с ней. Брат Монах. Близнецы копались поодаль, писали на песке буквы — совершенно неузнаваемые. Надеялись, что их прочитают с вертолета или легкомоторного самолета.

— А ну-ка, сотрите эти каракули немедленно, — приказала JKL и прицелилась в них.

Мальчишки стерли написанное. Сердитые физиономии. Интересно, заряжено ли ружье.

Дилан сообщил о своем приходе, не поднимаясь на дюну.

— Привет! — сказал он негромко, стоя внизу у склона.

JKL дернулась, словно ей в шею вонзилась стрела.

— Что я тебе сказала? — разозлилась она. — Я же велела не приходить!

— Ты чипсов принес? — спросил у Дилана один из братьев.

— А колы? — Это другой.

— А денег? — Это уже первый.

— Можно позвонить с твоего мобильника? — спросил второй.

Дилан помахал удочкой и силками.

— Для вас! — сказал он.

Братья сразу же отвернулись, а JKL спросила, откуда это у Дилана.

— Стырил, — ответил Дилан.

— Ну-ну, — засомневалась она, — чтобы ты — да вдруг стырил?

Я видела, что Дилан врет. Я слышала это по его голосу, чувствовала спиной, понимала по запаху, а повертев слово «стырил» во рту, ощутила и его вкус.

Даже собака усмехнулась.

— Будете ловить рыбу. И кроликов или там фазанов, — сказал Дилан.

— Иди сюда, — распорядилась JKL.

Дилан взбежал по склону дюны.

— Покажи! — скомандовала она.

Дилан протянул ей удочку.

— Нет, вот эти штуковины.

Он подал ей силки.

— И ты умеешь ими пользоваться? — спросила девчонка.

— Силками? Ну да. Я приезжаю сюда каждое лето, меня научил один старый браконьер, — объяснил наш мощный рыболов, охотник, собиратель и фантазер, — я знаю, как это делается.

— Научи меня, — сказала JKL, — садись.

Дилан опустился на песок напротив нее. Он не покраснел: наверняка продумал весь разговор заранее.

— Не сюда, — прошипела JKL. — Я должна держать братьев в поле зрения.

Дилан вскочил, как будто его тоже стрела клюнула в шею. Многовато же тут индейцев развелось. Он сел рядом с девчонкой. Ага, вот и покраснел. Подлец. Отличное слово!

— Гляди! — Он хотел показать, как устроен силок на кролика, но JKL не смотрела и не слушала.

— Их ни на минуту нельзя упускать из виду, а то убегут, — нахмурилась она, — и тогда всему конец.

— Чему?

— Всему. Ты кому-нибудь проболтался, что мы здесь живем?

Дилан замотал головой сильно-сильно: чудо, что она у него не отвалилась и не улетела в море.

— Окей, — кивнула девчонка, — похоже, ты не дурак. Когда ты поймешь, почему мы здесь, ты уже точно никому ничего не расскажешь. Эй-эй! — крикнула она во весь голос.

Один из братьев попытался втихаря уползти. Она взвела курок. Звука не было, но у ног мальчишки поднялось песчаное облачко, и он дунул на дюну в один миг.

— Уродина! — крикнул он.

— Зомби! — крикнул второй.

— Ты у нас дождешься!

— Мы все-все папе расскажем.

— И он отдаст это ружье нам.

— И разрешит нам тебя убить.

— Папа тебя свяжет.

— И не развяжет, пока ты не умрешь.

— И еще даст нам за это денег.

Они снова принялись писать что-то на песке.

— Социалистка! — крикнул первый.

— Террористка!

— Марсианка безбашенная!

— Запеканка обгаженная!

И оба с хохотом повалились на песок. Бред собачий.

— Им по восемь лет, время от времени приходится выпускать их на улицу, — сказала JKL, — взаперти они чахнут.

И указала большим пальцем через плечо, на дверцу-куст.

— Мне бы хотелось изъять всех детей из богатых семей, — сказала она, — и собрать их здесь. Я бы научила их жить естественной природной жизнью, чтобы всю жадность у них из головы выдуло вольным ветром. Я бы сделала из них хороших людей, и тогда через двадцать пять лет мир стал бы намного лучше.

— Ты хочешь сделать из них зверей? — спросил Дилан.

— Да, они проходят курс, — сказала JKL и впервые улыбнулась Дилану. Блин! — Но не знаю, получится ли у меня, до сих пор мои старания безуспешны. Они не желают меняться, только целыми днями кричат, что хотят есть. Я им говорю, что у одной чипсины такой же вкус, как у целой пачки, а они вопят, что это выдумка. Когда съешь одну чипсину, хочется еще много-много чипсов, когда съешь пачку чипсов, то хочется уже не настолько много-много. Чем меньше хочется много-много, тем ты счастливее. Это они так считают. И получается, что человек по-настоящему счастлив только тогда, когда у него есть все.

— Откуда у тебя это ружье? — спросил Дилан.

— Стырила, — сказала JKL.

Все мои органы чувств подтвердили, что это правда.

Можно подумать, что я взялась писать книгу, потому что вокруг меня столько всего происходит. Но это не так. Я ее задумала, когда мы только собрались ехать в кемпинг. То есть даже не сама задумала, а получила задание. От доктора Блума.

— Если ты не можешь жить без книг, — предложил он, — напиши свою. О себе. О своей жизни. Смотри на окружающий мир, реальный мир, никем не выдуманный, и расскажи, каким он тебе нравится. Что ты о нем думаешь. Привирать не возбраняется.

Пока я ехала в автобусе от психиатра, я сразу же придумала чумовое начало: «Зовите меня Салли Мо. Это нетрудно, потому что меня на самом деле так зовут. Я живу в больном квартале: площадь Ветрянки, 17, такой у нас адрес. Выходить на остановке “Аллея Коклюша”». Выдумка. Не дело это — начинать книгу с вранья. Так что я пишу эту фразу только здесь.

— Ты должна общаться с людьми, Салли Мо! — сказал доктор Блум. — Другого пути нет.

Это было при нашей первой встрече.

— От общения с людьми я психую, — ответила я. — Даже один человек — это для меня слишком много.

Было видно, что доктор Блум меня понял.

— Расскажи про белого кота, — попросил он.

— Кот как-то раз появился у дедушкиного дома, бродячий и страшно тощий, и дедушка Давид начал его понемножку подкармливать. То сухого корма ему даст, то рыбки, вот кот и не захотел уходить. Бабушка тогда уже умерла, а мне было года три. Беда в том, что кот меня всякий раз жутко царапал. К дедушке Давиду, кроме меня, больше никто не ходил, так что у него не было выбора. В смысле, у кота. Если ему хотелось кого-то царапать, приходилось меня. Не дедушку же, который его кормил. Но однажды кот чуть не выцарапал мне глаз. Спасли очки — я их и тогда носила. Я же в них родилась. Ну и тут дедушка разозлился. Позвонил ветеринару и попросил кота усыпить. Оставалось только принести его в ветклинику. Но кот не дался. Сопротивлялся, как тигр. Тогда ветеринар дал дедушке таблеток, чтобы добавить их коту в корм — и тот бы заснул. Только кот и не думал спать. Дедушка снова позвонил ветеринару: «Кот не засыпает!» — «Дайте ему еще таблетку» — «Я уже все скормил ему, за один раз!» «Ого, — сказал ветеринар, — этой дозы хватило бы на стадо бизонов». «Он все сидит и смотрит мне в глаза», — сказал дедушка. Кот смотрел дедушке в глаза, так что дедушка чуть не чокнулся. Было ясно, что кот думает так: если я закрою глаза, то уже никогда их не открою. Но зрачки у него совсем сузились. В итоге дедушка Давид опять позвонил ветеринару и сказал: «Выкидывайте препарат, пусть живет». Когда кот это услышал, он тут же бухнулся на пол и продрых два дня и три ночи. А как проснулся — так стал настоящим милягой. В жизни меня больше не царапнул.

— Как его звали?

— Никак, — сказала я, — зачем коту имя?

— А как этот кот умер, Салли Мо?

— Когда дедушка Давид умер и все еще оставался в больнице или где там полагается, я пошла к нему домой. Хотела кое-что оттуда забрать, пока чужие не наведались. Я еще не знала, что дедушка все завещал мне. Мне нужна была папка со стихами, которые он писал. И его рассказы. И рюмка, из которой он пил йеневер*. В доме я заперла за собой дверь и спустилась в подвал — дедушка любил там сидеть, когда ему погода не нравилась. И тут появился кот — и давай смотреть мне в глаза. Нет уж, ты меня не сведешь с ума, как дедушку Давида, подумала я. И тоже на него уставилась. И вот что самое бредовое: несколько минут таких гляделок, и остановится уже невозможно. Кажется, что умрешь, если переведешь взгляд или моргнешь. Вот

* Йеневер — можжевеловая водка, традиционный крепкий напиток в Нидерландах.

я и смотрела коту в глаза не моргая, и больше ничего не делала, и не заметила, что мы с ним просидели напротив друг друга весь день, и всю ночь, и все утро. И все это время я, по-моему, ни о чем не думала, а то бы запомнила. А когда мама меня нашла и открыла дверь, кот повалился на пол. Его сквозняком сдуло. Он был мертвый. Несколько часов в этом подвале со мной играл в гляделки мертвый кот. Коты после смерти каменеют. Когда мама меня нашла, то первый час была со мной добрее, чем когда-либо раньше, — сказала я доктору Блуму и добавила: — Вот я и выиграла приз за самое корявое предложение.

— Это неважно, — отозвался доктор Блум.

— У этого кота больше не было никого на свете.

— А кто есть у тебя, Салли Мо?

Я хотела насочинять, что у меня есть подруги и друзья — целый футбольный стадион, — и назвать имена ребят из нашей школы, но знала, что он меня раскусит. И решила не врать.

— Твоя мама говорила, что после смерти дедушки ты ни с кем и словом не обмолвилась. Ни разу.

— Поэтому меня к вам и послали, — сказала я.

— Салли Мо, — ответил доктор Блум, — пора тебе начать существовать. Между тобой и реальным миром долгое время тянулась тоненькая ниточка — через дедушку. Но теперь эта ниточка оборвалась. Ты не боишься прикасаться к людям?

Мне этот вопрос не понравился. Его уже сто раз задавали школьные психологи. Думали, я аутистка. Потому что я ни с кем не играла, сидела за последней партой совсем одна, получала сплошные пятерки за все контрольные и делала доклады о древнегреческих писателях, из которых никто не понимал ни слова. Вот психологи и считали, что ребенок страдает аутизмом. В начальной школе. И они давали мне всякие задания типа: «Подойди вон к тому мальчику и скажи, что у него красивый свитер». Я подходила вон к тому мальчику и говорила, что у него красивый свитер. Так что они все равно ничего не добились. Прямо видно было, как они в уме зачеркивают диагноз «аутизм». А вон тот мальчик меня не видел и не слышал. Шел мимо, словно меня нет. В своем дурацком свитере. Психологи и психиатры учат человека врать.

В начальной школе я восемь лет просидела в уголке для чтения, куда никто и носа не совал, даже учителя. Мама думала было перевести меня на домашнее обучение, но эту затею никто не одобрил, да мама сама не больно-то хотела. А в гимназии меня признали высокоодаренной и больше на мой счет не заморачивались. Раньше самых тупых учеников ставили в угол класса и надевали им колпак с надписью «осел». А я торчу в углу, и на моем колпаке написано «высокоодаренная». Такие дела.

— Ладно, другой вопрос, — произнес доктор Блум через некоторое время, поняв, что ответа от меня не дождаться. — Есть ли на свете кто-нибудь, кого ты любишь?

— Дилан, — сказала я.

— Это такой певец или мальчик?

— Мальчик.

— И ты не боишься к нему прикасаться?

— Я бы очень хотела весь день лежать рядом с ним, — сказала я, — голая, как бритва.

Я тогда еще не очень понимала, чего сто́ит доктор Блум, и решила, что пора это выяснить.

— Это хорошо, — сказал он, — это правильная мысль.

Тут он мне снова понравился.

— А почему ты этого не делаешь? — спросил он.

— Да вы что, — сказала я, — мне же тринадцать лет!

— Ну и что?

— Это невозможно, мы живем в параллельных вселенных.

Я умирала со стыда и придумала эти вселенные, чтобы выглядеть поумнее. Но доктор Блум не повелся.

— Голая, как бритва, — повторил он. — А ты очень неглупа, Салли Мо!

— Я — единственный нормальный человек на земле, — заявила я, — но, по несчастью, угодила на планету, заселенную психами.

— Вот именно, — сказал доктор Блум, — потому-то тебе так трудно общаться с другими.

Я уже было подумала, что он может стать для меня новым дедушкой Давидом, но через час мое время закончилось, и доктор благополучно выпроводил меня за дверь. К тому же мы с ним не ходили на рыбалку. После нашей последней встречи, позавчера, он дал мне пустую тетрадку, одну. Сказал, чтобы я купила себе еще, если понадобится. Как зубной врач выдает бесплатно одну зубочистку для образца. Доктор Блум разрешил мне еще раз прочитать «Гамлета» и после этого — никаких книг. «Записывай все, что с тобой происходит, Салли Мо: что замечаешь, что думаешь». — «Ладно, доктор!»

Одну вещь я уже заметила: мир совершенно не упорядочен. Писатели без конца оттачивают текст и вычеркивают слова и фразы, чтобы в книге не осталось ни одного бесполезного факта. А в реальной жизни об эти бесполезные факты спотыкаешься на каждом шагу — ну не бред ли! От них с ума можно сойти, а мы уж точно не к этому стремимся.

Но мир еще и помогает. В смысле, мне лично он мешает, а вот книге — помогает. Замысел такой: я в ней рассказываю, как завоевываю Дилана, — прямой репортаж с места событий. Ничего подобного я еще не читала, в этом и уникальность. Но, похоже, получится книга о ревности, а это, наверное, еще лучше. Возможно, она закончится совсем не так, как я затеяла. У JKL обалденно красивое лицо, но на ней свитер с высоким воротником, так что еще неизвестно, что там под ним. А вдруг у нее все тело, от шеи до пят, покрыто густой курчавой шерстью. И она каждую неделю бреется. А потом шесть дней ходит с колючей щетиной. Хоть чеснок натирай, как на терке. Я вот очень красивая под одеждой. В смысле, в последнее время я под ней заметно похорошела. Жалко, что в кемпинге нет большого зеркала. Так что негде на себя посмотреть, если надо.

Сегодня утром я делала у себя в палатке селфи своего тела. Голая, как бритва. Без головы. Без головы я выгляжу отлично. Селфи делают только дико одинокие люди. Если тебя пофотографировать некому, то и смотреть на твои снимки никто не хочет. Счастливым и в голову не придет селфиться. Счастливые заняты другим. Но когда человек стоит на крыше семнадцатиэтажного дома и собирается оттуда прыгнуть, он тоже не будет делать селфи. И пока летит вниз, не будет. Хотя такое селфи в фейсбуке как раз не повредит: кто-нибудь увидит, выскочит из дома и подстелит матрас.

Один друг в жизни человека — это уже хорошо. Пусть это будет Дилан, раз дедушки Давида больше нет. Но и ноль друзей — тоже хорошо. Я влюблена в Дилана, но мир прекраснее, пока я не с ним. Музыка прекраснее, книги интереснее и море красивее, когда я одна. Возможно, любовь и счастье никак не связаны. Я еще недостаточно об этом знаю. Петь от счастья — такого со мной рядом с Диланом не случалось. Во многих книгах между счастьем и влюбленностью ставится знак равенства — но это не самые лучшие книги. Влюбленность учит красться тайком и врать, а счастье учит тихонько сидеть и слушать. Надо бы поосторожнее: я пишу все это ночью, а по ночам мысли тонут в ванне, полной черных чернил.

Сегодня утром, когда я вернулась из душа, в палатке не оказалось моего мобильника. Я раз шесть все обшарила, перерыла, перетряхнула. Потом высунула голову наружу и увидела Донни — с моим телефоном в руке. Пырился на экран как идиот и все время растягивал изображение большим и указательным пальцем. К нему подходили другие мальчишки, один за другим, и пырились вместе с ним. Не смеялись, только пальцами тыкали. Непонятно, о чем они там говорили. Потом к ним подошел Дилан — я видела, как он о чем-то спросил. Донни ответил ему, и по губам я прочитала: «Салли Мо». Дилан тотчас выхватил у него мобильник и подошел к моей палатке. Мой рыцарь, мой герой. Но по дороге он прямо прилип к экрану, так что упал ничком, зацепившись за стропы на колышках палатки. Это выдумка. Наверное, просто размечталась, чтобы такое произошло. Доктор Блум остался бы мной доволен: ведь мне «захотелось общаться с людьми».

Отец Джеки — банкир. Поэтому она и сбежала из дома, прихватив братьев и собаку. Ружье украла у лесника из машины. Оно ей нужно, чтобы защищаться от преследователей и чтобы держать близнецов при себе. Банкиры — самые отвратительные ублюдки, какие только водятся на свете, говорит Джеки, с ними лучше не жить под одной крышей, чтобы не заразиться их мерзостью.

Ее братья уже заразились. Их зовут Бакс и Никель*. В честь денег. Американских. А ей дали имя Жаклин. В честь жены американского президента Кеннеди. Убитого в 1963 году. После убийства Кеннеди Жаклин вышла замуж за самого богатого человека на свете — грека Онассиса. Если тебя назвали в честь такой женщины, говорит Джеки, надо бежать из дома как можно раньше, пока жадность не проникла к тебе в организм подобно опасной болезни, пока ты не превратилась в вампира. Ненасытного вампира, который жаждет высосать из людей все до последней капли. До последнего цента.

Дилан спросил, откуда берется страсть к богатству, и Джеки разразилась речью длиной в километр об истории человеческой алчности. Хорошо хоть, что начала не от Евы. С ее яблоком. Бакс и Никель ныли, чтобы их запустили в нору, но Джеки велела им тоже сидеть и слушать. Думаю, в воспитательных целях. Прямо видно было, как их все достало. Думаю, они слышали ее рассуждения уже сто раз.

---

* Бакс — обиходное название американского доллара, никель — монеты в 5 центов.

То и дело совали себе в рот два пальца и изображали, будто от этой бредятины их тошнит.

Ну а мне было в новинку. Я-то всю жизнь читала только книги, никаких газет. Я жила на острове — в своей голове. На этот остров, защищенный от всех, почта шла лет тринадцать. Я только недавно получила открытку с сообщением о моем собственном появлении на свет. О двадцать первом веке я знала не больше, чем Шекспир или те, кто написал Библию. А от меня ждут, чтобы я сразу все поняла! Чем больше я узнаю, тем меньше понимаю, и чем больше понимаю, тем меньше хочу знать. Но я лежала на песке, на своем наблюдательном пункте, боясь пошевелиться. Так что мне пришлось выслушать все, что говорила Джеки.

— Давным-давно на свете существовали...

Рассказ о лопнувших банках

12 июля, воскресенье, 3:34

Вот черт, заснула.

— Давным-давно, — рассказывала Джеки, — на свете существовали... сберегательные банки. Для людей. Люди хранили там свои деньги, чтобы не держать их дома, где их могли украсть. В сберегательных банках стояли большие надежные сейфы. Это было хорошо. Но, что еще лучше, люди, которым требовались деньги, могли взять их в банке взаймы. Ведь деньги, сданные туда на хранение другими, так и лежали в сейфах без дела. Тем, кто брал деньги взаймы, приходилось за это немножко платить, и эту плату банки передавали тем, кто сдал деньги на хранение. Это называлось «проценты». Люди в банке и себе кое-что оставляли, но немного, и это было честно, ведь приходилось арендовать банковские здания и платить охранникам сейфов. Те, кто всем этим заправлял, и были банкирами. Они записывали, кто сколько денег принес и кто сколько взял.

— Наш папа — банкир, — прервал ее один из близнецов.

— Он кому угодно даст деньги взаймы, — вступил второй.

— Он хороший, — заверил первый.

— Заткнитесь! — рявкнула Джеки.

— Джеки — тролль! — сказал второй.

Джеки продолжала:

— И все могли бы жить долго и счастливо, если бы в один прекрасный день банкиры не сошли с ума от такой кучи денег. Они пересчитывали купюры, прежде чем положить их в сейф. Они пересчитывали купюры, прежде чем дать их в долг. И при этом деньги так славно шелестели, что банкиры в них просто влюбились. И захотели оставить себе как можно больше. Неуемная жадность завладела ими, и они стали делать глупости. Совершенно дикие глупости. Они захотели непомерно разбогатеть. И знаете, что они придумали? За деньги, которые люди им приносили, банкирам приходилось платить проценты. А за деньги, которые люди брали в долг, наоборот, получали проценты сами банкиры. Поэтому они принялись кричать на каждом углу, что в банках надо брать как можно больше денег. И люди им поверили. Даже самые бедные люди стали брать деньги в долг. Чтобы купить себе дом. И думали, что банк — им друг. Это было давно.

— У нас очень красивый дом, — встрял один из братьев.

— Это тоже было давно, — заметил другой.

— С бассейном, — уточнил первый.

— Они и плавать-то не умеют, — сказала Джеки.

— С бассейном, полным шампанского, — не унимался второй.

— И еще там плавает икра, — поддержал первый.

— Заткнитесь! — сказал Дилан, и это помогло. На время.

— Банкиры построили себе высоченные банки, до небес, — рассказывала Джеки. — Выше облаков, чтобы с земли не было видно, что они там делают. И когда бедные люди брали деньги в долг и спрашивали, что будет, если мы их не сможем вернуть, то банкиры отвечали: «Для этого существуют маленькие хитрости. Мы их знаем. Мы вам поможем». И бедные люди уходили из банков с большими мешками денег на покупку дома. Банкиры раздали столько денег, что сейфы совсем опустели. Разве что по углам и за плинтусами завалялось немножко баксов и никелевых пятицентовых монеток.

— Ха-ха, очень смешно, — сказал один из братьев.

— Вот именно, ха-ха, — поддакнул второй.

— Если в банк приходили люди, которые желали забрать свои сданные на хранение деньги, — рассказывала Джеки, — им отвечали, что надо немного подождать. Потому что большие надежные сейфы пустовали. Не только потому, что было выдано слишком много кредитов. А потому, что неуемная жадность текла по венам банкиров все быстрее и быстрее и уже ударила им в голову, и они вообразили себя главными людьми в мире, а за это полагается вознаграждение! Теперь они оставляли себе уже не кое-что из денег, проходивших через их банк, — теперь они гребли миллионы! Банкиры зарабатывали по меньшей мере в десять раз больше, чем люди, приходившие к ним брать деньги в долг. А в конце года владельцы дарили себе самим еще по миллиону, как минимум.

— Как минимум, — повторил один из братьев.

Второй тоже хотел что-то сказать, но Дилан вскочил на ноги и сел между близнецами. Это помогло. На время.

— Они дарили себе самим по миллиону с лишним за то, что якобы здорово работали весь год, а именно в поте лица стерегли деньги. Якобы их хозяева наградили их за хорошую работу, но ведь они сами и были этими хозяевами. Пока не настал день, когда выяснилось, что бедные люди, взявшие у банков деньги в долг, неспособны их вернуть. Что им не из чего их вернуть. Банкиры в свое время сказали им, что знают маленькие хитрости, но на самом деле никаких хитростей не было. Банкиры обещали помочь, но на самом деле соглали.

Началось все с Америки. Бедные люди побросали свои новые дома, оставив ключи в дверном замке, и поселились в палатках. В таких местах, где банк их не нашел бы. В Америке полно таких мест. Взятые ими в долг деньги не вернулись в сейфы, сейфы пустовали по-прежнему. А те, кто сдавал свои деньги на хранение, прибежали в банк и потребовали вернуть им вклады. Но их деньги уже были выданы бедным или исчезли в карманах банкиров.

— Нашего папы! — выкрикнул первый из близнецов.

— Йес! — поддержал второй.

— У нашего папы в карманах уйма денег!

— Слушайте. — Дилан вынул из кармана бумажку в пять евро. — Это вам, если вы... если вы тихонечко ляжете на спину и будете смотреть на облака. Многие облака похожи на животных, знаете об этом? Смотрите в небо, пока не увидите там зверей.

— И деньги тогда наши?

— Нет, это награда тому из вас, кто увидит больше животных.

Вот это здорово помогло.

— Окей, — сказал первый.

— Окей, — сказал второй, — я вижу кенгуру.

— Где?

— Вон там.

— И правда.

— А вон кролик. Гляди.

— Ага.

— И дракон. Я уже трех заметил!

— Где это ты углядел дракона?

— Да вот же.

— Никакой это не дракон.

— Драконов не существует!

— Банкиры все как один рванули на свои роскошные яхты у берегов Южной Франции и закричали, что случилось ужасное, но они ничего не могут поделать, и стали пить шампанское за прекрасное будущее. Ведь в жизни всякое бывает. А банки, что называется, лопнули. Потому что денег, обеспечивающих прочность банка, не осталось, а жадность банкиров, работавших в них, разрослась настолько, что никакие бетонные стены не выдержат. Но лопнули они, конечно, не в буквальном смысле слова.

Банкиры об этом знали и потому оставили у себя на письменных столах в офисах фотографии собственных детей. А их Библии так и остались лежать в верхних ящиках их тумбочек. Банкиры сказали, что правительство должно найти способ спасти банки, и ни о чем не беспокоились. Потому что в правительстве у них была уйма друзей. Ведь раньше они сами заседали в правительстве, а теперешние члены правительства мечтали со временем стать банкирами. Вот так это все и работает. В общем, правительство спасло банки. Поставило их на ноги. Вложило в это дело миллиарды и миллиарды долларов и евро, сейфы снова наполнились деньгами, и вроде бы все стало в порядке.

Братья, которые уже успели поругаться и подраться из-за драконов, скатились с дюны.

— Но откуда правительство взяло столько денег? — спросила Джеки и сама же и ответила: — Из налогов, которые платят простые честные люди со своей зарплаты. Они охотно платят налоги, чтобы из этих денег финансировались школы, и больницы, и уход за стариками, и общественный транспорт, и прочие полезные вещи. Но теперь у правительства на все хорошее денег не осталось, потому что налоги утекли в сейфы и подвалы и пошли на укрепление банков. А на верхних этажах опять заняли свои места те же банкиры за теми же письменными столами. Они снова подмигивали своим детям на фотографиях, и время от времени читали Библию, и зарабатывали ежегодно те же миллионы. А в конце года точно так же добавляли себе премию в пару миллиончиков и вели дела точно так же, как и раньше. А в домах престарелых старики лежали по шесть человек в одной комнате, привязанные к кроватям, и только раз в неделю им разрешали принять душ. Потому что у правительства не было денег на обслуживающий персонал, который отводил бы их помыться хотя бы два раза в неделю. Конец доклада, — объявила Джеки. — Будут ли у вас ко мне вопросы?

— Можно нам вернуться в бункер? — спросил первый из братьев.

— Ну пожалуйста, ну можно нам? — вступил второй.

Физиономии у них были красные, как соус для спагетти, и вместе со словами они выплевывали изо рта влажный песок.

Значит, внутри дюны и правда есть бункер. Мне захотелось встать и попросить Джеки показать мне ее логово. Но Дилан возненавидел бы меня на всю жизнь, если бы узнал, что я за ним подсматриваю и подслушиваю.

Дилан заговорил, и речь у него получилась — огонь. Он уже продумал, как жить среди дикой природы. Надо соорудить клетки, и попавшиеся в силки кролики будут там плодиться, пока их не съедят. Можно будет украсть где-нибудь кур, чтобы они несли яйца. А еще вырыть пруд между дюнами, выстелить дно полиэтиленом, чтобы вода не уходила, и разводить рыбу и крабов. Дилан смолк, только когда Джеки спросила:

— И почему же ты хочешь все это для нас устроить?

Тут Дилан вспыхнул. Как пожар на фабрике пиротехники. Я знала, что они вот-вот поцелуются, и сердце едва не выскакивало у меня из груди. Внутри все клокотало от ревности, но я не хотела, чтобы сердце шлепнулось на песок, и сдержалась.

Джеки спокойно посмотрела на Дилана, кивнула и сказала:

— А, вот в чем дело.

И все. Может, дело было в красной физиономии Дилана — кто знает, но Джеки вдруг принялась рассказывать, как ругаются ее родители. Изображала их в лицах, говорила их голосами — ну прямо кукольный театр без кукол. Я лежала на своем наблюдательном пункте и время от времени угорала про себя, но Джеки ни разу не улыбнулась. Ее мысли и днем отмокают в ванне с черными чернилами. Беседы между ее родителями проходили примерно так:

— Милочка, — говорил ее папа, — мы живем в раю. И этот рай создал для тебя я.

— А ты что, Бог? — спрашивала ее мама.

— Да, я Бог в нашем раю, да-да, и единственное, чего я от тебя хочу, — это чтобы ты не была слишком шустрой и не ела яблочек. Окей?

— Ну и ну, мой личный бог. Вот это пруха!

— А кто оплачивает твои поездки на Бали, твои тапочки из овечьей кожи за семьсот евро из Тибета, дорогущие частные школы для твоих детей?

— Если ты бог, то советую почитать Библию. Там написано, что Иисус изгнал всех меновщиков из храма. Это же и были банкиры того времени?

— Проклятье!

Вот так родители ссорились прямо при Джеки и близнецах. А после скандала отец давал каждому из них по бумажке в пятьдесят евро и говорил:

— Нате и радуйтесь жизни. А то оглянуться не успеем, как мама станет тут главной, так что переедем в драную палатку и пойдем побираться.

При этом папа улыбался.

— Это началось лет десять назад, — сказала Джеки, — когда мне было пять лет.

Значит, ей пятнадцать. На год больше, чем Дилану. Хорошо это для меня или плохо?

— И так продолжается до сих пор, потому что у папы нет ни грамма стыда. Несколько недель назад мама спросила: «Как ты можешь выписывать себе миллионные премии, зная, что девяносто процентов населения мира голодает?» Папа ответил: «Если я не возьму себе эти деньги, они попадут в карман моим сотоварищам». — «Ты и так получаешь гигантский оклад за то, что дни напролет обманываешь людей, а вдобавок ты еще берешь себе...» — «Никого я не обманываю. Когда ты для уюта зажигаешь вечером свечку и мотыльки слетаются на огонек и обжигают себе крылышки, ты же их не обманываешь? Да и рыбу никто не заставляет заглатывать наживку. Они делают это по доброй воле». — «Но тут-то не мотыльки и не рыбы, а живые люди. И у них есть дети, которых надо кормить». — «И от этого в них просыпается жадность. Женщина, если их не будем обманывать мы, они перебегут к тем, кто захочет их обмануть». — «Обмануть. Вот видишь, ты сам это признаёшь!» — «Куда поедем в этом году в отпуск?» — «В бедные районы, и ты раздашь там свои премиальные миллионы людям, которые по-настоящему нуждаются в деньгах». — «Зачем? Их дети учатся в школе бесплатно, они получают дотации на квартплату и всегда могут воспользоваться услугами банка продовольствия*. Да им вообще ни за что платить не приходится! Черт побери, ты только посмотри! Знаешь, сколько я трачу каждый месяц на ипотеку, и школу, и страховки? И на тебя! Знаешь, сколько все это стоит — твоя одежда, наши машины? Поверь, мир устроен абсолютно справедливо». — «Раньше ты был такой нормальный хороший парень. Не понимаю, что с тобой случилось. Ты уже не человек. И там, где прежде у тебя билось сердце, теперь звенят монеты». — «Но я же не заставлял тебя выходить за меня замуж. Ты, женщина, вышла за меня по доброй воле. Ты с открытыми глазами клюнула мою наживку, с открытыми глазами прилетела на пламя». — «Из всех, кого ты обманул, ужаснее всех ты обманул меня».

Вот что сказала мама Джеки. И тогда папа Джеки ударил ее. Очень сильно. По лицу. При детях. На следующий день Джеки ушла из дома. Вместе с близнецами. Сказала, что пойдет с ними в парк развлечений, где американские горки сделаны из шоколада, а деньги растут прямо на деревьях. И собаку тоже взяла с собой. Собаку по имени Брат Монах. И еще прихватила пачку банкнот из папиного портмоне — на проезд.

---

* Банк продовольствия (*англ.* food bank) — благотворительная организация, занимающаяся сбором пищевых продуктов от производителей и передачей их нуждающимся. В мире работает Глобальная сеть банков продовольствия.

— И сколько вы тут уже живете? — спросил Дилан.

— Семнадцать дней.

— Твоя мама знает, что вы здесь?

— Я посылаю ей открытки: пусть знает, что с нами все в порядке и искать нас не надо.

— Открытки с видами этого острова?

— Я же не идиотка. Открытки без надписей, с цветочками и лошадками.

— А как же штемпели?

— Десять лет назад папе надо было уехать в отпуск без нас, — сказала Джеки, — потому что он обанкротил свой банк. И меня отправили в летний лагерь. На этот остров. Тогда-то я и обнаружила здесь этот бункер.

— Тебе было пять лет!

— В лагере были и другие девочки. Они съехались из разных мест. Я до сих пор с ними дружу. Посылаю им отсюда открытки в конвертах. А они вынимают их и опускают в том городе или деревне, где живут. Они меня никогда не выдадут. Только один умный парень сумел меня здесь найти.

— Спасибо, — сказал Дилан, усмехнувшись.

— Правда же, ты будешь держать язык за зубами?

— Буду нем как могила.

— Я подумала, — сказала Джеки, — если я поселюсь на острове, то буду в безопасности. Заберусь на высокую дюну, откуда видно и море, и прибрежные отмели, и замечу врага, с какой бы стороны он ни пытался подобраться. Но как бы не так. С этой дюны не разглядеть и парома. Мой враг незрим, и это меня страшит.

Я лежала, совсем невидимая, внимательно слушала и думала про себя: я тебе не враг. Да, я твоя соперница — соперница в любви. Я сделаю все возможное, чтобы вернуть Дилана. Но я не враг. Ну как злиться на такую девчонку, как Джеки? К ней можно только ревновать. Дико ревновать.

Собака встала с песка и лизнула Джеки руку.

— Иди, Брат Монах, но будь осторожен.

Собака сбежала с дюны, помчалась по ложбине в сторону пляжа.

— Бакс и Никель всю жизнь зовут его не иначе как Собака, — пояснила Джеки. — Он ведь собака, говорят, ну так как его еще называть. Они этого от папы набрались: тот тоже называет маму просто Женщина. Она ведь женщина, ну так как ее еще называть. Они так похожи на папу, что даже не знаю, получится ли у меня выбить из них дурь.

М-да, подумала я, зачем коту имя?

— Ни один мальчишка на свете не мечтает стать банкиром, — сказала Джеки, — ну совершенно ни один — это же о чем-то говорит. А они только об этом и думают. Они уже готовые банкиры!

— А еды вам хватает? — спросил Дилан.

— Нет, — ответила Джеки, — мне воровать больше нельзя, меня уже дважды застукали. И Брата Монаха в здешних кафе уже тоже хорошо знают, он стянул уже штук десять бифштексов, с тарелок или из кухни. И ягод мне тоже не собрать: ежевика пока не поспела. У меня есть папины деньги, я их не тратила, потому что хотела поднатореть в воровстве, но сейчас я просто боюсь идти в деревню.

— Могу купить для тебя продуктов, — предложил Дилан.

— Лучше покажи, как ставить силки, — ответила Джеки. — Если мы поймаем кролика, я разведу огонь с помощью папиных банкнот. Хочу жить в мире, где вообще нет никаких денег.

Дилан вернулся к палаткам за полминуты до ужина. Когда он шел обратно по пляжу, он снова пел и пританцовывал, чего мне совершенно не хотелось видеть. Так что я приплелась раньше него.

— Где ты была, Салли Мо? — спросил Бейтел.

Я наклонилась к его уху и прошептала:

— На озере. Хотела посмотреть на бобров.

— И как, ты их видела?

— Нет, самих нет, — ответила я, — но я видела, что они хорошо потрудились, начали строить мощную плотину.

— Тс-с-с, — шикнул Бейтел.

Он сел рядом со мной, и мы ели макароны, и это было очень вкусно. Понятия не имею, кто их готовил.

После ужина наши мамы пошли в кафешку. Нам с Диланом они поручили вымыть посуду, а Донни велели уложить спать братишку.

— Ненавижу с ним возиться, — возмутился Донни, — вечно я должен нянчить этого мелкого. Это ты захотела второго ребенка, я никогда не просил родить мне брата, вот сама и укладывай!

— Давай я его уложу, — предложила я, — а ты помой посуду.

— Да ладно уж, — буркнул Донни и потащил Бейтела в палатку.

— Сначала пусть почистит зубы и примет душ, — сказала их мама.

— Да, мам. Окей, мам. Пока, мам, — огрызнулся Донни, и наши мамы ушли.

— Слышь, Бейтел, я засуну тебя в спальный мешок, расскажу одну сказку о слоне-невидимке с длинным невидимым хоботом и, если ты после этого не уснешь, положу тебе подушку на голову. Причем надолго.

— Бейтел часто видит слонов, — сказала я.

— Что она говорит? — спросил Донни у Дилана.

— Что Бейтел часто видит слонов, — повторил Дилан.

Мы с Диланом мыли посуду, точно брат с сестрой. Вокруг пищали комары. Мы били их щеткой для мытья посуды и кухонным полотенцем. Но на место каждого убитого комара прилетают двое других, чтобы отомстить за павшего товарища. Я спросила, удалось ли Дилану сегодня что-нибудь поймать. Кролика там или фазана.

— Поймал одну рыбину, — сказал Дилан, — первый и последний раз в жизни. Я снял ее с крючка и бросил в ведро. Потом хотел насадить новую наживку, но обнаружил, что на крючке висит глаз. От этой рыбины. Крючок прошел через зрачок. Казалось бы, глаз уже никак не может быть живым, но он смотрел на меня. Ну бред же, бредовее не бывает. На тебя, Салли Мо, никто еще так не смотрел, зуб даю.

Ох как ты ошибаешься, подумала я, именно так те глаза на меня и смотрели. Меня вдруг начало дико бесить слово «бред».

— И удочку, и силки я выкинул, — продолжал Дилан. — Если заскучаю, лучше пойду играть в футбол.

Я уже говорила: любовь учит человека врать.

— Я часто ходила с дедушкой Давидом на рыбалку, — сказала я, — и дедушка Давид меня предупреждал: «Салли Мо, как только увидишь, что поплавок уходит под воду, хватай камень или ком земли и бросай туда скорее. Чтобы рыба знала, что больше клевать не следует». Веселенькая получалась рыбалка! Нам эта система нравилась, и рыбам тоже.

— Как он поживает, дедушка Давид? — спросил Дилан.

— Умер. Три месяца назад.

— А ты молчишь.

— Думала, ты знаешь. Про кота же ты знал.

— Про него мама принесла новость.

— С его смерти прошло девяносто пять дней, десять часов и двадцать пять минут, — произнесла я. Если ему интересно, то пусть знает все.

— Shit, — ответил Дилан, — кто же у тебя еще остался-то?

— Ты, — сказала я.

— Да, Салли Мо, я всегда у тебя буду, всегда. Лови!

Дилан принялся кидать мне тарелки, а я их вытирала. Не пластиковые, кстати.

— Ему было девяносто два года.

— Ого!

— На самом деле он был мне прадедушкой, но других у меня никогда не было, потому что со всеми остальными дедушками и бабушками мама разругалась.

— Понятно, — сказал Дилан.

— Дедушка Давид жил на нашей улице.

Мы не разбили ни одной тарелки.

Как раз дедушка Давид и подарил мне «Гамлета». Сказал, что у него два экземпляра. Не могу спать, когда вспоминаю дедушку Давида, да и не хочется. Я это уже объясняла. Гораций писал: carpe diem — лови момент днем. А для меня важнее carpe noctem — лови момент ночью. Донни уже давно вернулся из деревни. А я снова вижу себя в утреннем лесу, как вчера, и солнечные лучи искрятся в миллионах дождевых капель на листьях и на траве. И Бейтел где-то рядом неспешно беседует с совой. Значит, это и был возвышенный момент номер один. Вот ведь, осознаешь это только задним числом. Как будто жить и испытывать — это не одно и то же. [redacted]. Тут было написано «ну и бред».

Позапрошлым летом мне хотелось сидеть рядом с Диланом на мостках у воды, обнявшись. В прошлом году мне хотелось с ним целоваться. А в этом году я с ним на самом деле поцелуюсь. Я ему докажу, что он мне не просто брат, и заставлю его увидеть во мне не просто сестру. И это, доктор Блум, будет возвышенный момент номер два.

Оценка, проверка, разминка

12 июля, воскресенье, 10:01

Этот остров прозвали Островом Искусств, потому что когда-то здесь жил аккордеонист. И еще потому, что однажды тут останавливались двое поэтов — в отеле, который с тех пор зовется «Два поэта». Правда, они тут оказались по ошибке: спьяну сели не на тот паром. Теперь здесь осталась лишь художественная ярмарка по воскресеньям. Или, как говорят наши мамы, «ярмарка художников». Мамы ходят туда не ради живописи, а ради живописцев. Новых папаш. По воскресеньям нам приходится вставать пораньше, потому что кафе открываются в десять утра, и мамы, в крепкой парфюмерной броне (с ног до головы), уже стоят наготове, чтобы занять лучший столик на террасе. Там мы сидим целый день. Завтракам, обедаем, ужинаем. Каждый год одно и то же: по воскресеньям — на художественную ярмарку. В обязательном порядке. Напитываться искусством полезно для общего развития.

Мамы разработали целую систему. Они обходят ярмарку трижды. В половине одиннадцатого, в половине второго и в половине пятого. Первый обход — выставление оценок по десятибалльной шкале, второй — проверка, третий — разминка. Пока они совершают обход, мы стережем их стулья. Малоприятное занятие. «Нет, простите, тут сидят наши мамы». — «Неужели? Они такие маленькие, или у меня что-то со зрением?» Некоторые желающие посидеть встают у нашего столика и сверлят нас взглядом: мол, валите отсюда, теперь наша очередь. Особенно когда я читаю. Читать можно повсюду, думают они, для этого необязательно занимать их стулья. Они правы, конечно. Это как с людьми, которые в самолете во что бы то ни стало хотят получить место у окна, а усевшись, тут же утыкаются носом в книгу. Я еще ни разу не летала, но уверена, что я как раз из таких. Неудивительно, что эти люди меня ненавидят.

Первый обход только что закончился. Мама Донни присудила парочку шестерок, моя мама — 7,8 балла, а мама Дилана не нашла никого себе по вкусу. Для нее все слишком старые. Услышав это, Дилан вздохнул с облегчением, но ненадолго: ему показалось, что его мама поглядывает на Донни. Того гляди придется звать Донни папой!

Я умираю со скуки. Когда у тебя на коленях книга, всегда можно почитать — неважно, шедевр ли это или просто какая-то чушь в переплете. Но когда у тебя на коленях тетрадь и ручка, далеко не всегда есть что написать. Мальчишки, кажется, тоже потихоньку покрываются ржавчиной. Жаль, не умею рисовать, а то бы написала их портрет: «Ржавеющие мальчики на террасе». Хотела бы я знать, о чем они думают!

В «реальном» мире узнать кого-то по-настоящему невозможно. Можно только интуитивно почувствовать, заслуживает ли человек доверия. Или рассуждать по-научному: в этот раз он сказал то-то и поступил так-то, а в другой раз — вот так-то, следовательно, если он сейчас говорит вот это, то вскоре, вероятно, поступит вот таким образом. Исходя из этого, можно с кем-нибудь подружиться. Или стать кому-то врагом. Или решить, что этот человек мне до лампочки. Но нередко случается что-то неожиданное, и приходится начинать сначала с этой неожиданностью в уме. Мысли-то у всех невидимые. Человек может думать: «Какая же эта Салли Мо хорошенькая, вот бы ее поцеловать!» Но при этом далеко не всегда скажет: «Салли Мо, какая же ты хорошенькая, хочу тебя поцеловать!» Нет, он скажет: «Ха-ха-ха, ну и тупица ты, Салли Мо, и к тому же уродина». Я немного преувеличиваю, но такое бывает. А вот еще из той же оперы: очень возможно, что все мы даже цвета видим по-разному. Может быть, для Дилана листья на деревьях ярко-оранжевые, а для меня — голубые, но нас обоих научили, что такой цвет зовется зеленым. И шпинат мы теперь тоже называем зеленым, потому что видим ярко-оранжевый и голубой. Надо поскорее приступить к завоеванию Дилана. Иначе от нехватки событий моя книга зачахнет, так толком и не начавшись.

Обед заказан. Вот-вот подадут первые бокалы белого вина — а что такого, в отпуске мы или уже в могиле? — так что вскоре наши мамы примутся мурлыкать себе под нос. Я пытаюсь придумать, о чем бы написать, Дилан тоже погрузился в мысли. Или у него в голове пусто — такое тоже возможно. Как во Вселенной перед Сотворением Мира, когда все еще было в порядке. Но вот там пролетает птичка и распевает красивые песенки. У Дилана в голове. Не стану спрашивать, о чем он думает. Дилан хорошо умеет говорить, но беседовать ему хочется не всегда. Раньше его мама утверждала, что он глухонемой. Чему ужасно радовалась.

Родители — во всяком случае, наши мамы — обожают, когда с их детьми что-то не так. Дилан глухонемой, я аутистка, у Донни СДВГ, у Бейтела еще в два года обнаружили дислексию. Когда дети уже выросли, можно хвастаться их достижениями — тем, что они умеют лучше всех. Но маленькие дети еще ничего не умеют. Вот родители и выпендриваются, рассказывая, что их отпрыски ничего не умеют лучше всех. Главное, чтобы это «ничего» называлось повнушительнее. Родители беспроблемных детей сгорают от стыда. Всем подавай ребенка с целым рюкзаком проблем. Скоро эволюция приведет к тому, что будут рождаться одни рюкзаки и только у самых невезучих — вместе с младенцем.

Бейтел блаженно смотрит в никуда: наверное, у него на коленях сидит старый бобер и рассказывает сказки. Донни свирепо пожирает глазами экран мобильного. Он ненавидит весь мир. Порой он даже дышит с трудом, будто утопает в ненависти. Когда ему было двенадцать, он хотел переехать к отцу, но тот отказался. Отец Донни — адвокат. Был адвокатом. Теперь он в правительстве. Донни ему не в кассу, сказал он. Буквально так и сказал. Бред, конечно. Видимо, Джеки права: отец Донни пошел во власть, чтобы потом заполучить местечко в банке.

Мамы перешли к проверочному обходу. Чтобы получше изучить мамины 7,8 балла. Между рыночными прилавками и нашей террасой прокладывает себе дорогу блестящий «порше». И это притом, что машинам въезд сюда вообще-то воспрещен! За рулем сидит какой-то важный типчик с ужасно знакомой физиономией (где я его видела?), а рядом и на заднем сиденье — девицы с палитрами вместо лиц: краска с них так и капает. Нам приходится подвинуться, чтобы их пропустить. Дай обезьяне банан — и она его съест, дай два — и она обменяет один на «порше». Какой же бред! Вот это все. Никак не могу сосредоточиться.

Я хочу говорить прямо то, что думаю. Записывать слово в слово. Слов на свете хватает. Нужно только научиться не бояться. Честность не купишь, ее можно только присвоить: она моя! Я чувствую себя ужасно одинокой. Вообще-то, одной быть нестрашно. Но совсем другое дело, когда ты сидишь среди тысячи людей на стуле, на который зарятся другие. Вот уж дрянной день воскресенье!

12 июля, 22:59

Кандидат, заработавший 7,8 балла, — это художник со смешными картинами и артистической копной волос. По результатам проверочного обхода оценку ему повысили до 9,4. Добыча дня. Мамы опрокинули еще по бокальчику, мурлыканье перешло в тихое пение, и ровно в половине пятого они встали из-за стола на «разминку». Наше с Диланом присутствие обязательно — это традиция. Наша задача — сопровождать их с ужасно умным видом. Пусть все думают: раз уж у этой женщины такой ребенок, с мозгами у нее точно полный порядок. Если верить нашим мамам, художники любят умных женщин.

Обход не состоялся. Мамы Донни и Дилана никого себе не нашли, так что мы впятером направились прямиком к маминой добыче. Помогать маме клеить кавалеров — не самое любимое мое занятие, но она хотя бы никому не изменяет. Мама — одинокая женщина, никому нет дела до ее выходок. Только мне есть дело. А мне не привыкать. К тому же есть шанс, пусть и крошечный, что она наконец отыщет кого-то подходящего. Обладателя обширной библиотеки или классного рассказчика. Вроде папы Бейтела.

Художник приветствовал нас широченной улыбкой. Видимо, они с мамой уже познакомились и слегка размялись.

— Три грации возвращаются! — сказал он.

Это мне понравилось. Что он знает слово «грация». Ну а что он применил его к нашим мамам — это уж на его совести. Я сразу заметила, что он в парике: черные кудри совсем не подходили к его морщинистому лицу. На нем была просторная белая рубаха типа индийской, линялые джинсы и ковбойские сапоги на высоченных каблуках. От одного взгляда на них кружилась голова. По мне, так 5,6 хватило бы за глаза.

Он подмигнул мне, перевел взгляд на Дилана, прищурился и открыл было рот, чтобы что-то сказать. Но не сказал. Выглядел он, конечно, по-дурацки, но все же лучше, чем его картины. Они напоминали детские обои: натюрморты в кричащих тонах — горшки, кастрюли, вазы и бутылки, а в них — шаловливые мультяшные герои.

Мамы, хихикая, рассматривали кофейник, из которого торчала голова Микки Мауса с высунутым языком и крышкой на макушке. Нет, они не хихикали, они умирали от хохота.

— Симпатичный носик, — сказала моя мама.

Она указала на носик кофейника, и тут дошло и до меня. Конечно же, в носике должна была находиться пиписька Микки Мауса. Больше деваться ей было некуда.

— Это автопортрет, — ответил художник.

Мамы так и покатились со смеху. Им пришлось вцепиться друг в друга, чтобы не скатиться с земного шара. Когда к ним вернулся дар речи, моя мама спросила:

— Над искусством ведь можно смеяться?

А художник ответил:

— Этого я и добивался.

Такую фразу мне уже доводилось слышать.

Я потянула Дилана в сторонку.

— Этот тип — полный фейк, — сказала я ему, — и его работы, и он сам. Ты на его сапоги взгляни: не каблуки, а ходули. Еще и парик носит. Как думаешь, стоит маму предупредить?

— А с чего ты взяла, что это парик, Салли Мо?

— Я парики и накладки за километр чую. Когда в небе пролетает самолет, я по шуму слышу, сколько на борту пассажиров в париках. Он — лысый коротышка, и, по-моему, его самого тошнит от дерьма, которым он тут торгует.

В глазах Дилана вспыхнул огонек. Он прислушался к речи художника, который вещал что-то о магическом реализме, приправленном юмором, и сказал:

— Я его уже видел. По голосу узнаю́. Наткнулся на него недавно в дюнах.

— Серьезно? — ахнула я.

Дилан кивнул и добавил:

— И тогда он писал картину получше этой.

Я сдержалась.

— Но зачем же он торгует здесь дерьмом? — спросил Дилан.

— Бинго, мани-мани, дзинь-дзинь, касса, — объяснила я. — И из-за наших мам.

Дело в том, что мама только что сказала: мол, ее очень интересует картина с кофейником. Я научилась ни во что не вмешиваться, но что, если она повесит ее на кухне и отныне мне за завтраком придется любоваться Микки Маусом с высунутым языком и затолканным в носик пенисом? Слава богу, художник ответил, что картина уже продана и ее вскоре заберут.

— Но раз уж... — продолжил он, шурша языком, как банкнотами в пачке... Так, пожалуй, с этим сравнением я переборщила. — Раз уж она тебе нравится, вечером я напишу для тебя в точности такую же. Если только... вечером мы не займемся чем-нибудь другим.

Он поправил маме упавшую на лицо прядь волос и провел пальцем по ее щеке. Я словно сама почувствовала это прикосновение. И мне оно не понравилось.

— Вот что я тебе скажу, — продолжил он. — Ты пока подумай, а когда торговля свернется, мы вместе выпьем — я угощаю. И, если хочешь, я сгоняю домой и напишу тебе картину, а вечером доставлю ее лично и повешу на стену.

— Придется прихватить крючки для палатки, — ответила мама.

— Своими руками забью их в брезент. Ну а передумаешь покупать — останемся друзьями. — Он протянул руку и представился: — Бранда́н.

И имя-то у него как парик. Но мама просто растаяла — хоть соскребай ее с тротуара.

— Аппетитный все-таки экземпляр, — заметила мама Донни.

— Вот только этот хипповый прикид... — отозвалась мама Дилана.

— Даже самую уродливую одежду можно снять.

Это слетело с уст моей мамы. Разве можно ненавидеть того, кто говорит такие вещи? Да я ее и не ненавижу. Писала уже. Вообще-то, я маму плохо знаю: мы редко видимся. Днем она в офисе, а по вечерам продает попкорн в кинотеатре. Откладывает на потом. Для меня. Она уверена, что я поступлю в университет. Потому что я — высокоодаренная. В свободное время она ищет для меня отца в интернете. У странного поведения всегда есть причины. В последнее время я стараюсь больше думать о причинах, чем о поведении, и это помогает.

Ярмарка потихоньку сворачивалась. С разных сторон все чаще доносилось детское нытье. Ненавижу скулящих детей, но попробуй скажи об этом, и услышишь в ответ: «Ты раньше вела себя точно так же. И ничего, выросла нормальным человеком, так ведь?» Да, думаю я, потому что кое-кто принял меры, сделал мне замечание — и не мама или папа, а дедушка. Вот потому я и выросла нормальным человеком.

Вдруг Дилан предложил:

— Салли Мо, расскажи какой-нибудь анекдот.

Я перепугалась до смерти, но ответила:

— Ладно, Дилан. Он длинный, но, по-моему, можно уложиться и в полторы минуты.

— Уж постарайся.

И я рассказала:

— Как-то раз в Дании умер старый король, и его сын, принц Гамлет, заболел от горя. Его мать, королева Гертруда, через пару недель вышла замуж за брата умершего короля, и этот брат взошел на трон. Молодой принц единственный ходил в трауре. Однажды солдаты рассказали ему, что в дозоре видели на стенах замка призрака. Он был в доспехах, но с открытым забралом и в точности походил на старого короля. Той же ночью принц поднялся на стены вместе с солдатами. Призрак явился снова, и, проклятье, это и правда был отец Гамлета! Он рассказал, что его убил Клавдий — его брат, новый король. Влил ему в ухо сок белены. А белена, Дилан, — это страшный яд. Старый король сказал: «Говорят, меня укусила змея, но... эта змея теперь носит корону Дании». Он попросил принца отомстить за себя, и Гамлет поклялся это сделать. Пропел петух, и призрак исчез. Гамлет подумал и решил притвориться сумасшедшим. Он был влюблен в...

— Время истекло, Салли Мо, — прервал меня Дилан.

За соседний столик уселась та знаменитость из «порше». При нем были те же три девицы и картина, которую он положил на столик, — Микки Маус в кофейнике. На ней все еще висел ценник: пять тысяч евро. При виде ценника мамина челюсть едва не исчезла в декольте. Хорошо, что картина ей не досталась, а не то сидеть нам полгода без крошки во рту. Конечно, когда перед тобой на кухне висит такое, кусок в горло не полезет, но все же.

— Шампанского, куколки мои? — спросил этот типчик.

Чем меня бесят знаменитости — так это тем, что ты знаешь: они знамениты, но почему именно? Ну да, их показывают по телику. Но почему показывают? Потому что они знамениты, понятное дело. Я имею в виду: ты не знаешь, что они умеют делать. Петь, танцевать или, может, ставить спортивные рекорды?

И узнать это невозможно, потому что увидеть знаменитостей можно только в программах, в которых они делают то, чего не умеют: танцуют на льду и безо льда или выживают на необитаемом острове. Может, они ничего не умеют и как раз поэтому подходят для таких передач?

Дедушка Давид однажды рассказывал, что в молодости тоже стоял на таких вот ярмарках и продавал свои картины. Дело было вскоре после войны, Второй мировой. Он написал несколько маленьких картин, тридцать на сорок сантиметров, и продавал их по тридцать гульденов. «Сущие гроши — за такие-то сокровища», — говорил он. И вот однажды проходит мимо какой-то богатей, показывает на одну из дедушкиных работ и говорит: «Такая фитюлька и за такие деньги?» — «Ах да, вижу, — отвечает дедушка Давид, — спасибо, что обратили мое внимание, я забыл один ноль». И превращает тридцать в триста. «Вот это номер! — удивляется богатей. — Такая дорогая?» И тут же покупает. За триста. Он еще прошелся с ней по всей ярмарке, прямо с ценником, чтобы все видели, чтó он купил. И за сколько. «Вот оно как устроено», — сказал дедушка Давид. Половину из тех трехсот гульденов он потратил в тот же вечер, потому что мимо проходила девушка, продававшая кофе, и спросила, не желает ли дедушка Давид чашечку. А дедушка (он все еще стоял и удивленно рассматривал сотенные банкноты у себя в руке) перевел взгляд с денег на кофе, с кофе на деньги, а с денег на девушку и ответил: «Да, а сегодня еще и с печеньем». Она рассмеялась. «И мы впорхнули друг к другу в объятия, — вспоминал дедушка Давид. — Ветер дул подходящий — с двух сторон сразу». Девушка была на семь лет старше него — ну и подумаешь. Они сели в поезд, отправились к морю и поужинали в самом шикарном из тамошних ресторанов. Ели устриц и пили шампанское. «Если у тебя есть деньги, Салли Мо, их надо немедленно тратить, — говорил дедушка Давид. — На что-нибудь прекрасное, чего никогда не забудешь. Иначе они все равно кончатся, а ты, хоть убей, не вспомнишь, что с ними сделал». Остаток ночи они просидели на вершине дюны, глядя на волны и звезды. Дедушка Давид и бабушка Йорина.

Мимо террасы прошел темнокожий мужчина.

— Эй, мумба-юмба, — крикнул типчик из телика, — у тебя кокосовых орехов не найдется?

На террасе все замерли. Как по волшебству. Как в «Спящей красавице». В сотнях глаз вокруг меня застыло возмущенное изумление. Иногда люди оказываются лучше, чем о них думаешь. Знаменитость с девицами завизжали от хохота, как пожарная машина, полицейский патруль и карета скорой помощи — нет, две кареты — в одном гараже. И от удовольствия захлопали друг друга по коленкам.

И тут произошло кое-что замечательное: один из официантов вышел на террасу с чашкой кофе. Подошел к нашему столику. Кофе никто не заказывал. Он притворился, что споткнулся. То есть он по правде споткнулся, но нарочно. Я заметила, как он одной ногой поддел пятку другой, оступился, и горячий кофе полетел с его подноса и попал прямо в промежность мужика из телика. Тот взвыл от боли и вскочил. Если бы я это засняла, вышло бы вирусное видео. Слова он выдал такие, которые даже в нашей семье не произносят вслух.

Официант сказал:

— Ой, простите-простите, минуточку, вы сядьте, я все исправлю, сядьте, пожалуйста!

Типчик сел, а официант взял бутылку кокосовой воды с одного из столиков и вылил типчику на промежность.

— Пожалуйста, — сказал он, — кокосовые орехи.

Раздались оглушительные аплодисменты. У меня мурашки по коже побежали от счастья.

— Как по-твоему, Дилан, что такое расизм? — спросила я.

Не задумываясь ни на секунду, Дилан ответил:

— Это когда ты в своих действиях, словах и мыслях учитываешь цвет кожи другого человека.

Это была одна из самых красивых песен той самой птички, что время от времени пролетает у него в голове. Я чмокнула его в щеку.

— А что, если, — сказала я, — я вижу на ярмарке мужчину и думаю: наконец-то тут прибавилось цвета, давно пора, острову это только на пользу?

— Тогда ты — добрая расистка, — ответил Дилан.

— А что ты скажешь об изобретателе коричневого пластыря?

И тут Дилан чмокнул меня. Прямо в губы.

Все это выдумка, от первого до последнего слова.

Я насочиняла все, что написано выше. С того момента, как за соседний столик сел мужик из телика, и до поцелуя Дилана. Оказывается, это веселое занятие. А по правде «порше» еще раз проехал мимо и по улице прошел темнокожий мужчина. По-моему, писатели именно так и поступают. У них на глазах что-то случается — что-то незначительное, и они пытаются представить, как еще могли повернуться события. И записывают. Если получается хорошо, незначительное превращается в значительное. Говорят, главное для литератора — уметь вычеркивать. Но у некоторых писателей я бы хотела прочесть все, что они вычеркнули. Кстати, история дедушки Давида — не выдумка. Он действительно однажды продал картину ценой в тридцать гульденов за триста и в тот же день познакомился с бабушкой Йориной. И с тех пор они шестьдесят лет порхали вместе. Пока бабушка не умерла, а дедушка Давид не приземлился в кресло у окна.

Ярмарка потихоньку пустела. Продавцы паковали товар и разбирали прилавки. Стулья можно было больше не охранять. Художник Брандан подсел за наш столик и заказал нам всем напитки. Человек слова.

— Вы пишете только Микки Мауса в кофейниках, — спросил Дилан, — или в свободное время пробуете себя и в других жанрах?

Надо было видеть лицо Брандана! Он раскусил, что его раскусили. Что Дилан его узнал.

— Да, — ответил он, — в свободное время я иногда пишу и другие вещи — пейзажи, маринистику.

— Интересно, — сказал Дилан. Он и вправду это сказал.

Я устала. Вот что бывает от целого дня ничегонеделания. Мысли мелькают у меня в голове одна за другой, как падающие звезды: ты их видишь, но рассмотреть не успеваешь. Надо с этим что-то делать. Конечно, плохой, но хорошо написанный рассказ лучше хорошего, но плохо написанного. Я бы хотела, чтобы то, что я сегодня навыдумывала, вошло в книгу. Для тренировки. Для следующей книги. В книгах пишут об обычных людях в необычных ситуациях, или о необычных людях в обычных ситуациях, или о необычных людях в необычных ситуациях (хотя через такие, как правило, не продерешься). А вот об обычных людях в обычных ситуациях — никогда. Об этом пишут только в дневниках.

Трудность заключается вот в чем. То часами ничего не случается, и приходится что-нибудь выдумывать. То случается что-то столь забавное, что это сразу хочется записать. Сейчас почти полвторого ночи, и из маминой палатки только что раздался вопль:

— Он лысый! Он коротышка!

Идет дождь. Шелестит листьями, шуршит по брезенту палатки. Словно это умершие с тобой разговаривают. Их слов не разобрать, но здорово, что они рядом. Дедушка Давид любил грозу. Молнии, бури, ломающиеся деревья, сорванные крыши, падающие метеориты — он приходил в восторг, когда природа оказывалась сильнее человека. Он видел в этом возвышенное, хотя так и не называл. Смерть для него была бурей, уносящей с собой то, что слишком ослабло и больше не может стоять на ногах. Заждавшись своей собственной бури, дедушка нашел для себя аэродинамическую трубу. В переносном смысле. Дедушка терпеть не мог приятную погоду, летнюю жару, восточный ветер. Он спускался в подвал и сидел там, пока ветер не начинал снова дуть как положено — с юго-запада.

У входа в мамину палатку стоит пара ковбойских сапог. Полных воды. На передней стойке висит черный парик. Грустный, как хороший анекдот. Как же классно мне было с Диланом на художественной ярмарке! Заставить его увидеть, что он мне не просто брат, а я ему — не просто сестра, пока не удалось. Но то, что между нами есть, у меня не отнимет никто. Надеюсь. Думаю. Уверена.

Ни одного «бреда»

13 июля, понедельник, 8:49

Я уже писала: настоящее, глубочайшее счастье можно испытать, только когда рядом никого нет. Вот самое прекрасное, что мне доводилось об этом читать: «Главное, чему нужно научить ребенка, — это любви к одиночеству, потому что лишь в одиночестве можно найти покой, необходимый для глубочайшего счастья». Но я не одна. Неподалеку стоят ковбойские сапоги, воды в них доверху — хоть форель разводи. Под дождем мокнет парик. Грустный, как хороший анекдот. Это я уже писала, но не грех и повторить.

А может быть, маскируются вообще все и всегда? Банкиры в строгих костюмах, футболисты в татуировках, художники с косматыми шевелюрами. По-моему, по вечерам они стягивают с головы шевелюры, сбрасывают костюмы и смывают татуировки. Если ты что-то умеешь, демонстрируй это своей работой, а не внешностью. Взгляните на фотографии писателей. Толковых писателей. Все выглядят прилично. Не выряжаются как клоуны — им незачем. Косматые художники — бездари, футболисты с татуировками — мазилы, банкиры в дорогих костюмах — грабители.

13 июля, 13:02

Дилан выбрался из своей палатки, и дождь кончился. Дилан подмигнул мне. Как человек, которому приснился приятный сон.

— Ты что в такую рань, Дилан?

— Сегодня моя очередь готовить завтрак, Салли Мо, — ответил он. — Круассан хочешь?

— Хочу. Купи побольше, у нас гости. — Я указала на сапоги и парик. — Видишь скальп?

Дилан усмехнулся. Ему-то легко ухмыляться — не его мама лежит в палатке в обнимку с лысым гномом.

— Я в курсе, Салли Мо, — сказал он. — Скажи-ка, а ты случайно не перешла в лагерь тех, кто завтракает корнем одуванчика в крапивном соусе?

— Что хуже, Дилан, — ответила я вопросом на вопрос, — одна жизнь, полная всего самого вкусного и приятного, или полторы жизни с сырой морковкой на завтрак, обед и ужин?

— Это не игра «что хуже», Салли Мо, это игра «что лучше», а в такие мы не играем.

— Дедушка Давид говорил: «Здоровье — недуг нашего времени».

Дилан опять усмехнулся и отправился в магазин при кемпинге. Через четверть часа он вернулся с двумя полными сумками. Из одной торчала местная газета.

— Газетку прикупил, Дилан?

— Нужно быть в курсе того, что творится в мире.

— И обо всем этом пишут в островной газетенке?

Дилан забросил газету к себе в палатку и поставил на огонь воду для чая, кофе и яиц. Я взяла газету с его спальника.

— Эй, — крикнул Дилан, — положи обратно, она моя!

— А ты отними! — Я спрятала газету за спиной.

Я была не прочь подурачиться и в шутку подраться. Занятие это безобидное, но, если подойти к нему с умом, можно немного пообниматься. Однако Дилан пожал плечами и занялся завтраком.

На первой полосе были напечатаны две нечеткие фотографии. На одной — собака на пляже с куском мяса в зубах — Брат Монах. На второй — девочка прижимает к груди сумку с продуктами и пугливо озирается. Лицо закрыто волосами. Но вполне узнаваемо для тех, кто с ней знаком. Заголовок гласил: «ВОРЫ ВСЕ ЕЩЕ НА СВОБОДЕ».

— Эй, Дилан, ты видел? — спросила я. — На острове воруют. Даже тут.

— Я еще не смотрел, — ответил он.

Я прочитала вслух: «В последние несколько дней на острове опять хозяйничали воры. Ограблению подверглись пляжные кафе и оба супермаркета. Наиболее примечательным из преступников является большой пес, который возникает из ниоткуда, хватает добычу с тарелок или вылавливает из кастрюль и столь же быстро буквально растворяется в воздухе. Этого дьявола видели уже раз десять и даже заставали с поличным, однако задержать его пока не удалось. Вторым преступником является молодая белая девушка с темными волосами средней длины».

Я покосилась на Дилана. Он покраснел, но, возможно, оттого, что склонился над дымящейся кастрюлькой с яйцами.

«Всех, кто располагает сведениями о личности или местонахождении девушки и собаки, просят обратиться...»

Слева и справа вжикнули молнии палаток.

— О боже, нет! — раздался голос живописца Брандана.

Он вылил воду из сапог и принялся отжимать парик.

Вслед за ним из палатки с сияющей улыбкой появилась моя мама:

— А у меня сегодня урок живописи!

Жаль, что по людям не видно, занимались ли они этим. Из штанов у них не идет пар, из глаз не брызжет фейерверк, из ушей не гремят фанфары. Когда футбольная команда забивает гол, твой смартфон пищит, и можно посмотреть, какой счет и кто отличился. Для автомобилей тоже существует нечто подобное. Сфотографируй машину и узнаешь, сколько у нее километров на счетчике, какие у нее дефекты и за сколько можно купить такую же подержанную. Вот такое приложение не помешало бы сделать и для людей. Дзинь! Ага, он прямо сейчас этим занимается! С кем? Дзинь! Только этого не хватало!

Из леса вышел Бейтел. Я не слышала, как он уходил, но он всегда просыпается еще раньше меня. Донни не подавал признаков жизни.

— Я еще вчера вас узнал, — признался Дилан Брандану.

— Это я понял, — ответил художник. — Пса своего нашел?

— Он не мой, — сказал Дилан. — Он у меня кроссовки стащил. Мне понравилась картина, которую вы тогда писали.

— Она на чердаке, вместе с другими морскими пейзажами.

Брандан засмеялся. Вообще-то, без парика и сапог выглядел он вполне нормально.

Чаще всего мы не знаем, кто выползет утром из палаток наших мам. А если и знаем, то всегда интересно посмотреть, как именно они выползут.

Смущаясь в первых лучах солнца, раздавая визитки, фоткая все подряд, снимаясь, елки-палки, с нами всеми разом, часами разглагольствуя о себе или в слезах удирая из кемпинга. Мне по душе, когда мужчина посидит, с улыбкой уставившись в пустоту, выпьет кофе не хлюпая, съест яйцо ложкой, поможет вымыть посуду, поцелует маму и исчезнет навсегда. Вот такому я бы разрешила остаться.

Над нами пролетели две гусиные стаи, мы посмотрели им вслед и приступили к завтраку. «Молока было больше, чем мы могли выпить». Это из какого-то стихотворения. Не помню, кто автор: никогда не запоминаю поэтов. Бейтел скатывал ломтики сыра в шарики и засовывал в рот. Он вегетарианец. Животные знают больше людей, говорит он, и, если их съесть, многие знания пропадут навсегда.

— Вы еще не успели сделать копию Микки Мауса? — поинтересовался Дилан.

Брандан махнул в сторону маминой палатки.

— В твоем голосе слышатся критические нотки, — сказал он, — и даже проскальзывает легкое презрение. Но нет такого закона, который запрещал бы дважды или трижды писать одну и ту же картину. Я художник, и вдобавок у меня есть работа. Как художник я впитываю в себя пейзаж, все мироздание, пропускаю его через душу и наполняю своей кровью, своим дыханием, а потом швыряю все это на холст, и мы с мирозданием сливаемся в одно целое.

Неплохо у этого Брандана язык подвешен!

— А что у тебя за работа? — спросила мама.

— Малевать чайники, — ответил Брандан, — с Микки Маусом внутри. Могу еще с Дональдом Даком.

— Разве моя картина не красивая? — спросила мама.

— На свете нет ни одной картины, — ответил Брандан, — которая абсолютно никому не нравится.

— А... — протянула мама. — Но это настоящее искусство?

— Это не мне решать, а тебе.

— Я думала: немного юмора в искусстве — в этом ведь нет ничего плохого?

— Конечно нет, милая, — согласился Брандан.

Я подумала, что маме тоже не помешало бы немного юмора. И еще я подумала: надо поучаствовать в разговоре. Говорить так, как говорила бы героиня книги. Так у меня, по крайней мере, получится хорошая героиня. Видимая. Слышимая. Чуемая (странное слово). Смакуемая.

— Выходит, — сказала я, — когда ты занимаешься искусством, ты лысый, а когда малюешь дерьмо, надеваешь парик.

— Да, — ответил Брандан. — Потому что правительство решило сэкономить на искусстве миллионы. Они задушили все — оркестры, живопись, скульптуру, детский театр, они вырвали у нашей страны сердце.

Он сказал это мне. Он меня услышал. Он меня видел. Брандан начал казаться мне симпатичным. Скорее всего, потому что таким и был — симпатичным. Пожалуй, он не совсем бесполезный факт.

— И с тех пор, — продолжил Брандан, — все мастера-виртуозы вынуждены превратиться в виртуозов-трюкачей и выплясывать, как медведь на горячей сковородке. Чтобы нас заметили, нам приходится валять дурака. И поэтому да, я ношу парик. — Он начал заводиться. Приятное зрелище. — Люди, которые ни бельмеса не смыслят в искусстве, готовы купить картину, только если ее автор — длинноволосый артистический тип, с которым вдобавок приятно поболтать. Думаете, сидел бы я тут, если бы вчера не напялил парик? Благодаря нашему правительству в этой стране теперь делают один только мусор. Одно дерьмо.

— Будешь уходить, забери Микки Мауса с собой, — попросила мама.

— Эти миллионы, сэкономленные на искусстве, — сказала я, — они достались директорам банков. И теперь эти директора распивают на них шампанское.

Слова сами собой сорвались у меня с языка. Упс! Я боялась взглянуть на Дилана. Я точно знала, что он смотрит на меня с подозрением. Откуда мне это известно, про банкиров? Ну как откуда, Дилан, — из газет, из телика. Все-таки второй класс гимназии, интеллект зашкаливает, вот и почитываю иногда. Но на всякий случай я поскорее сменила тему.

— Ты женат? — спросила я у Брандана.

— Периодически, — ответил он.

— В смысле, сейчас женат?

— Пока нет.

Он взял маму за руку, и мое отвращение начало потихоньку возвращаться.

— А ты хочешь стать художником? — спросила я у Дилана.

— Понятия не имею.

— Лучше не надо.

Я все еще не осмеливалась заглянуть ему в глаза. Но такие диалоги мне нужны для книги. И все это я произнесла по правде.

Брандан взял свой парик и сапоги, нырнул в палатку, забрал Микки Мауса, поблагодарил за приятный отдых и босиком зашагал прочь.

— А как же мой урок живописи? — крикнула ему вдогонку мама.

— Урок тут ни при чем, он состоится, — крикнул в ответ Брандан, — я знаю одно романтичное местечко.

Мама просияла.

Когда разговариваешь с людьми или видишь их по телику или в кино, можно многое о них узнать. Но только не их мысли. Если хочешь знать, что люди думают, нужно читать книги, романы, рассказы. Для того литературу и изобрели. Вот только выдуманные персонажи никогда не лгут. Не могут — автор не даст.

В реальности никогда не знаешь, врет человек или нет. Самое страстное любовное послание может оказаться враньем — злым розыгрышем. Враньем могут оказаться песни, закадровый голос в фильме: всегда приходится гадать, правда ли это. В театре враньем может быть все. Если и верить людям, то только в книгах. Если автор пишет: он подумал то-то — значит, так оно и есть. Книжный персонаж не способен возразить против того, что его мысли становятся достоянием публики. Потому что он не существует. И в то же время он самый честный человек, какого только можно встретить в жизни. А если он и врет, то писатель обязательно на это укажет, чтобы читатель понимал. Такие люди бывают лишь в романах и рассказах.

Если сегодня завтрак готовил Дилан, значит, моя очередь мыть посуду, так что придется его отпустить. Вот облом! Хотя я знаю, куда он собрался. Он взял газету, сложил ее и засунул в задний карман, засвистел и зашагал, как... Похоже, от саблезубого тигра-папаши мне уже не отделаться. Тьфу ты! Бред какой-то.

Донни наконец вышел из палатки, и его тут же назначили нянькой Бейтела. Их мама пока никого не закадрила, а мама Дилана собралась в деревню с ней за компанию, в надежде, что в понедельник утром там болтается много молодых парней. Моя мама пошла прихорашиваться к уроку живописи. Настроение у Донни было еще хуже моего. Он тут же нырнул обратно в палатку, а Бейтелу рявкнул, чтобы тот трижды постучал, если ему понадобится нянька.

Я мыла посуду, Бейтел помогал. Мы ни о чем не разговаривали, потому что рядом намывал тарелки весь чертов кемпинг и о своих зверях Бейтел рассказать не мог. Он спросил, бывала ли я когда-нибудь в Дутинхеме. Я не бывала. Он тоже. Мы мало друг о друге знаем, видимся только летом на острове. Дело в том, что наши мамы не дружат между собой, это наши папы были друзьями. Папа Дилана, папа Донни и мой. Они вместе играли в рок-группе. Потом у наших пап появились наши мамы. Потом мамы выгнали пап, и те разбрелись по миру. А мы остались с мамами. А мамы — друг с другом. Раз в год они собираются вместе и две недели охотятся на мужчин. Однажды к нам присоединился папа Бейтела, и его мама в охоте не участвовала. Моя — да. Я уже рассказывала, чем это кончилось. Бейтел спросил, не бывала ли я в Андорре. Нет. И он нет. Нам было хорошо вдвоем. Окружающие думали, что мы брат и сестра. Я бы не возражала, если бы так оно и было. Бейтел спросил, не соглашусь ли я побыть его нянькой, но я ответила, что у меня есть одно дельце. Вот им-то я сейчас и займусь.

Бабло никого не спасло, и Бог никому не помог

13 июля, понедельник, 23:47

Пишу ночью, когда все протекает медленнее, чем днем, и представляется ужаснее, чем при свете. Мама Донни до сих пор не подцепила себе дружка. Мама Дилана все еще ищет себе милого не старше тридцати и спит в палатке одна. А Брандан, чтоб ему пусто было, опять ночует у моей мамы, и все думают, что ночь приглушает звуки, но это не так. Днем горящую свечу почти не видно, а ночью она светит особенно ярко. Хотя пламя ровно такое же. Со звуками дело обстоит так же. Но днем все происходит вдвое быстрее, а сегодня — так вообще с головокружительной скоростью. Вот что случилось.

Я пошла к бункеру кратчайшей дорогой. Конечно, это не так увлекательно, как красться за Диланом. Но я совершенно не знала, что меня ждет, а от этого адреналин в крови и без того зашкаливает.

Я легла на свое местечко, откуда все видно и слышно, но ничего не увидела и не услышала. Только кустик над дверцей на дюночке (все слова с уменьшительным суффиксом). Ничего крупного, ничего, что может вызвать беспокойство. Ни Дилана, ни Джеки, ни собаки, ни гаденышей близнецов. Может, они все пошли воровать. И завтра Дилана тоже пропечатают в газете. Или они все пошли ставить силки или ловить рыбу. Или...

Я всю жизнь исходила из того, что Дилан ждет меня так же, как я — его. В смысле, мы оба ждем, когда будем готовы для любви. В смысле, взаимной любви. Вот красивый мальчик встречает девочку-уродину, но он снимает с нее очки и... я к этому уже готова, а он, возможно, оказался к этому готов раньше меня, и был уже с десятью девушками или с двумя, и знает, как это делается, и сейчас он там, в бункере, с JKL... Жаль, что для человеческой фантазии нет ни берушей, ни черных повязок на глаза. У меня все тело зудело, как будто под одеждой копошились кузнечики и земляные блохи. Я села и стала чесаться. Ага, вот и они! Дверца открылась, и Джеки с Диланом вылезли на улицу.

— Будь очень осторожна, — сказал Дилан. Он помахивал зажатой в руке местной газетенкой.

— Монтировка и карманный фонарик, — отозвалась Джеки, — тогда можно будет и по ночам. Но где же Брат Монах?

Я боялась лечь на живот — вдруг они услышат шорох и заметят меня. Поэтому я вся сжалась за моим кустом дюнной травы и услышала, как Дилан спросил:

— А сколько стоит монтировка?

В этот момент кто-то сильно толкнул меня в спину. Я как сидела, так и кувырнулась через куст травы, покатилась по песку вниз и приземлилась у подножия той дюны, на которой сидели Дилан с Джеки. У всех на виду. В смысле, приземлилась у всех на виду. Хотя и они сидели у всех на виду. Поверх меня шлепнулся Бейтел. А на том месте, где я только что пряталась, стоял Донни. Руки в боки, кивает, словно палач, оценивающий новый топор.

— Отличное местечко, — сказал он.

— Пр-р-роклятье! — воскликнула Джеки, вскочила на ноги и бросила Дилану в лицо горсть песка. — Предатель долбаный!

Потом встала на колени, чтобы забраться в бункер. Наверняка хотела достать свое ружье.

Поэтому я закричала:

— Стоп!

Все замерли. Кто стоял, кто сидел, кто лежал — все застыли в своих позах. Я сказала, что это я виновата — это я пришла сюда, прокравшись за Диланом.

— Ты называешь это «красться»? — спросил Донни. — Ты пришла сюда прямиком. А Дилана я вообще не видел.

— Слышишь, ты, предатель! Слышишь, — прошипела Джеки, — это ты рассказал, где я прячусь.

— Честное слово, нет, — выпалил Дилан.

— Я прокралась за Диланом в пятницу, — объяснила я, — и позавчера я тоже тут была. Когда он принес удочку и силки.

Дилан посмотрел на меня, как будто я у него на глазах превратилась в насекомое. Он открыл было рот, но Донни его опередил:

— Вот Бейтел точно крался: у него все руки в царапинах от ежевики, через нее и продирался.

Бейтел показал руки. И правда, все в крови.

— А я пошел за Бейтелом, — сказал Донни, — потому что меня припахали за ним присматривать.

Тут на дюну взбежала собака с половиной жареной курицы в зубах. Отдала добычу Джеки и тотчас улеглась рядом с Бейтелом, тихонько поскуливая.

— И давно ты меня преследуешь? — спросил Дилан.

— С тех пор, как научилась ходить, — сказала я.

— Правда? — спросил Дилан.

— Да, — подтвердил Донни.

— Черт подери, — выругался Дилан.

Бейтел поднял голову:

— Сюда идут люди!

Мы все замолчали и прислушались. Издали доносились голоса.

— Они ищут собаку, — предупредил Бейтел.

Джеки вскочила. Обвела нас безумным взглядом. На миг задумалась. Затем скомандовала:

— Все в бункер. Немедленно!

Дилан мгновенно нырнул под землю. Бейтел взял меня за руку и потянул ко входу. Вместе с собакой мы протиснулись через люк. Джеки взяла ветку и принялась заметать следы на песке.

— Тебе помочь? — спросил Донни. Никогда не слышала от него такого вопроса.

— Брысь в бункер, мудила! — рявкнула Джеки.

Через полминуты мы уже сидели друг у друга на головах в кромешной тьме внутри бункера. Воняло мочой. Ужас как воняло. Мы молчали. Джеки искала что-то на ощупь. В смысле, подозреваю, что это она шарила в темноте, потому что вскоре она прошептала:

— Бакс, Никель, зачем вы задули свечки? А спички где?

— Отдадим, если отпустишь нас домой, — сказал первый близнец.

— Тише, говори тише, — шикнула Джеки.

— Только если отпустишь, — гаркнул второй. Или это был первый.

Шум борьбы, пыхтение, сдавленные крики. Донни чиркнул зажигалкой. Джеки сидела на извивающихся братьях, зажимая им рты руками.

— Ого, — сказал Донни и зажег свечи.

Мы скучились в тесном помещении, самое большее два на три метра. Под Джеки и близнецами лежали два спальных мешка и два рюкзака, в противоположном углу валялся еще один спальник и стоял чемодан на колесиках. Мы сидели на песке. Бетонные стены были исписаны такими непристойными текстами, что я их не хочу воспроизводить в моей книге. А это говорит о многом. Значит, это и было их разбойничье логово. Здесь они и ели ворованных кур, среди этой вонищи.

— По-моему, с улицы вообще не слышно, когда здесь говорят, — прошептала Джеки, — но на всякий случай — тс-с-с.

Она по-прежнему прижимала братьев к земле. Все молчали. Мне было страшно подумать, что скажет Дилан, когда мы снова сможем говорить. Однако я с трудом сдерживала смех. Как во время молитвы или поминок. Не смеяться, когда нельзя смеяться, — это же просто невозможно. Точно так же, как не врать, когда нельзя врать. Джеки слезла с братьев. Они принялись ругаться. Теперь уже Донни прыгнул на них и зажал им рты. По-моему, заодно и носы, потому что они тотчас затихли и лежали, как трупы. Джеки осторожно выглянула наружу.

— Все окей, — сказала она и села на свой спальник, — но пока останемся здесь. А ну-ка рассказывайте, как такое могло произойти. Отпусти мальчишек.

Донни выполнил ее приказание. Близнецы не заверещали.

— Давай-ка ты расскажи, — обратилась Джеки к Бейтелу, — тебе я верю.

То, что говорил Бейтел, было так трогательно — мне даже стало неловко. Он рассказал, как мы мыли посуду, и про Дутинхем, и про Андорру. Тут Донни сказал, что он ни при чем, но Бейтел готов был продолжать, и Джеки велела ему рассказывать дальше — ведь сейчас она была главной. И Бейтел поведал, что ему хотелось, чтобы я осталась с ним, но у меня были другие дела, и, когда я ушла из кемпинга, он побежал за мной, потому что должен был рассказать мне еще одну вещь.

— Какую? — спросил Джеки.

— Да, какую? — спросил Донни.

— Заткнись, придурок, — скомандовала Джеки.

— Это секрет, — сказал Бейтел, — я расскажу это только Салли Мо и только когда мы с ней будем одни. Только Салли Мо хорошая.

Честное слово. Так прямо и сказал. Я посмотрела на Дилана. Он сидел, уставившись в огонь.

— Как тебя зовут? — спросила Джеки.

— Бейтел.

— Пф-ф-ф, я-то думала, что только мои родители чокнутые*, — сказала Джеки и указала на братьев. — Их зовут Бакс и Никель. — Она указала на меня. — Как пишется Салли Мо?

Я произнесла свое имя по буквам.

— И Дилан никогда тебе не говорил, что мы здесь прячемся?

---

* По-нидерландски слово beitel значит «стамеска» (столярный инструмент).

— Нет, — сказала я, — честно, недавно я дала себе слово никогда не врать.

— Соврала она, — добавил Донни.

Джеки посмотрела на него злобно. А при свече злобный взгляд выглядит еще более злобным.

— Дилан ничего мне не говорил, но я все слышала, что ты ему рассказывала, я знаю твою историю.

— Какую историю? — спросил Донни.

Джеки сунула руку под свой спальник и вытащила ружье.

— О том, что я из-под земли тебя достану, если ты хоть кому-то сообщишь, что мы здесь прячемся, — сказала Джеки, — вот какую историю. — И прицелилась в Донни. — Поклянись, что будешь держать язык за зубами.

Донни поднял вверх сомкнутые указательный и средний палец.

— Только если ты расскажешь мне свою историю, — сказал он.

— Ружье заряжено, — предупредила Джеки.

— Это правда, — подтвердила я.

— Клянусь, — произнес Донни.

Затем Джеки направила ружье на меня.

— Я тоже, — сказала я.

После этого она сделала очень хорошую вещь: не стала целиться в Бейтела. Он сидел, обняв собаку, и казалось, что это одно существо, получеловек-полусобака, этакий мифический зверь. С двумя головами, наполненными одинаковыми мыслями.

— Ладно, — сказала Джеки, — может быть, вы меня поймете, если я расскажу мою историю.

Я ее историю знала. И Дилан тоже. Он все еще сидел, уставившись на пламя свечи, и мне очень хотелось, чтобы мы с ним тоже были одним мифическим зверем и чтобы мысли наши тоже были одинаковыми. Но, боюсь, ничего такого мне не светило.

— Слушай, Дилан, — подала я голос.

Он посмотрел на меня и спросил:

— Ты за мной следила — и что ты видела? Салли Мо, зачем ты это делала?

Два вопроса в одном. Так что ответ будет только один.

— Две недели — это так мало, Дилан. Всего две недели в году. И в эти две недели я хочу видеть тебя как можно больше.

— Правда?

— Да, именно так, Дилан. Я влюблена в тебя с той минуты, как научилась смотреть.

— Это ж сколько лет, Салли Мо!

— Хорошо бы к ним добавить еще годиков восемьдесят, Дилан!

— И что я должен сейчас сделать?

— Не знаю, мне же не заглянуть к тебе в голову, — сказала я.

Он улыбнулся.

— Буду сидеть, раздуваясь от гордости.

— И? — спросила я.

— И все.

Могло быть и хуже. А могло бы и лучше! Но выдумывать для Дилана реакцию поинтереснее я не решаюсь. В смысле, весь этот наш разговор — выдумка. Если не считать того, что мысленно я его проговаривала на самом деле. Слово в слово. Но вслух не произнесла. Дилан просто сидел и смотрел, пламя свечи отражалось у него в зрачках, так что они казались отлитыми из чистого золота. Возможно, он решил играть со мной в молчанку. И уже начал. И в ближайшие восемьдесят лет не перестанет.

Среди нацарапанных на стенах непристойностей я вдруг заметила шесть слов, написанных недавно: БАБЛО НИКОГО НЕ СПАСЛО, и пониже: И БОГ НИКОМУ НЕ ПОМОГ. Почерк аккуратный. Наверняка это Джеки постаралась. Кто еще станет такое писать про бабло. Но при чем здесь Бог, я понять не могла.

Как-то раз дедушка Давид сказал мне: «Салли Мо, не переживай за людей и за мир. Все будет хорошо. Человечество в целом развивается точно так же, как один человек, один индивид. Мы кутались в звериные шкуры точно так же, как младенец лежит в пеленках. Мы вели войны так же, как мальчишка дерется во дворе школы. Мы устроили революцию, как подросток в переходном возрасте. Не знаю, сколько сейчас нашему миру лет — думаю, лет шестнадцать-семнадцать. Но пора бы ему влюбиться и думать только о танцах и сексе». А я спросила: «Если это так, то можно сказать, что Бог был когда-то для человечества выдуманным дружком?» Дедушка Давид глубоко задумался. Потом налил себе еще рюмку и долго сидел, кивая. Раньше дедушка Давид был красавцем. Это видно по автопортрету, который он написал в шестнадцать лет. Автопортрет висит в каком-то музее, но я видела репродукцию в книге. Прекрасно понимаю, почему бабушка Йорина, как только его увидела, сразу впорхнула к нему в объятия. А когда ее унесло ветром от него прочь — в смысле, когда она умерла, — мир совершенно перестал его интересовать. Дедушка не покидал дома, и к нему, кроме меня, никто больше не приходил. Когда я выдала мысль о воображаемом друге, он посмотрел на меня и сказал: «Салли Мо, если у человека есть кто-то, с кем он может вести такие разговоры, то никто-никто больше ему не нужен. Но рано или поздно человечество станет таким же старым, как я. И тогда никто уже не будет расстраиваться от того, что всей этой лавочке придет конец». Сказал и очень скоро вдруг влюбился. Не в тот же день, но, наверное, в следующий. В мефрау, которая влюбилась в его картину, на которой был изображен тот самый кот. Но это совсем другая история. Кстати, в совсем даже не красивую мефрау. Бабушка Йорина была намного красивее.

Хотелось спросить у Джеки, она ли написала на стене фразы насчет бабла и Бога и что хотела ими сказать, но ее доклад об отце и банковском капитале только-только перевалил за половину.

Я заметила, что все писатели начинают писать особенно классно, когда речь заходит о Боге. Совершенно точно. Так же классно, как Бейтел рассказывает о зверье. И еще они отлично пишут про своих умерших отцов, а про неумерших — не так здорово. Даже если эти отцы живут в Дубае. И тут я подумала: как же такое возможно, чтобы отдельный индивид был старше всего человечества? Попыталась придумать на эту тему вопрос: что хуже?.. Но мне показалось, что сейчас Дилана лучше не трогать. Он все еще сидел, уставившись в пылающий огонь. Не удивилась бы, если бы у него по щекам потекли золотые слезы.

— Какие у тебя отношения с Богом, Салли Мо? — спросил меня как-то раз доктор Блум.

В тот момент я рассматривала его книжный шкаф. Там была куча книг, совершенно мне неизвестных. Хорошо ему, доктору Блуму, сидя рядом с таким шкафом, на три месяца запретить мне читать. На нижней полке книги стояли не сплошь. Оттуда кто-то вынул несколько томиков. Мне показалось, что в промежутке между книгами сидит мышка, или крыса, или еще кто-то, кто грызет книги. Я вспомнила анекдот, который так понравился Бейтелу, что в прошлом году он рассказывал его всем подряд.

Сначала надо загадать загадку: большой, желтый, живет на глубине пятидесяти метров и питается камнями — кто это? Ответ: большой желтый камнеед. А потом все занимаются разными делами, ходят на ярмарку смотреть картины, гуляют по лесу и забывают про анекдот. И тогда лучше всего выкопать ямку и, когда она будет достаточно глубокой, спросить: если я пророю яму через всю землю до самой Австралии и брошу в нее камень, сколько метров он пролетит? Ответ: пятьдесят, потому что на этой глубине живет большой желтый камнеед. Боже ты мой, как в этом месте хохотал Бейтел! Вспомнив, я и сама заулыбалась.

— Разве это такой смешной вопрос? — спросил доктор Блум.

— Нет, — ответила я, — знаете, как было дело, по-моему? По улице шла старушка. Снизу вверх. В смысле, она поднималась на холм. Очень медленно. Улица была вся залита солнцем. Старушка увидела в стене дома углубление, и в этом углублении было темно. И что-то там вроде бы шевелилось. Старушка остановилась поглядеть. Мимо проходила женщина, она тоже остановилась и спросила: «Что вы тут делаете?» А старушка ответила, что в углублении вроде бы что-то шевелится. А что там? Понятия не имею. Старушка пошла дальше, а женщина осталась стоять и смотреть, что там такое. Мимо проезжали трое мальчишек на мопедах, они остановились и спросили у женщины, на что она там смотрит, и тоже туда уставились. Но никто не отважился залезть в это углубление, потому что всем было страшно. К вечеру на улице собралась целая толпа, и все пытались разглядеть, что там в темноте. А с наступлением ночи все пошли домой и рассказали своим домашним, что они видели в углублении. Так и возник Бог.

И тут я вернулась в реальность, услышав слово «революция».

Бейтел с Братом Монахом заснули в обнимку и видели один и тот же сон. Бакс и Никель играли в карты. Кто выиграет, тот получит от другого тысячу евро, когда вернутся домой. Первый уже обставил второго на шестьдесят тысяч, а второй первого — на сорок тысяч. И теперь они всерьез думали, что вместе заработали сто тысяч евро. Конечно, меньше, чем зарабатывает папа, но хоть что-то. И тут Донни произнес слово «революция».

— Недавно мы обсуждали это в школе, — сказал он, — и все сошлись на том, что в обществе надо что-то менять. Нельзя больше жить по-прежнему, когда все думают только о наживе, и я сказал, что пришло время для революции. И знаете, что ответили ребята? «Да, мы тоже надеемся, что так и есть». Надеемся! Трусы.

Я знала, что у Донни неплохо подвешен язык, но формулировать мысли он не умеет. Я еще никогда не видела, чтобы кто-то всерьез его слушал. А вот Джеки его слушала, каждое слово ловила.

Это хорошо, подумала я, и это была подлая мысль, моим мозгам я не разрешаю так думать. Но тут я подумала сердцем. Забирай ее и улетай с ней вместе к звездам. Украдкой я глянула на Дилана. Он тоже видел, что происходит. Губы у него шевелились, ему хотелось произнести что-нибудь блистательное и в этом словесном боксе положить Донни на обе лопатки. Но тот продолжал прыгать по рингу и был неуязвим.

— Ты все правильно понимаешь, Джеки, я чувствую это здесь, у тебя в бункере. То, что я здесь вижу, и есть самое главное. Воровать — это правильно, воровство есть форма борьбы с несправедливостью.

Ого, этот Донни так и сыплет афоризмами. От шквала его речей у меня горели уши.

— Если где-то скопилось слишком много денег, то их можно взять. Их даже нужно взять! Потому что тем самым убиваешь двух зайцев сразу: где было слишком много, становится меньше, а где было слишком мало, становится больше.

— То есть взятые деньги надо отдать бедным? — спросила Джеки.

— Не сразу, — сказал Донни, — сначала надо разобраться со своими проблемами. Если тебе самому нечего есть, то ты не в состоянии полноценно функционировать. А для участия в революции понадобится хорошее здоровье. Робин Гуд тоже раздавал бедным не все, в первую очередь он заботился о своих людях. Иначе они бы все разбежались. И еще вот что важно, Джеки... — Он произнес ее имя так, словно он — ящерица-легуан, который обвивает язык вокруг своей жертвы, чтобы подтянуть поближе к пасти. — И еще вот что важно: бедные должны обеднеть еще более, иначе они не поднимут восстание.

— Где ты такое прочитал? — не удержалась я.

— Думаешь, ты тут единственная, кто отличает А от Б?

— Ни разу не видела, чтобы ты держал в руках книгу.

— Пр-р-р-роклятье, — воскликнула Джеки, — не мешай Донни рассказывать!

Она глянула на меня так, словно я хочу отбить у нее Донни.

Я замолчала, потому что вовсе не хотела мешать их роману. Вот уж ни капли.

— Слушай, Бейтел, — сказал Никель. Или Бакс.

Этих мальчишек я не научусь различать, если не надену на них кепки разного цвета. Или футболки с их именами. Или если один из них не отрежет себе ухо. Или не себе, а брату.

— Слушай, Бейтел, у тебя что, есть своя собака? Ты так с ними дружишь.

Бейтел открыл глаза.

— Была кошка, — ответил он, — но она была не моя, она была своя собственная. У нас она просто жила.

— Была кошка, — сказал первый из близнецов.

— Кошка, — отозвался другой.

Я подумала, что в книге их лучше соединить в одного персонажа. По имени Баккельник — что-нибудь такое. Выглядят они одинаково, одеты в одинаковые дорогущие шмотки, джинсики для богатеньких, в которых пакистанские дети проделывают прорехи за пятак в неделю, хотя каждая дыра стоит 20 евро, и богатенькие рубашки с коротким рукавом от известных фирм, да и говорят одно и то же. Если я от одного из близнецов избавлюсь, вы ничего не потеряете. Собственно, и от обоих можно избавиться. В литературоведении это называется «плоские персонажи»: в конце книги они точно такие же, как в начале. Они ничему не научатся, ни от чего не отучатся, они не участвуют в развитии действия и только мешают. Отлично. Начиная с этого момента у Джеки нет братьев. Она живет в бункере одна. Единственная дочка у родителей. С ружьем.

Так я размышляла сегодня днем, когда еще не знала того, что знаю теперь. Я всегда думала, что Донни — это плоский персонаж. Плохой — плоский, хороший — глубокий. Но, оказывается, это не так. «Хоть видишь людей, но не знаешь их суть», — писал Бредеро*. В Амстердаме. Давным-давно. Тогда же, когда Шекспир писал «Гамлета».

---

* Г. А. Бредеро (1585–1618) — знаменитый нидерландский драматург. Салли Мо цитирует его комедию «Испанец из Брабанта».

У всех зверей вместе много глаз

14 июля, вторник, 3:18

— Мой отец всегда говорит, — рассказывала Джеки, — что люди хотят, чтобы их обманывали, а то им не на что будет жаловаться.

— А мой отец помогает банкирам их обманывать, — сказал Донни, — он адвокат и знает все лазейки в законах. Это еще хуже. Твой отец плохо поступает, а мой отец сам плохой. Этому он специально учился в университете.

— Интересно, знают ли плохие люди, что они плохие? — спросил Дилан.

Это я и имела в виду. Он молчит-молчит, пока не надумает что-нибудь умное, что стоит сказать. А я обрадовалась: значит, не размышляет о том, как я его преследовала.

— Да, — произнесли Донни и Джеки одновременно. Точно отвечали на собственной свадьбе, что согласны вступить в брак. Но не решили, кому говорить первым, а кому — вторым.

— Плохие люди не размышляют о добре и зле, — добавила Джеки, — совсем как животные.

— И при этом ты сама хочешь стать животным! — сказала я.

— Р-Р-Р-Р-Р-Р! — зарычал Донни, изображая дикого зверя, и вытянул лапу в сторону Джеки, едва не задев ее грудь.

Если у нее есть грудь.

Она посмотрела на меня и спросила:

— Откуда ты знаешь, что я... Ах да.

По-моему, у нее в голове полная неразбериха.

— Мы думаем, что мы хорошие, — сказала я, — но мы можем ошибаться. По-моему, каждый человек думает про себя, что он хороший.

Судя по выражению лица, плохим не считал себя ни один из нас. Или ни одна из нас. Даже Донни. Какое же человеку требуется доказательство?

— Кота звали Флип, — сказал Бейтел, — но он уже умер.

Донни встал во весь рост и приготовился выдать речь. Пламя свечи освещало его лицо снизу, так что видны были только рот и ноздри. Дедушка Давид, бывало, выключал в доме весь свет, совал себе в рот горящую спичку и надувал щеки. Его голова напоминала тогда горящий китайский фонарик, который покачивался в темноте. Было очень страшно. И сейчас тоже.

— Мы с Джеки знаем, о чем говорим, — начал Донни, — мы по собственному опыту знаем, как устроен мир и сколько в нем чудовищной несправедливости. И мы знаем, что делать. Мы...

— Знаешь, что сделала моя мама, когда папа получил миллионный бонус? — спросила Джеки.

В фигуре Донни мелькнуло раздражение, но на лице он тотчас изобразил заинтересованность.

— Папа откупорил шампанское таким высокомерным жестом, что полбутылки ударило в потолок. «Как жаль», — сказала мама. «Ерунда, — ответил папа, — на мой миллион я легко могу купить еще бутылку». Я была тут же, и я слышала его слова, и потом меня в кровати всю ночь рвало, честное слово. Мама ответила: «В какой-нибудь бедной стране ребенок за десять евро может целый год ходить в школу, ты мог бы сделать так, чтобы сто тысяч детей целый год ходили в школу». «Женщина, — сказал папа, — я дам тебе две тысячи евро на благотворительность, распорядись ими полностью по своему усмотрению. Пусть двести детей будут целый год ходить в школу. Или устраивай плавание с дельфинами с целью избавить детей от аутизма. Мне по барабану — делай все, что тебя удовлетворит». И мама очень-очень обрадовалась. Теперь сидит за компьютером и переводит деньги на добрые дела. Десять евро туда, десять сюда, десять против потепления климата, десять в банк продовольствия. И в ресторанах она теперь дает огромные чаевые. Жутко собой довольна. И все ее за это ненавидят — даже те, кто получает от нее эти самые чаевые. А она-то думает, что несет людям добро. На самом деле она очень хорошая. Мы должны создать политическую партию против банкиров.

Это все Джеки.

— Против мам, которые ищут себе молодых мужчин. — А это уже Дилан.

— Против художников в париках, — вставила я.

— В защиту животных, — предложил Бейтел.

— Такая партия уже существует, придурок, — сказал Донни.

А Джеки подытожила:

— А вот я за человечеством человека не вижу.

— В какой книге ты это вычитала? — спросила я.

— Ни в какой не книге, — ответила Джеки. — Ты дышишь, кислород поступает в мозг, мозг думает, и тогда ты говоришь что думаешь.

— А надписи на стене ты тоже сама придумала?

— Тоже.

— Мы не создадим никакой партии, — вмешался Донни, — потому что не имеем такого права. Нам слишком мало лет, чтобы избирать и быть избранными. Так ведь?

И посмотрел на Джеки. Она кивнула.

— И нам не надо даже стремиться к этому, — продолжал Донни, — потому что мы тогда завязнем в этом тошнотворном взрослом мире. Взрослые идут в политику с лучшими намерениями, а выходят из политики преступниками. Настало время революции. Салли Мо!

Я так и вздрогнула.

— Какая революция в мировой истории была самой удачной?

Я не понимала, что он хочет от меня услышать.

— Французская революция, — сказала я наобум, — или русская?

— Нет, профессор, революция крыс! Крысы сожрали яйца динозавров, и после этого мы о динозаврах уже слыхом не слышали. Наступила новая эпоха. И мы поступим так же!

— Как крысы? — спросил Дилан.

— Как крысы, — заверил Донни, — маленькие против больших, Мальчик-с-Пальчик против великана, Давид против Голиафа. Все остальные революции закончились провалом. И почему? Потому что их организаторы надеялись, что все взрослые к ним присоединятся. Но взрослые боятся изменений. Они боятся потерять работу. У них есть что терять. А что терять детям? Дом, родителей, школу? Дети ненавидят родителей и мечтают как можно скорее вырваться из родительского дома. А за один день настоящей жизни можно научиться большему, чем за год в школе. Дети еще умеют мыслить свободно, поэтому именно мы и должны начать революцию. И все вместе мы создадим новый мир — мир молодых, не зараженных алчностью.

Джеки впитывала каждое слово Донни как губка. Будто в его лице явился, блин, сам Мессия. Проповедь у Донни получилась классная, ничего не скажешь.

И я не разозлилась, когда Бейтел сказал: «Аминь». Вовсе не в насмешку — наоборот. Его папа преподает в протестантской школе. Он и научил Бейтела говорить «аминь». А Донни подумал, что Бейтел издевается. Лицо у него сделалось такое, как будто перед ним из бифштекса на тарелке выполз червяк, а он как раз проглотил кусочек. И Донни пнул Бейтела в голень, чуть ниже колена. Бейтел даже не поморщился — он к такому привык. А вот братья Джеки наклонились к нему с сочувственным видом.

— Ой, — сказал какой-то из них, — тебе больно?

Мы с Диланом не отреагировали на пинок — тоже привыкли ко всякому. А Джеки восхищалась бы всем, что сделал Донни, даже если бы он расстрелял шестнадцать монашек.

— Взрослые ведут себя как страусы, — подтвердил Дилан. Он тоже заметил, что Джеки уже полностью растаяла и устремилась ручейком в сторону Донни, так что решил поскорее зарабатывать очки. — Когда взрослым страшно, они суют голову в песок. А их тело, торчащее над поверхностью, тем временем режут на части и готовят из него барбекю. Но голова под землей думает, что все в порядке.

— Отлично сказано, брат Дилан, — похвалил Донни.

Джеки смотрела на него сияющими глазами. На Донни.

— Мою собаку зовут Брат Монах, — объявила она.

— Пока мы тут сидим, мы кажемся разными, — сказал Донни, — но у нас есть общий враг: взрослые. Они загаживают весь мир, а вместе с ним — наше будущее. Пора сбросить взрослых с трона.

Мне даже стало немного интересно, что он там плетет. Но тем временем между близнецами и Бейтелом происходило что-то ужасное. Если Донни ищет крыс для своей революции, то парочка крысенят у него уже есть. Они сидели слева и справа от Бейтела и потихоньку шушукались. Я в полтора уха слушала их разговор, а в остальные пол-уха — выступление Донни.

Донни вещал о рабочих группах во всех концах страны — рабочих группах из детей, которые будут поддерживать связь и обмениваться идеями через соцсети, и эти группы будут расти и расти, пока к ним не присоединятся все дети страны, а детей в Нидерландах больше четырех миллионов, и в один прекрасный день они громко заявят о себе и возьмут власть в свои руки.

— Одна оса, — вещал Донни, — ничего не сделает с человеком, но осиный рой способен обратить в бегство целую армию.

Он прямо-таки бредил. Думаю, эту речь он заготовил уже давно, пока часами сидел один у себя в палатке, и вот ему наконец подвернулся случай ее произнести. Додумать свою мысль до конца я не успела, потому что, как вы знаете, в полтора уха ловила шу-шу-шу Бейтела с крысенятами. Тут-то и случилось нечто жуткое.

— Как, говоришь, звали твоего кота? — спросил первый из братьев.

— Он не был моим котом, — объяснил Бейтел.

— Этого кота, который у вас жил, — сказал второй.

— И который умер, — подхватил первый.

Блин, я прямо разволновалась из-за этих близнецов. Вот прямо сейчас, когда о них пишу. Это что-то с чем-то. Сказал первый, сказал второй, потом опять сказал первый... и как только можно было написать целую серию книг об озорных близнецах! Но это чистая правда. Один из них был озорной, и второй был озорной. И вместе они были очень озорные*.

— Этого кота, который у вас жил, — сказал сидевший слева.

— И который умер, — сказал сидевший справа.

— Его звали Флип, — ответил Бейтел.

— И когда он умер, ты бросил его в серый мусорный бачок, — спросил сидевший слева, — или в зеленый?**

Этот вопрос оказался для Бейтела слишком трудным.

— Или ты его похоронил?

---

* Имеется в виду выходящая с 1958 г. серия книг «Озорные близнецы» нидерландской писательницы Арьи Петерс о приключениях двух сестер-близняшек.

** Имеются в виду контейнеры для раздельного сбора мусора.

Бейтел покачал головой.

— Ну конечно, — вякнул правый, — ты его похоронил.

— Наверняка, — брякнул левый, — и положил на могилу цветочки.

— И теперь он там лежит в полном одиночестве и мяукает под землей.

— А ты каждую ночь ходишь его слушать.

— Мы так думаем, — заявил левый.

— Но он же умер! — воскликнул Бейтел.

Я должна была бы вмешаться, что-то сделать, сказать, кого-нибудь ударить, но вполуха я все еще слушала Донни.

— Это ты так думаешь, — вступил правый.

— Что он умер, — отозвался левый.

— Его сожгли, — тихо произнес Бейтел.

— Значит, он весь обгорелый и черный.

— Значит, он лежит где-то совершенно черный и мяукает.

— Его сожгли в крематории, он превратился в пепел.

— Что такое пепел?

— Такой легкий серый порошок, как у бабушки в камине, когда огонь погаснет.

— У твоей бабушки в камине лежит дохлый кот?

Близнецы покатились со смеху.

— Я часто плачу, когда вспоминаю Флипа, — сказал Бейтел.

— Ну а мы смеемся.

— Да, мы смеемся.

Бейтел достал из нагрудного кармана фотографию.

— Смотрите, это Флип. Дома его фотография стоит у меня рядом с кроватью, а здесь я всегда ношу ее с собой.

Близнецы посмотрели на фотографию.

— Какой милый котик.

— Здравствуй, Флип.

Бейтел засиял от счастья.

— Но теперь-то он выглядит уже совсем не так, — заявил левый.

— Интересно, как он выглядит теперь, — протянул правый.

— Мне тоже интересно, — сказал левый, выхватил у Бейтела фотографию и поднес ее к пламени свечи.

Я бросила две пригоршни песка на фотографию, но наполовину промахнулась. Бумага свернулась в трубочку, покоричневела и загорелась.

— Бакс, ты что творишь? — закричала Джеки.

— Хочу узнать, как выглядит пепел дохлого кота, — ответил тот.

— И я тоже, — поддакнул Никель.

— Мы все сейчас задохнемся, — сказала Джеки.

Мальчишки замяукали.

Я бросила горсть песка Баксу в глаза. Попала. Гаденыш уронил фотографию, и она, продолжая гореть, упала на песок. Я вскочила и наступила на нее ногой, но, подняв ее, обнаружила, что от снимка уже ничего не осталось.

Бейтел посмотрел на Бакса и проговорил:

— Звери доберутся до тебя.

Потом встал и пошел к выходу.

— Бейтел, не валяй дурака, — сказал Донни, — в наших планах тебе отведена важная роль, мы выдадим тебе велосипед.

Бейтел открыл дверцу.

— А может быть, и ноутбук!

Джеки не двинулась с места. Дилан не двинулся с места. Мальчишки все еще мяукали.

— Я провожу Бейтела в кемпинг, — сказала я.

— И по дороге объясни ему как следует, чтобы он держал язык за зубами о том, что здесь происходит, — приказала Джеки.

Внутри у меня все похолодело.

— Салли Мо, подожди, — попросил Дилан.

Но я не стала ждать, а он не поднялся и не пошел за мной.

Я взяла Бейтела за руку. Мы спустились с маленькой дюнки, поднялись на большую, спустились и с нее и вышли к морю. Тут Бейтел заплакал. Сначала по его щекам беззвучно покатились крупные слезы, потом он дернулся всем телом и словно втянул в себя весь-весь воздух вокруг. А потом заревел в полный голос. Я первый раз в жизни услышала, как плач бывает похож на пение. Если сердце плачет, оно поет. В книгах в таких случаях человека заключают в объятия и говорят: «Поплачь всласть, выплачь все свои горести!» Какой цинизм! Ведь человек совершенно не хочет плакать — он хочет, чтобы ему вернули его фотографию, его кота, его дедушку, хочет обнять свою любимую. Горе Бейтела было таким огромным, что ни одному ослу не хватило бы сил перевезти его через гору. И откуда только у меня берутся такие образы? Похоже, я становлюсь писателем.

Так вот, мы с Бейтелом вышли к морю, я посадила его прямо попой в песок, лицом к горизонту и отошла в сторону. Не слишком далеко, но все-таки. Потому что мне тоже хотелось плакать. Мимо брела старушка. Она посмотрела на Бейтела, потом на меня и спросила, не может ли она нам помочь. Милая старушка. Я помотала головой и подняла большой палец: мол, все будет хорошо. Когда Бейтел наконец притих, я подошла к нему.

— Что я могу для тебя сделать?

— Я хочу подсолнухов, — сказал Бейтел, — они такие красивые.

— Я их тебе куплю.

Бейтел прижимал к груди потрепанную коричневую тряпочку. Он поднял ее вверх, чтобы мне показать, и сказал:

— Вот король зверей.

Я увидела два глазика. Это был медвежонок. Весь потертый от ласк хозяина.

— Знаешь, что говорит король зверей? — спросил Бейтел. — Он говорит: «Мы доберемся до этих мальчишек. Мы их разыщем, потому что у всех зверей вместе много глаз».

Я села рядом с ним.

— Знаешь, что еще он говорит? Еще он говорит: «Мы разыщем Донни». Потому что это все из-за Донни. Буйволы больше не заходят на наш остров. Можешь его подержать, — сказал Бейтел.

Он отдал мне медвежонка, и я увидела, что это игрушка-перчатка — бибабо. Их надевают на руку. Я сунула руку в отверстие и поднесла медвежонка к своему лицу.

— Здравствуй, король, — сказала я.

— Ты что, это нельзя! — закричал Бейтел. — Нельзя совать руку ему в попу!

Я сняла короля с руки.

— Прости, — извинилась я.

— Ты обещаешь никогда больше так не делать?

— Обещаю.

— Тогда ладно, — кивнул Бейтел. — Медведь — король зверей, а я — принц звериного королевства, и сегодня ночью на большом совете в лесу было решено, что ты можешь стать королевой зверей. Хочешь?

Утром я видела, как Бейтел выходит из леса. Я тогда подумала, что он встал раньше меня, но, оказывается, он вообще не ложился. Может быть, все, что человек выдумывает, существует на самом деле. Может быть, на самом деле и нет ничего — есть только наши мысли. Но в чьей голове эти мысли возникают? Кто сейчас сидит где-то и выдумывает меня?

Бейтел достал из кармана рубашки перышко и протянул его мне.

— У нас у всех есть по такому перу, — пояснил он, — с их помощью мы можем переговариваться.

Я засунула перо в лифчик и потянула Бейтела за руку, чтобы поднять с песка.

Наверное, вторую книгу я напишу только про хороших людей, с которыми происходят только приятные вещи. Про чудесного мальчика, который знакомится с близнецами — двумя симпатичными парнишками одного с ним возраста, с которыми он здорово проводит каникулы. И еще я легко могу написать, что его кот не умер. Флип. И что дедушка Давид еще жив. В книге можно выдумать все что угодно. Тем более если ее пишет королева зверей.

В одном уголке умиление, а в другом — жалость, ай-ай-ай

14 июля, вторник, 10:34

К Шекспиру у меня два вопроса. Зачем Гамлет притворялся сумасшедшим? А его возлюбленная Офелия — она действительно помешалась или тоже прикидывалась? Может быть, сегодня мне лучше не думать. Не выкинуть все из головы — нет уж, ни за что, — а просто оставить на своем месте. Пусть лежит где лежит, стоит где стоит, кипит где кипит. Не поддавать и не убавлять жару, бросить все как есть, запереть за собой на ключ и надеяться, что ничего не загорится. Лежать на пляже с мамами и Бейтелом. Смотреть на море. Кормить чаек. Сегодня и погода наконец подходящая.

Мамам не терпится. Они надели стринги размером с пластырь и уже полчаса приводят в боевую готовность со́ски с помощью мощнейшего солнцезащитного крема. Бейтел бродит по прибою с сачком для креветок. Он поет песенки — и это помогает. У других детей с точно такими же сачками ничего не ловится, а он поминутно бегает ко мне на песок, чтобы показать раков-отшельников, морских игл, креветок и крабов. Это он рассказал мне, как они называются. Потом Бейтел их отпускает. Другие дети приготовили для своей добычи ведерки, и вода в них все нагревается и нагревается на солнце. Но в ведерках пусто. Животные не дураки. Бейтел умеет держать слово, и он единственный, кому они разрешают себя ловить и приносить мне. И потом, он им поет. Бейтел влюблен в меня, это по всему видно. Может, он любит меня всю свою жизнь и в этом году ему надоело ждать. Я не стану усложнять ему задачу.

Что, если Гамлет притворялся сумасшедшим потому, что Шекспиру захотелось сочинить пьесу о человеке, который притворяется сумасшедшим? Думаю, писать о настоящем сумасшедшем трудно — ему в голову не заглянешь. А вот то, что говорит притворяющийся, можно придумать. Достаточно представить, что бы ты сам сказал, если бы строил из себя психа. Можно здорово повеселиться. Когда читаешь «Гамлета», чувствуешь, что Шекспир вовсю резвился, придумывая, что говорит и делает тот, кто изображает умалишенного.

Гамлет иногда так грязно ругается — как будто мы с ним родственники. Я была бы не прочь оказаться потомком вымышленного персонажа. Моя мама существует на самом деле, отца я не знаю. Он исчез еще до того, как я успела на него взглянуть. Думаю, папа — вымышленный персонаж. И все-таки они с мамой, которая существует на самом деле, занимались этим. Так-то и получаются такие дети, как я.

Не могу поверить, что Офелия вправду сошла с ума. Ведь она кончает с жизнью. Нет, на свете, конечно, до черта психов-самоубийц. Но, по-моему, как раз они не станут пороть чушь и распевать развратные песенки. А Офелия именно так себя и ведет. И Гамлет тоже. Она могла это у него подсмотреть. Когда мы с доктором Блумом говорили о дедушкиной эвтаназии, я спросила, почему так мало людей совершают самоубийство. Он показал на томик «Гамлета», торчавший у меня из кармана.

— Исчерпывающий и окончательный ответ на данный вопрос, — провозгласил он (таким вот ученым языком он со мной разговаривал, и мне это безумно нравилось), — не найти ни в одном научном труде по этой теме. Он содержится исключительно в знаменитом монологе Гамлета. Мы не можем ничего знать, Салли Мо. Мы можем только думать.

Вот этим я сейчас и занимаюсь — опять, да чтоб меня! А ведь пообещала себе выходной. Голову на замок, нос в песок, рассудок на паузу, сердце — на всю катушку. Немного посмеяться, чуток повеселиться. Правда, с Гамлетом особо не развлечешься. В смысле, с Гамлетом-персонажем. С «Гамлетом»-пьесой — да, потому что из текста бьют молнии юмора и искры ярости, метят с земли в небо. А вот с самим Гамлетом — нет. Дело в том, что, когда думаешь о принце датском, начинаешь размышлять о мире и о своем месте в нем.

Я построю с Бейтелом замок. А если он обнимет меня за плечи, не стану сбрасывать его руку. Неужели что-то такое и чувствует Дилан, когда мы вместе? Смесь умиления с жалостью? Тогда мне есть чему у него поучиться. Я в этом мире новенькая. Мне тринадцать, но я только вылезла на белый свет, этакий Каспар Хаузер*, что проторчал все детство в подземелье. Я все еще жмурюсь от солнца.

Бедняга Дилан: он вынужден наблюдать, как эта девчонка млеет от Подлеца Донни, а тот гипнотизирует ее своими социалистическими баснями. Не то чтобы он болтал сплошную ерунду, просто я ему не доверяю. Горе тому, кто лишь слышит правду, но не смотрит на уста, из которых она вылетает. Это я сама придумала. А когда она смотрит на него (JKL на Дилана) и щекочет его улыбкой, в одном уголке которой умиление, а в другом — жалость, — ай-ай-ай, бед-

---

* Каспар Хаузер — загадочный 16-летний юноша, в 1828 г. появившийся на площади Нюрнберга и не умевший ходить и говорить. Позже удалось выяснить, что всю свою жизнь он провел в подвале и единственной связью с окружающим миром для него был человек, изредка приходивший за ним ухаживать. В 1833 г. К. Хаузер был убит. Личность убийцы и его мотивы, так же как обстоятельства и причины заключения Хаузера, по-прежнему остаются неизвестными.

ный Бейтел, бедная Салли Мо, бедный Дилан, все мы в одной лодке! — она ведь, можно сказать, гонит его прямиком в мои объятия. И моя история покатится дальше — история о моем завоевании Дилана, моя романтическая детская книга для любого возраста. А я — героиня, отвечающая за хеппи-энд в собственном произведении. Еще десять дней. Но сперва мы с Бейтелом построим крепость из песка. С мостом. Кронборг, замок отца Гамлета. Я перескажу Бейтелу всего «Гамлета». Прямо сейчас.

12:22

Он пришел в восторг, Бейтел. Он ведь тоже принц. Сначала я рассказывала довольно сухо, как тогда Дилану. Но, заметив, как блестят у Бейтела глаза, когда я говорю поживее, разошлась не на шутку. Как же было здорово! Я начала, когда мы заложили первую горстку песка в основание нашего замка, и закончила, когда прилив полностью его уничтожил. Бейтел сейчас как раз в самом подходящем для «Гамлета» возрасте.

Но у тех, кто умеет слушать, есть один недостаток: они задают вопросы. Бейтел тоже сразу захотел знать, почему Гамлет притворяется сумасшедшим и почему сразу не отрубил голову коварному королю Клавдию. Мне не хотелось говорить, что тогда пьеса шла бы пять минут, а не два часа, как положено. И что Шекспиру наверняка было очень весело описывать это мнимое сумасшествие. Так что я дала другой ответ. Я сказала, что Гамлет истово верил в Бога и боялся, что, убив дядю, не попадет в рай, а будет вечно гореть в аду.

— Значит, этот дядя Клавдий в Бога точно не верил, — заметил Бейтел.

— Почему?

— Он убил своего брата.

— Да нет, он тоже верил в Бога, — сказала я. — Некоторые люди не задумываются о будущем, их интересует только настоящее. Когда они хотят есть, у них одна еда в голове. Хватают все, что под руку попадется, даже чужое, и при этом уверены, что поступают правильно, — им же есть хотелось.

— Мой папа верит в Бога, — сказал Бейтел.

— Твой папа — душа-человек.

Тут я подумала о дедушке Давиде, который все жил и жил, хотя ему надоело до чертиков. А что, если Гамлет и правда тоже хотел умереть, но не решался, пока на свете еще оставались люди, которые его любили? Сначала нужно было сделать так, чтобы они перестали его любить. Чтобы возненавидели его за те ужасные вещи, которые он в своем безумии им наговорил. И тогда после его смерти они бы сказали: так лучше. И не горевали бы. Ох, как же я теперь люблю Гамлета!

— Может быть, мир стал таким гадким, — предположил Бейтел, — что Гамлет не знал, что делать. Не понимал, как должен поступить нормальный человек. Вот и прикинулся сумасшедшим.

Я чмокнула Бейтела в лоб.

— Может быть, — продолжил Бейтел, — он надеялся, что, если хорошенько потренироваться, можно взаправду сойти с ума.

Бейтел смотрел на меня, приоткрыв рот: еще не все слова слетели у него с языка. Я было подумала: сейчас признается, что на самом деле он не умеет разговаривать с животными, но ошиблась. Он сказал:

— А если бы Гамлет по-настоящему сошел с ума, то смог бы отрубить Клавдию голову. Он же псих и ничего с собой поделать не может.

— Вот теперь мы разобрались.

— А как Гамлет выглядит? — спросил Бейтел.

— Немного похож на тебя, — ответила я. — Будь ты постарше и покрупнее, вполне мог бы его сыграть. — Я зажмурилась, и Гамлет предстал у меня перед глазами. — У него серо-зеленые глаза с длинными ресницами. Волосы русые. Он молчун, но если уж откроет рот, то обязательно скажет что-то хорошее и...

— Это не я, — возразил Бейтел, — это Дилан.

— Ладно. Слушай дальше, — продолжила я. Мы воткнули лопатки глубоко в песок. — Гамлет по уши влюблен в Офелию.

— А я в тебя, — сказал Бейтел.

— Спасибо, — ответила я.

А что тут еще скажешь?

— А ты в Дилана, — сказал Бейтел, — а Дилан — в Джеки, а Джеки — в Донни.

— Да, — подтвердила я, — но Донни не влюблен в Джеки, а Джеки не влюблена в Дилана, а Дилан не влюблен в меня.

— А ты — в меня, — подхватил Бейтел, — но еще влюбишься, потом, когда я вырасту. А те мальчишки должны умереть.

— Да слушай же ты! Гамлет втрескался в Офелию, а Офелия — в Гамлета.

— Бре-е-е-ед...

— Но отец Офелии не хотел, чтобы она встречалась с Гамлетом. Потому что они были так влюблены, что отец думал, они... э... как бы это сказать... что Офелия потеряет свою невинность.

— А, чего? Не понял, — удивился Бейтел.

— Что они займутся сексом.

— Ну так бы и сказала.

— Если бы Гамлет с Офелией целыми днями занимались сексом, а Гамлет потом взял и женился бы на другой, Офелии уже не удалось бы выйти замуж.

— Почему?

— Потому что она переспала с Гамлетом. И потеряла невинность. В те времена девушка могла выйти замуж, только если была девственницей, если еще ни разу ни с кем не спала.

— А наши мамы про такое знают? — заинтересовался Бейтел.

— Сейчас другие времена, — ответила я. — А тогда отец Офелии запретил ей близко подходить к Гамлету, и она послушалась.

— Почему?

— В то время девочки слушались родителей. А отца зовут Полоний.

— Почему?

— Здравствуйте-пожалуйста, это, вообще-то, Шекспир придумал, не я! Офелия была первой, перед кем Гамлет прикинулся сумасшедшим. Он сказал ей, что она бестолковая девчонка и лучше ей стать монахиней. Или шлюхой.

— Ну дает!

Теперь Бейтел цеплялся за каждое мое слово. Я решила пропустить три четверти сюжета и рассказать только о любви и смерти, зато как можно красочней.

— Ты слушай дальше, — сказала я. — До Полония и до этого гада Клавдия доходит слух о том, что Гамлет свихнулся. «Может, ему стоит поговорить с королевой? — предлагает Полоний. — Она как-никак его мать». «Ладно, но если и это не поможет, пошлем его в Англию. Или бросим в тюрьму», — отвечает Клавдий. И вот Гамлет идет к матери и по пути видит Клавдия, преклонившего колени. Не перед ним, а так, в одиночестве. Дальнейшее трудно понять, если не веришь в Бога.

— Я верю, — сказал Бейтел.

— И тебя от него не тошнит?

— Нет, совсем.

— Тогда, может, ты и поймешь, — сказала я. — Я в Бога не верю, но при этом меня от него тошнит, так что мне все это кажется довольно запутанным. Так вот, Гамлет видит Клавдия, преклонившего колени.

— Не перед Гамлетом, — сказал Бейтел.

— Совершенно верно.

— Он молится.

— Точно, он молится и говорит Богу, что стыдится своих поступков и еще больше стыдится того, что, несмотря на стыд, хочет быть королем и делить с королевой супружеское ложе. Гамлет слышит это и думает: «Черт! Я мог бы его убить, но он как раз беседует с Богом, размышляет о содеянном и стыдится, так что в эту минуту он хороший человек. Если прикончить его сейчас, он отправится прямиком в рай. Его не накажут, а вознаградят, зато меня ждут божья кара и адское пламя. Убить его можно, только когда он опять станет плохим». Понимаешь?

— Понимаю, — кивнул Бейтел. — Если ты сделал что-то плохое и просишь у Бога прощения, Бог говорит: молодец, что ты сам все понял. И твоя душа очищается.

— Потому-то меня и тошнит от Бога, — сказала я.

— Богу это известно, но он не сердится, ведь я ему сказал, что ты хорошая.

— А если, — спросила я, — братья Джеки станут молиться, как раз когда ты захочешь с ними расправиться?

— Я и не собираюсь их трогать, — ответил Бейтел, — это сделают звери.

Он взял продолговатую ракушку и принялся делать зубцы на стене замка, а я остановилась взглядом на моей синей лопатке, лежащей неподалеку на песке. «Иди сюда, лопатка, — подумала я, — иди ко мне». Лопатка не сдвинулась с места. «Не торопись, — внушала я, — времени у нас навалом». Лопатка по-прежнему не шевелилась. Я пыталась понять, могут ли придуманные вещи стать настоящими. Или уже ими являются. Я писала про это выше: способно ли выдуманное стать таким же настоящим, как «настоящее»? Если да, то тогда можно было бы разговаривать с животными, а воображаемые друзья оживали бы. Тогда Бог мог бы существовать, а мертвые воскресли бы.

Бейтел взял лопатку и протянул мне. Он показал на море: начинался прилив. Песчаный остров у берега исчез под волнами.

— Расскажи, что было дальше, — попросил Бейтел.

— Гамлет приходит к матери, — продолжила я. — Она чувствует его гнев и страшится за него. В какой-то момент она так пугается, что зовет на помощь. И трусливый Полоний, который подслушивал их беседу за шторой, тоже вопит: «Помогите!» «Крыса!» — кричит Гамлет и протыкает штору шпагой. Но вот что интересно: он целится не в пол, не туда, где бегают крысы, а прямо перед собой, на уровне сердца.

— Крысы умеют забираться на шторы, — сказал Бейтел.

— Но они не кричат «Помогите!», — возразила я.

— Я рад, что это была не крыса.

— Не крыса, — кивнула я, — это Полоний, и он падает замертво. Гамлет по-прежнему зол на мать, но все же пытается ее утешить. По-моему, Гамлет — самый добрый человек из всех, кто жил на свете. Он признаётся, что на самом деле не сошел с ума, а только делает вид. Но Офелия этого не знает и так горюет оттого, что ее возлюбленный потерял рассудок, что сама его теряет. По-настоящему. По крайней мере, если верить Шекспиру. Но вот в чем штука. Гамлет признается матери, что притворяется, — и публике в зале тоже. Однако Офелия не разговаривает с друзьями и не обращается к публике: мы не знаем, что она думает, только видим, как она себя ведет. А ведет она себя как сумасшедшая. Но делает при этом ровно то же самое, что и Гамлет. Поет непристойные песенки и...

— С ней случилось то же самое, что и с Гамлетом, — сказал Бейтел. — Ее отца убили. А ее саму разлучили с тем, в кого она влюбилась.

— Вот черт! — воскликнула я. — Это мне в голову не приходило!

— А мне — пришло.

— Но между ними есть одна большая разница, — сказала я. — Гамлет только рассуждает о самоубийстве, а Офелия его совершает.

— Бог запрещает кончать жизнь самоубийством, — заявил Бейтел.

Я разозлилась, но не подала виду. Не хочу отбирать у Бейтела его Боженьку. Хотя и предпочла бы, чтобы он выбрал себе другого. Получше. Но это невозможно, потому что все боги, о которых я читала, такие же никчемные, как тот, в которого верит Бейтел. Ему бы самому придумать Бога. Пусть его медвежонок будет не королем зверей, а звериным богом. Хоть так.

— Послушай, Бейтел, — начала было я, — по-моему.... Хотя нет, забудь.

— Говори что хочешь, Бог тебе разрешает.

Но я не знала, правильно ли рассказывать ему то, что я хотела. Бейтел порой рассуждает как старая мудрая сова. Он умен как лис. Он витает мыслями в вышине, как орел, и погружается в самую глубину, как осьминог. Но, как ни крути, он — несчастный мелкий парнишка со сволочным братом, стервозной матерью и отцом, которого он никогда не видит. И вдобавок он влюблен в такую, как я. Тоже мне мудрец! Я решила ничего ему не рассказывать. Лучше запишу потом. Бейтел тихонько сидел и задумчиво смотрел на море. Даже его волосы, кажется, напряженно думали: они стояли дыбом.

«Рассмешу-ка я его лучше», — подумала я и сказала:

— Знаешь, в чем самый большой идиотизм? В том, что самоубийство преследуется по закону. Это преступление. Представляешь? Думаю, за самоубийство полагается смертная казнь. Труп привязывают к дереву и расстреливают из пушки.

Моя шутка не достигла цели — Бейтел заплакал.

— Это ж не страшно, — сказала я, — человек-то уже мертв.

Но дело было не в этом.

— Я... — всхлипнул Бейтел, — я не хочу, чтобы ты совершила самоубийство, Салли Мо.

Shit.

— Так я и не собираюсь! — воскликнула я. — По чистой случайности, мне тут очень даже нравится. По чистой случайности, но все же. Слышишь? Здесь, с тобой, у нашего замка. И солнышко светит. А, Бейтел? Нам с тобой повезло, у нас все будет в порядке.

Я не шутила.

— А у меня есть ты, — сказал Бейтел.

Через семнадцать лет мне будет тридцать, а Бейтелу двадцать пять. Чуточку терпения — и мне достанется лучший муж на свете.

Вообще-то, мы с Бейтелом похожи. Мы не только пытаемся завоевать сердце далекого принца или принцессы (далекого — то есть близкого, но недосягаемого, дальше почти не бывает). Мы еще и живем каждый в своем мире. Я — в мире книг. Бейтел — в мире зверей. И нам обоим безумно трудно выйти из него и вести себя более-менее нормально. В смысле, нормально в глазах нормальных людей, которые, по нашему с Бейтелом убеждению, все чокнутые. Как я сказала доктору Блуму: я единственный нормальный человек на планете психов. И Бейтел тоже. Это как в том анекдоте: между Кельном и Парижем замечены двое водителей, едущих по встречной. Водители слышат это по радио и думают: только двое? Да вокруг все едут по встречной! И все же с тех пор, как умер дедушка Давид, Бейтел — единственный, кто считает меня нормальной. Если бы доктор Блум тоже так считал, он бы отправил меня домой после пяти минут разговора.

Дедушка Давид долго жил в реальном мире. Но, когда я с ним познакомилась, он уже удалился в свое кресло у окна, а в соседнем сидела бабушка Йорина. Там она продолжала жить как ни в чем не бывало. Пока однажды в это кресло не плюхнулась своей спесивой задницей та тетка из Схевенингена. Бабушка тут же превратилась в невидимку. К счастью, продлилось это недолго. Вскоре дедушка Давид снова стал рассказывать мне о своей жизни и слушать мои рассказы — о прочитанных книгах. Я сидела в кресле напротив. Настоящий мир состоял лишь из тех двух кресел.

Бейтел рассказывает мне о своих зверях, он пустил меня в свой мир и назначил королевой. Для него я — самая нормальная и добрая девочка в мире.

В любом мире. Я хотела дать ему роль Гамлета в моем мире. Но не вышло. А ведь... То, что я ищу в Дилане, я нашла в малыше Бейтеле.

— Милый мой, — сказала я. Правда сказала — само слетело с языка. — Знаешь что? У нас с тобой может быть прекрасная жизнь. Прекрасней, чем у всех, кого я знаю, клянусь тебе. Но только не в школе, и не с нашими мамами, и не в супермаркете.

— И не в бункере, — добавил Бейтел.

— Точно. В таких местах нам живется не очень хорошо. В таких местах мы жить не сумеем. Нам будут мешать окружающие — те, кто умеет. И кто говорит, что мы должны следовать их примеру. А у нас с тобой от них крыша едет.

— Они думают, что фотография мертвого кота — это мертвый кот.

— Точно.

— Они не знают, что мертвый кот гораздо живее живого.

— Вот именно.

— Мой папа сейчас очень далеко, в Гронингене, но когда он умрет, то снова будет жить со мной.

— Почему ты так расстроился, когда эти мальчишки сожгли фото Флипа?

— Потому что они его сожгли.

Хорошее объяснение.

— Я никогда не кончу жизнь самоубийством, — сказала я, — обещаю тебе. Торжественно клянусь,

Бейтел, положа руку на сердце. Мы угодили в странную жизнь, но это еще не повод из нее уходить. Есть места, в которых мы можем быть счастливы. Главное, чтобы такие места не исчезли и чтобы нас там не трогали. Тогда мы заживем лучше всех, это будет самая прекрасная жизнь из всех жизней, когда-либо прожитых на белом свете.

— Бог разрешает тебе все говорить, — сказал Бейтел, — потому что знает, что время от времени ты говоришь что-нибудь хорошее.

— В ров течет вода! — закричала я.

Мне хотелось рассказать ему концовку «Гамлета».

16:54

Вот что я собиралась сказать Бейтелу. То, что сейчас напишу. Я промолчала, потому что хотела развеселить его, а не расстраивать еще больше. И вдобавок потому, что не продумала все хорошенько. А теперь продумала. Я делилась этой мыслью с доктором Блумом, когда мы беседовали о возвышенном, но тогда она была еще так себе мыслишкой. А теперь она с размахом ворвалась ко мне в голову и жахнула, как фейерверк, — аж дыхание перехватило.

Представим: слоняешься ты себе как ни в чем не бывало по вечности, по улочкам небытия. Все хорошо, ничто тебя не тревожит. Ты идешь, заложив руки за спину и насвистывая, как... опять он, чтоб ему... как саблезубый тигр-папаша в воскресенье. И тут рядом открывается люк, оттуда высовывается рука, и какая-то женщина затаскивает тебя к себе в дом, приговаривая: «Малышка, малышка, ах ты моя маленькая, наконец ты здесь, только смотри соблюдай правила, я ведь твоя мама, а ну скажи “мама-мама-мама-мама”, ах ты бестолочь, “мама” сказать не можешь?» — и тебя втискивают в тесную одежду. А ты только и думаешь, как бы вырваться и снова голышом слоняться по вечности, но все окна и двери заперты. А когда ты плачешь, потому что хочешь сбежать, оказывается, что в доме есть еще и мужчина. И он говорит тебе, что можно и чего нельзя и что он сделает, если ты не будешь делать то, что нужно, а будешь делать то, чего нельзя. И ты думаешь: «Лучше уж поступать как он говорит», — и потихоньку начинаешь забывать, откуда ты родом. По-моему, все новорожденные помнят, откуда они взялись и как там было чудесно. Но к тому времени, когда они начинают говорить и могли бы об этом рассказать, они все забывают. В точности я этого не знаю, но так думаю.

«Человек не может ничего знать, — говорит доктор Блум, — он может только думать». И ты думаешь: я буду слушаться этого мужчину, а не то моя жизнь превратится в ад. И стоит тебе такое подумать, как этот мужчина берет и бросает вас с женщиной.

Но женщина все время настаивает, что ты должна быть ей благодарна. За то, что она выдернула тебя из сладостной пустоты в эту жизнь, из небытия в бытие. А самое ужасное, что все постоянно обращаются с тобой как с преступницей. Не умеешь ходить на горшок — сейчас получишь! За то, что ты какаешь, как утка в воде, как ангел в вечности. Но на твою пухлую попку надели ползунки. Можно подумать, ты знаешь, что это такое! Дальше — хуже: они прогоняют из твоей головы говорящих зверей. А если в десять лет тебе все еще не хочется разговаривать — отправляют тебя в психушку. Только ты рождаешься, тебе сразу дают пожизненный срок. И заставляют заниматься спортом, спортом, спортом, пока твоя душа не скукожится и ты уже не сможешь ни думать, ни чувствовать, а только подчиняться своим мышцам. По-моему, они выращивают новых солдат. И зубы тебе придется чистить семьдесят тысяч раз — садизм чистой воды, вот что это такое!

Не стараешься прожить как можно дольше — ты преступник. Вот почему дедушка Давид так смиренно сидел в своем кресле и ждал. А между тем все детали твоего организма разрушаются. Машину с таким количеством неполадок давно бы отправили на свалку. Да будь их даже половина, ее бы сняли с дороги. Ха! Но тебе сдаваться запрещено. Кем запрещено? Пока не поняла. Хорошо, что я не рассказала все это Бейтелу. Вот почему я всегда улыбаюсь новорожденным: их сил нет как жалко. Если мою книгу когда-нибудь опубликуют, пусть то, что я написала выше, станет предисловием.

Мы давно вернулись в кемпинг, я сижу у входа в палатку и пишу. Бейтел, как веселый дошколенок, играет на детской площадке. Наши мамы готовятся провести лучшую ночь своей жизни в вымершей деревне, а Дилан с Донни до сих пор не вернулись. Я не беспокоюсь. То есть не ревную. Вряд ли они связали озорных близнецов, развернули их лицом к стенке, а сами у них за спиной... Единственное, что меня беспокоит, — это душевное состояние Дилана. Надеюсь, JKL обходится с ним по-доброму. Как Дилан со мной. И как я сегодня — с Бейтелом.

Нет, с Бейтелом вышло по-другому... Когда мы вместе строили замок, у меня внутри все звенело от счастья. От того, что он говорил, как на меня смотрел — будто у него глаза не в голове, а в сердце. По пути в кемпинг Бейтел сказал, что построит песочный замок такого размера, что мы сможем там жить вдвоем. Он знает, что я влюблена в Дилана, но это его не останавливает. А я возьми и брякни, что я лесбиянка. Трусиха! Я хотела объяснить, кто такие лесбиянки, но он уже знает. Бейтел затопал ногами и закричал:

— Бог это запрещает, чтобы женщина с женщиной, запрещает!

Так, выкрикивая это, он и шел дальше по лесу. Его отец — хороший человек, я уже сто раз об этом писала. Но эта его вера меня вдруг опять ужасно взбесила. У Джеки каша в голове, но дурой ее не назовешь: бабло никого не спасло, и Бог никому не помог.

— Вообще-то, когда этому вашему Богу стало одиноко, — сказала я, — и он решил создать человека, он сотворил мужчину, а не женщину. Что ты на это скажешь?

Я тут же пожалела о своих словах. Думала, Бейтел набросится на меня и из его глаз полетят... не знаю... кинжалы. Но он остановился и произнес:

— Салли Мо, я так люблю Бога, что хотел бы прямо сейчас оказаться рядом с ним.

Я взяла его за руку — он не возражал.

— Бейтел, Бог хочет, чтобы ты сначала прожил долгую и счастливую жизнь на земле, насладился его творением, деревьями, морем, облаками в небе, книгами, твоими друзьями-животными — всем-всем. И когда ты все увидишь, всю красоту, все возвышенное и твоя душа будет полна, тогда Бог призовет тебя к себе. Только тогда. И к тому времени ты уже совсем состаришься, поверь мне.

И Бейтел ответил:

— Ладно, тогда я пока останусь здесь. Но когда я встречусь с Богом, первым делом спрошу его, что он думает об однополых браках.

Я рада, что сейчас Бейтел просто качается на качелях. Хоть и взлетает слишком высоко. События заставляют себя ждать слишком долго. Для моей книги было бы лучше, если бы я сейчас сидела в бункере. Может, мне стоит меньше думать и больше выдумывать, как в тот раз на ярмарке. Может, будет лучше, если я стану вести себя, как героиня романа. Делать то, о чем я хочу написать. Отправлюсь на поиски Дилана. Попрошу маму рассказать о моем отце, о тех временах, когда она его еще любила, о том, каким он был, какой была она. Залезу на дерево и свалюсь с него, сломаю ногу и полечу на вертолете скорой на материк...

А за руку меня будет держать шестнадцатилетний медбрат. Запястье ломать нельзя: нужно падать с прицелом, иначе не смогу писать. Когда он возьмет меня за руку, будет больно. И тогда ему придется меня поцеловать — для обезболивания. То есть на лицо падать тоже нельзя. Чтобы на губы не пришлось накладывать швы. По-моему, он не медбрат, а сын пилота, и, когда у него каникулы, отец всегда берет его с собой. Но я не уверена. Так что, думаю, вполне нормально, что он каждую минуту кладет руку мне на грудь, чтобы проверить, бьется ли у меня сердце. Медики всегда так делают. А когда я жалуюсь на боль в сломанной ноге, он поудобнее укладывает ее на носилках. Причем обхватывает не щиколотку и не колено — так еще больнее, — а повыше. И в утешение немного поглаживает то место, за которое взялся. Ну, не немного, а подольше... До тех пор, пока я не окажусь на седьмом небе и мы не приземлимся на крышу больницы. Спасите-помогите, я — копия мамы!

Можно было бы перестать писать и подождать, пока что-нибудь произойдет, но это не так просто. С тех пор как мне запретили читать, я чувствую, что должна писать. Раньше я становилась теми, о ком читала. Теперь я никто. Никто, которое пытается стать кем-то. Как велел доктор Блум. «Быть или не быть — таков вопрос». Это начало знаменитого монолога Гамлета. У доктора Блума лицо старика — мятое, как комок бумаги, как выброшенное стихотворение. Я спросила его, почему он стал психиатром, и он ответил: «Я хотел прыгнуть в пруд, но подумал: надо бы сначала узнать, каково там, в пруду». Вот почему. Он залез мне в голову и стал рассматривать все вокруг, пока не понял, каково это — быть Салли Мо. «Эй, Салли Мо, — сказал он, — ты загородила входную дверь книжным шкафом! И окна тоже!» Я присела рядом с ним, у себя в голове, и тоже это увидела.

— Гамлет и его лучший друг Горацио идут по кладбищу и шутят о смерти. Они говорят, что даже величайший правитель может оказаться затычкой в пивной бочке. Ты умираешь, тебя хоронят, ты превращаешься в прах, прах — в землю, земля — в глину, а глиной затыкают пивные бочки. Тут на кладбище появляется небольшая траурная процессия. Королева Гертруда, король Клавдий и Лаэрт идут за гробом. Лаэрт — это брат Офелии. Он проклинает того, из-за кого его сестра потеряла рассудок и оборвала свою жизнь. Клянется его убить. Гамлет догадывается, что в гробу — Офелия. Он только что вернулся из путешествия и ничего не знал о ее смерти. Лаэрт накидывается на него. Их разнимают, и Гамлет восклицает: «Ее любил я. Сорок тысяч братьев всем множеством своей любви со мною не уравнялись бы». Но Лаэрт все еще в ярости и хочет убить Гамлета. Да и Клавдий жаждет избавиться от принца. Вот они и составляют вместе гнусный план. Гамлет — прославленный фехтовальщик, лучший в Дании. Заговорщики собираются объявить всем, что Лаэрт хорошенько поупражнялся и теперь фехтует лучше Гамлета. Принц тщеславен и согласится померяться с ним силами. Клавдий обещает Лаэрту, что смажет острие рапиры ядом. Достаточно оцарапать Гамлета — и тот умрет. А если задеть принца не удастся, они подольют яд в его кубок с вином. На всякий пожарный.

Пока я рассказывала, мы, Бейтел и я, строили как одержимые. Прилив подбирался все ближе, и мы хотели, чтобы наш замок получился идеальным, прежде чем волны обрушатся на него и сровняют с землей. Бред, конечно. Ну разве не странно? Я хочу сказать: какой смысл трястись над замком, когда знаешь, что через час от него останется лишь жалкая горстка песка? Ну или через три четверти часа. Так же и с жизнью. Хочется, чтобы, пока не наступит смерть, жизнь была красивой, идеальной. По крайней мере, мне этого хочется. Странно, что все строят песочные замки у самой воды. Отойди метров на тридцать — и твой замок простоит все каникулы. Странно жить на линии прилива. Живи метров за тридцать, и протянешь две тыщи лет, а то и дольше. Будешь современником Иисуса.

Может, беженцам, которые приезжают сюда, лучше не интегрироваться в общество, думала я. Принудить людей интегрироваться — значит заставить их избавиться от стольких прекрасных вещей! Уж я-то знаю. Ведь если меня вынудят интегрироваться, я избавлюсь от всего прекрасного, что во мне есть. Кроме шуток! Мне придется выбросить все, что я прочитала, — только так я смогу общаться на равных с теми, кто ничего не читал. А сколько всего людям другой культуры приходится выбросить и забыть, прежде чем им разрешают присоединиться к остальным! И все это не вернешь. Оно исчезнет навеки. Но эту тему я еще разовью попозже.

Так вот, мы строили и строили, как одержимые, Бейтел и я. И замок получался отличный: квадратный, со рвом вокруг, с окнами, зубчатыми стенами, воротами, мостом, флагштоками из длинных ракушек, с желтыми знаменами из обрывков банановой кожуры. Все как положено. Даже мамы не поленились подойти и наклонились, чтобы рассмотреть замок. Их сиськи свисали рядом с нашими головами. В наше время только старухи загорают топлесс. Это они специально, чтобы подразнить молодых: мол, ваши тоже когда-нибудь станут такими.

— Ну, теперь рассказывай дальше! — потребовал Бейтел.

— Хорошо, — согласилась я. — Бой начинается, и Гамлет тут же наносит Лаэрту первый удар. «Браво!» — кричит Клавдий, бросает в кубок вина жемчужину и подает Гамлету. Но тот отказывается: «Нет, спасибо, потом». Они возобновляют бой, но тут кубок берет королева Гертруда. «За успех Гамлета! Мой сын, я горжусь тобой!» — восклицает она и делает глоток. Клавдий не успевает ее остановить. Отрава действует мгновенно, потому что мерзавец Клавдий знает толк в ядах, белене и всяком таком. Королева теряет сознание и роняет голову на стол. Гамлет оборачивается, чтобы посмотреть на мать, и Лаэрт задевает его рапирой. Боль заставляет Гамлета вернуться к бою, он выбивает рапиру из рук Лаэрта и роняет свою. Они подбирают оружие, и теперь у Лаэрта в руках рапира Гамлета, а у Гамлета — клинок Лаэрта. Гамлет ранит Лаэрта, но тут королева кричит, что вино отравлено, и умирает.

— Четверо, — сказал Бейтел.

— Кого четверо?

— Старый король Гамлет, Полоний, Офелия и вот теперь королева.

— Я тебе не все рассказала. Есть еще двое — их казнили в Англии. И вообще, Бейтел, не перебивай. Лаэрт указывает на короля и говорит: «Во всем виноват Клавдий, это он отравил вино. Кубок был предназначен тебе, Гамлет. И еще он намазал острие моей рапиры ядом, а я тебя оцарапал. Ты умираешь, Гамлет! Яд у тебя в крови, и у меня тоже, ведь ты ранил меня моим оружием». «О нет!» — вскрикивает Гамлет. Собрав последние силы, он подбегает к Клавдию, втыкает отравленный клинок в его жирное брюхо, хватает кубок и выливает остатки вина в рот коварному королю, убийце своего отца. И Клавдий тоже падает замертво.

— Пятеро, — сказал Бейтел.

— Да, пятеро, — кивнула я. — Хорошо, что ты ведешь счет. Кто-то же должен. Гамлет и Лаэрт клянутся друг другу в вечной дружбе. Это нетрудно, ведь жить им осталось полминуты, но когда-то они были друзьями и вот теперь помирились. Как раз вовремя. Лаэрт умирает первым, но это, конечно...

— Шестеро, — перебил Бейтел.

— Но это потому, — продолжила я, — что последнее слово должно остаться за главным героем. Гамлет подзывает своего друга Горацио и просит его поведать о случившемся людям, всему миру, вечности! Рассказать все до конца. И Богу тоже, Бейтел. Поначалу Горацио отказывается, потому что не желает жить без Гамлета. Но Гамлет хочет, чтобы о нем знали правду. Поэтому Горацио должен жить дальше: «Дыши в суровом мире, чтоб мою поведать повесть», — просит он друга. А потом произносит: «Дальше — тишина» — и умирает.

Большая волна разрушила наш замок до основания. Выдумка! Это случилось через четверть часа. Но выйдет эффектней, если это произойдет, как раз когда я произношу последние слова Гамлета. Я смотрела на море и думала: человек как волна. Мы рождаемся из моря и всю жизнь скитаемся в поисках земли обетованной. Там разбиваемся о берег, пенимся немного, и все — конец пути, конец приключениям. Это на первый взгляд. Но вода, из которой ты состоял, утекает обратно в море. А в море рождаются новые волны. Это уже не ты — ни одна волна не возвращается из небытия, — но ты в них. В каждой из них капелька тебя. Никто тебя больше не увидит, но ты будешь всегда. Во веки веков.

— А как выглядит Горацио, Салли Мо? — спросил Бейтел.

— У него карие глаза, а волосы, когда дует ветер, стоят дыбом. И он умеет разговаривать с животными.

Со мной все в порядке, а как остальные?

15 июля, среда, 0:34

Донни навалял одному журналисту. По полной программе. Я просто стояла и смотрела. А что я могла сделать? Ну да, кричать «хватит», но Донни это только бы раззадорило. После он валялся в агонии у палатки мамы Дилана. Журналист этот. На спальном мешке. Мама Дилана протерла его распухшие веки влажной рукавичкой для душа и осторожно провела ей по его окровавленным губам. Это тот самый чувак, что разговаривал с Бейтелом. Довольно молодой, лет тридцати. Мама Дилана спросила, как он себя чувствует.

Он ответил:

— Комично.

Зачетный ответ!

Началось все с того, что я заметила, как он показывает Бейтелу какие-то фотографии. В мире полно извращенцев, так что я подошла поближе. Они все еще стояли у качелей. Я услышала, как Бейтел рассказывает о дверце за кустом, и поняла, что речь идет кое о чем другом. О чем говорить вовсе не следует. И я убедилась в этом окончательно, когда этот тип принялся строчить в записной книжке.

— О чем это вы тут? — вмешалась я.

Тип показал мне две фотографии:

— Ты знаешь этих детей?

JKL и близнецы.

— Нет, — ответила я, — а что?

— А этого мальчика?

Он показал на Бейтела.

— А то! — сказала я. — Он мой друг.

Бейтел просиял.

— А вот он их знает, — попробовал уесть меня журналист.

— Он ошибается, — отрезала я. — В наше время все дети похожи друг на друга. Ты же ошибся, правда, Бейтел?

— Да, я ошибся, — кивнул Бейтел.

— Вот видите! — Я взяла Бейтела за руку и потянула за собой. — Пошли, нам пора!

— Да ладно тебе! — воскликнул журналист. — Ты наверняка их знаешь! Буду играть в открытую. Кстати, меня зовут Фил, я репортер местной газеты.

Он протянул мне руку. Мне ни капельки не хотелось ее пожимать, но я сделала это, чтобы вести себя по-человечески среди людей. Бейтел тоже пожал журналисту руку. Мы представились.

— В последнее время на острове много воруют, — сказал Фил. — Подозреваемые — девочка и собака. Я об этом статью написал.

Я кивнула.

— Я знаю всех местных детей, — продолжил Фил, — и всех собак тоже. Жителей здесь немного. Эти двое не здешние. Они с материка, я уверен, а кемпинг тут только один.

— А еще — куча гостиниц, пансионов и домиков, которые сдаются отдыхающим, — парировала я.

— Но их обходить мне уже не придется, — сказал Фил, — после того, что мне рассказал мой новый друг.

— И что же тебе рассказал твой новый друг?

Это спросил Донни. А рядом с ним стоял Дилан.

Фил представился и показал им фотографии:

— Это Жаклин Кроммелинге и ее младшие братья Бакс и Никель. Они пропали. Вместе с собакой. Сбежали из дома. Но вот какая штука: их отец — ходячий мешок с деньгами, топ-менеджер какого-то банка. Может, слыхали? Кроммелинге — фамилия известная. Так что их могли и похитить. Ради выкупа. Но похитители пока не объявлялись, денег никто не требует.

Донни с Диланом с большим интересом рассматривали фотографии. Будто в жизни не видели этих детей, да и вообще никаких детей отродясь не видели. Получалось у них отлично.

— Дети еще живы, — сообщил Фил, — потому что родителям от них каждый день приходят открытки, подписанные рукой девочки. Хотя пишет она не так аккуратно, как обычно, будто боится чего-то или ее заставляют. И это указывает на похищение. К тому же открытки приходят отовсюду, из разных уголков страны. Вряд ли дети додумались бы до такого. Но я считаю, что они прячутся здесь, на острове, и обчищают магазины и кафе, а это указывает на побег. В этой девочке, — он показал фото Джеки, точнее, Жаклин Кроммелинге, — не так уж трудно узнать вот эту. — Он помахал фотографией в газете.

— А ты-то что надеешься поиметь на этой истории? — поинтересовался Донни.

— Славу, деньги и вдохновение, — ответил Фил и ухмыльнулся, довольно обаятельно.

— Вдохновение для чего? — спросила я.

— Для бумажника, — влез Донни, — неужели не ясно? Он работает журналистом на острове, где никогда ничего не происходит, целый год пытается заполнить свою газетенку репортажами о самом высоком подсолнухе, самой большой тыкве и самом запойном пьянице. Теперь он решил, что наткнулся на историю, которую можно продать центральной прессе. Удачи! Мы тебе ничем не поможем.

— Тогда придется мне самому искать ту дверцу с кустом, — сказал Фил.

— Но откуда?.. — взвился Донни.

— Спокойно, — вмешалась я. — Бейтелу показалось, он где-то видел этих детей, но он ошибся.

— Так это ты... — взревел Донни.

— Но я ошибся, — повторил за мной Бейтел. — Джеки не ворует, это делают звери. Но они платят за то, что берут.

Тут Донни в очередной раз больно пнул Бейтела.

— Эй! — возмутился Фил и толкнул Донни.

— Чего «эй»? — огрызнулся Донни и сжал кулаки.

— А откуда вам это известно... про пропавших детей? — спросил Дилан.

Это помогло. Все успокоились.

— Утром из полиции пришло объявление о розыске, — объяснил Фил, — с фотографиями. Дети пропали не меньше двух недель назад, но родители только сейчас обратились к следователям. Может, ты объяснишь мне, как такое возможно? Отец пообещал вознаграждение в сто тысяч евро за наводку, которая поможет в поисках. Ты прав, Дон. Об этом острове нечего писать. Это рай земной, поверь мне. Если хочешь, чтобы с тобой до конца жизни ничего не происходило, переезжай сюда. Но ты пойми: мне тридцать четыре, и я журналист, хотя вообще-то мечтаю написать книгу. А здесь ничего не происходит. Ничегошеньки! Я уже радуюсь, когда какой-нибудь фермер хочет поставить у себя ветрогенератор, а его сосед против. — Фил помахал фотографиями Джеки и близнецов. — А вот это — настоящая история.

Да, подумала я, но так уж вышло, что это моя история.

— Дело не в деньгах. Я хочу поговорить с этими детьми. Хочу понять, почему они сбежали. Хочу узнать все об их родителях.

Ха. Загляни в тетрадь у меня в палатке, и узнаешь такое, о чем и мечтать не смел.

— А может, мне удастся уговорить их вернуться домой, ведь дом — лучшее место для ребенка. Как правило. Так ведь?

— И положить сто тысяч себе в карман, — сказал Донни.

Фил подумал и ответил:

— Нет. Если вы покажете мне, где найти детей, вам достанутся деньги, а мне — история.

Ничего себе!

Внезапно все переменилось. Мы могли заработать сто тысяч! Фил довольно удачно гадал. Кажется, он вовсе не Бесполезный Персонаж. Он ничего не знал наверняка, но Донни положил конец всем сомнениям. Он стиснул зубы, втянул воздух, будто хотел вобрать в себя всю атмосферу, чтобы мы задохнулись, и вывернул легкие наизнанку:

— Ты что, думаешь... ты думаешь, ради денег мы предадим друзей?

И этим все было сказано.

Донни и сам понял, что облажался по полной, и кинулся колошматить Фила. Со всей дури. По сравнению с этими ударами пинки, которые он дает Бейтелу, — братские нежности. Фил в два раза старше, но с Донни ему было не сладить. Из носа и изо рта у него закапала кровь. А мы только и могли, что кричать. Десять минут спустя Фил лежал на спальнике у палатки мамы Дилана. А когда он пожаловался, что заходящее солнце бьет ему в глаза, она затащила его внутрь. И они оттуда пока не выходили.

Дилан подсел ко мне. Для него большая честь, что я всю жизнь за ним слежу, сказал он. Правда сказал — сиськи даю на отсечение! Но в то же время ему от этой слежки немного не по себе.

— Что тебе удалось подсмотреть, Салли Мо?

— Только то, что ты делал, Дилан, но не то, что ты думал. А как раз это меня больше всего и интересовало.

— Знаешь, что я подумал, когда ты мне это рассказала, Салли Мо?

— Что?

— Я подумал, что это выдумка.

— Это ты хорошо подумал, Дилан!

— Но потом я подумал, что это все-таки правда и что ты в меня влюблена.

— А потом?

— А потом я подумал: как так? Мы знаем друг друга всю жизнь. Разве мы можем друг в друга влюбиться?

— Друг в друга, Дилан?

— Ты — в меня.

— А с Джеки ты знаком совсем недавно и поэтому в нее можно влюбиться?

— Ты столько знаешь, Салли Мо, ты знаешь все на свете, вот ты мне и скажи.

— Думаю, да.

— Значит, так и есть.

Выходила какая-то бредятина.

Я сказала:

— Дилан, когда я выбралась из маминого живота и увидела тебя, то тут же в тебя влюбилась. По-твоему, это вполне возможно, потому что тогда мы только-только познакомились.

Это сравнение я больше использовать не стану, клянусь. Просто сейчас ничего лучше в голову не приходит. Дилан усмехнулся — глупо, как курица. То есть как индюк. Забыли курицу.

— И с тех пор я храню тебе верность, — сказала я, — но, по-твоему, это невозможно.

— Ну и дела! — присвистнул Дилан.

О сыне пилота вертолета я умолчала. И без того невероятно, что я говорила с Диланом о любви, запросто, вот так, так ведь? Так-так. Я заикаюсь на письме. Кто еще из писателей на такое способен? Ну так вот, все это случилось по правде. Этот разговор — всамделишный. Записан слово в слово.

Я спросила:

— Как у Джеки дела с Донни?

И тут же устыдилась — до того получилось мелко, по-детски.

— Что хуже? — спросил Дилан (он не только говорит хорошие вещи, но еще и задает хорошие вопросы. В самый подходящий момент). — Что хуже, Салли Мо? Когда плохой человек знает, что он плохой, или когда не знает?

Как раз об этом я успела поразмыслить.

— Если плохой человек знает, что он плохой, — ответила я, — значит, он хороший, потому что знает, как поступать правильно, только не делает этого. Как Клавдий.

— Кто?

— Дядя Гамлета.

— А, да.

— А если плохой человек не знает, что он плохой, то он не плохой, а просто думает иначе, чем мы.

— Значит, плохих людей не существует, Салли Мо?

— Ты не плохой, Дилан.

— Рад слышать.

— Моя очередь, — сказала я. — Что хуже: не существовать или существовать, но так, что тебя никто не видит?

— Я всегда тебя видел, Салли Мо. С той самой минуты, как ты выбралась из живота своей мамы.

Это было так мило! Я ущипнула его за руку, выше локтя, посильнее, и вдобавок слегка вывернула то место, за которое ухватилась. Я надеялась, что у него из глаз брызнут мои слезы.

— Ты существуешь, Салли Мо, — сказал Дилан, — и я этому рад. Ай!

Чтобы проверить, не отказал ли голос, надо было что-то ответить. Что угодно. У меня получилось. Я сказала:

— Если можно существовать так, чтобы тебя никто не видел, значит, есть и гномы, и единороги тоже есть.

Выражение лица у Дилана было уже не как у индюка, а как у плотника, который держит отпиленный палец во рту, чтобы тот не остыл.

To be or not to be, вопрошает Гамлет. Быть или не быть, жить или не жить, процветать или прозябать, отжить свой век или откланяться, быть видимой или невидимой, заметной или нет. Последнее совпадает по ритму с английским: to be or not to be. Гамлет имел в виду: жить дальше или покончить с собой. Но для меня to be or not to be значит — дать людям себя увидеть или нет. До сих пор единственное, что я сделала, чтобы меня увидели, — это невидимкой кралась за Диланом. Толку от этого маловато. Правда, есть кое-что похуже: когда тебя видят, но не замечают. Как кирпич в стене. Его замечают, только когда его нет. Эй, в стене дыра! Там же раньше был кирпич!

Дилан сказал, что меня очень ждут в бункере. Завтра. Особенно Джеки. А Донни так вообще требует, чтобы я пришла.

О том, что происходило там сегодня, Дилан не особо распространялся.

— Болтали всякую чушь о том, каким станет общество, когда к власти придут дети, — только и сказал он. — Я решил участвовать в выборах против Донни.

Донни считает, что без сильного лидера не обойтись, иначе идеальное детское государство обречено. При этом лидер должен быть избран демократическим путем. Поэтому на завтра назначаются выборы. Право голоса есть у всех, но, чтобы выдвинуть свою кандидатуру, нужно быть старше двенадцати. Так решил Донни. Он, конечно, боится, что кролики, фазаны и птички на кусте у бункера проголосуют за Бейтела. И Брат Монах заодно. И тогда официальным языком нашего идеального государства станет язык зверей.

Донни хочет, чтобы все, кто старше двенадцати, выдвинули свои кандидатуры. Но Джеки отказалась наотрез. От политиков ее тошнит.

— Мой отец обчистил всех бедных людей в стране, а политики подбросили ему миллионный бонус, — сказала она. — В эти скотские игры я не играю. Не желаю становиться такой сволочью.

Так что остались Донни и Дилан.

— Тогда Салли Мо тоже должна участвовать, — заявил Донни, — в интересах женской эмансипации.

Вот с этим Джеки согласилась.

А изобрели ее, женскую эмансипацию, между прочим, мужчины, но это я еще объясню попозже.

По-моему, Донни боится, что за Дилана проголосуют Бейтел и сам Дилан, а за него — Бакс и Никель плюс сам Донни, и тогда все будет зависеть от Джеки. А в ней он не уверен. Вот почему я должна участвовать, решил Донни. Он не дурак. К сожалению. Он думает, что тогда Бейтел и Дилан проголосуют за Дилана, мы с Джеки — за меня, из женской солидарности, а близнецы и он сам — за него, и он выйдет победителем. Но он не знает, что сегодня произошло между мной и малышом Бейтелом. И между мной и Диланом. Если они отдадут свои голоса за меня, я стану главной.

Что я сделаю, если стану главной? Какой у меня будет слоган? Слушать. Всех слушать. Обязать всех слушать всех. И строго наказывать тех, кто не слушает. Не слушает чужие истории. Слушание способно решить все мировые проблемы. А самое крутое в том, что слушать — значит и брать, и отдавать одновременно. Люди, которые хотят лишь отдавать, тоже эгоисты. Нужно вбирать в себя все — красоту, музыку, книги, искусство, иначе получится, что все это создано напрасно. Если никто не берет, можно давать и давать без конца. Пусть ветер сколько угодно трясет твои ветви, но если для твоих плодов нет почвы — они выросли зря.

Все религии требуют от верующих только отдавать. И если люди послушно этому следуют, то в раю смогут взять что угодно. В раю «все включено». Так что это очень эгоистично: ты делаешь добро только ради себя, чтобы потом получить награду.

Я непохожа на остальных, у меня все наоборот. До сих пор я только брала: читала, читала, слушала и снова читала. Теперь мне пора давать. Пора жить. Потому что, если я сейчас умру, прямо здесь, в этой палатке, можно считать, что меня и не было. Для чего мы живем? Чтобы сделать мир лучше. Если, когда я умру, в мире по-прежнему будет твориться бардак, значит, я потерпела неудачу. Дети рождаются во все времена, один за другим. Пусть для них мир будет лучше, чем для меня. Чем сейчас. Вот еще один хороший слоган: со мной все в порядке, а как остальные? Для того мы и существуем на свете. Такие вот мысли приходят в голову, когда лежишь одна в палатке и не можешь читать. Начинаешь думать о смысле разных вещей.

Дедушка Давид говорил:

— Я знаю, что меня еще немного любят, Салли Мо.

— Наоборот, очень-очень любят, — отвечала я.

— Но дело не в этом, — возражал он. — Во мне больше не нуждаются, вот что меня ранит.

Потому-то в конце жизни он и сидел в старом кресле, раскладывал пасьянс, попивал йеневер и почем зря крыл всех подряд. Когда он умер, его тело еще работало, и голова тоже. Но навидался он, по его словам, достаточно. Особенно извещений о смерти друзей.

— Наша жизнь так коротка, — уверял он. — Ее хватает только на то, чтобы услышать начало анекдота. А до его конца уже не дотянуть. Вот почему люди так мало смеются.

Мы-то с ним смеялись, в отличие от всех людей, и дедушка Давид наливал себе еще рюмочку. Очень было душевно. Он загадывал мне загадки — их он знал сотни. Рассказывал анекдоты на огромной скорости, чтобы я успела услышать конец до того, как мы окочуримся прямо в креслах. Советовал мне, что читать.

— Об этой я слышал много хорошего, — говорил он, — так что, если ты ее прочитаешь, мне уже не надо будет. Расскажешь, о чем она.

Я была рада хоть чем-то ему помочь, но позже поняла, что дедушка-то все эти книги давным-давно прочел. Он просто хотел, чтобы я тоже их прочла. Опять он отдавал, вместо того чтобы брать.

Мы сидели у окна, глядели в его заросший сад, и я думала: на то, чтобы повзрослеть, уходит восемнадцать лет. Так, может, столько же времени требуется на то, чтобы умереть? Поначалу ты этого не замечаешь, как дети не замечают своего детства. Но когда это до них доходит, они теряют терпение, и больше всего на свете им хочется повзрослеть. Может, в какой-то момент ты вдруг замечаешь, что многое тебе уже неинтересно и не по силам, что тебе все надоело и больше всего на свете тебе хочется умереть.

И на это тоже уходит восемнадцать лет. И для тебя это тоже слишком долго. По-моему, дедушка Давид потерял терпение. Он вполне мог бы пожить еще. Я не сержусь на него за то, что он выбрал эвтаназию. Но лучше мне было при ней не присутствовать.

Хватит!

Скорей бы настало завтра. Салли Мо в президенты!

Первый в мире телефон

15 июля, среда, 8:17

Сегодня ночью я подумала: не мешало бы заснуть. Но для этого нужна музыка. По крайней мере, мне. И это должна быть самая красивая музыка за всю историю человечества. В голове у меня звучало все, что я когда-либо слышала, и вдруг я поняла: музыка, о которой я мечтаю, пока не написана. Ее пока не существует. А может, ее никогда и не напишут, ту музыку, которую я больше всего хочу услышать. И тогда лучше не слушать ничего, потому что на меньшее соглашаться не хочется. И тогда воцаряется тишина. Это и есть одиночество.

Я снова принялась размышлять о волнах. Возможно, мы вечны. А то, что мы называем своей жизнью, — всего лишь кусочек этой вечности. И то, что было до и будет после, само по себе очень даже неплохо. Возможно, оттуда и приходит музыка. Возможно, смысл этого кусочка вечности, который мы называем жизнью, в том и состоит, чтобы прожить его без Бога. То, что какое-то время человек должен оставаться один, со своей болью, с разлукой, с утратой, — это ритуал, инициация, которую он должен пройти. Потому что без всего этого ты еще не совсем человек. В таком случае совершенно неправильно подолгу сидеть молиться и взывать к Богу, прося о помощи, потому что не это от нас требуется.

Я рада, что ночь закончилась. Хотя все, кроме меня, еще спят. Разве что Бейтел может сейчас вдруг выйти из лесу. Я слышу первый «вж-ж-ж-ж-ж» — как будто из моего мобильника улетел имейл. Но нет, это кто-то расстегнул молнию на входе в палатку: занавес открывается, кукольное представление начинается.

12:33

Журналист Фил сидел на упавшем дереве поодаль и пристально смотрел на наши палатки. Лицо у него было в синяках и в запекшейся крови, а улыбался он во весь рот. После отлично проведенной ночи, это точно.

Я его, соответственно, спросила:

— Ну как, хорошо провел ночь?

— Моя жена пришла в ужас, когда меня увидела. Решила, что я угодил в сенокосилку.

— А я думала, что ты спал у мамы Дилана.

— С какой стати?

— Мне показалось, что ты ей нравишься.

— Конечно, ведь я очень мил и нравлюсь многим женщинам. Но с какой стати залезать к ним в палатки?

Я не поняла, какой получился ответ: то ли очень хороший, то ли дико нахальный.

— Но к ней в палатку ты вчера точно залезал.

— Мне требовалась медицинская помощь.

— Ах вот как это теперь называется!

— Да ну тебя, Салли Мо! Тебя ведь так зовут?

Я кивнула.

— Эта женщина очень милая, она отлично обработала мои раны. Я видел, что понравился ей, но я к ней и пальцем не притронулся. И пальцем, поняла? У меня дома чудеснейшая жена. Самая красивая девушка на острове, клянусь. Я же не идиот!

— Прости, — извинилась я. Пожалуй, первый раз в жизни совершенно искренне. Было ужас как стыдно.

— Окей, — кивнул Фил. — В следующий раз приведу ее сюда с собой, и ты сама увидишь. Договорились?

— Договорились, — сказала я.

А потом он стал играть в популизм. Ему это явно нравилось.

— Салли Мо, — спросил он, — что ты любишь? Стоп, не говори! Хочу сам догадаться.

Он оглядел меня с головы до пят. Я не могла понять, приятно мне это или нет, потому что не могла понять, нравится он мне или нет.

— По-моему, ты из породы интеллектуалов.

Это часто бывает, что человека с моей внешностью относят к породе интеллектуалов. Причем обычно так оно и есть. При такой внешности и правда лучше иметь развитый интеллект. Стать глупой шикарной блондинкой — не вариант.

— Кто твой любимый писатель, Салли Мо?

Этот вопрос мне понравился больше, чем предыдущий. Потому что начинался со слова «кто», а не «что».

— Уильям Шекспир, — ответила я.

— Я тоже поэт, — сказал Фил. — Хочешь, продекламирую тебе мой верлибр? Я создал его несколько дней назад. Вот послушай, называется «Закат».

«Продекламирую», «создал» — ничего хорошего эти слова не предвещали.

Но стихотворение было такое:

Что за офигительная хренотень вон там
над морем висит, блин, скажи?

Мне это стихотворение вполне понравилось. По крайней мере, что-то новенькое.

— Мне кажется, ты тоже писатель, — произнес Фил, — признавайся!

— Почему ты так решил?

— Я вижу, что ты натура, как бы выразиться, весьма многогранная.

Ч-ч-черт!

— Угадал, — сказала я, — я пишу по семьдесят два стихотворения в сутки.

— Да ты что!

— По три в час. И вообще не сплю. Живу ради поэзии. И ради нее умру. Совсем как Вальтер Кроос. Знаешь его стихи?

— Еще бы! — ответил Фил.

Вот и попался, который кусался!

— Хочешь, прочитаю мое последнее?

Фил кивнул.

И я продекламировала:

Многогранные натуры
обожают счет-фактуры.

Не знаю, откуда ко мне такое прилетело. Наверное, из того же тайного чуланчика, что и имя Вальтер Кроос, которое я только что выдумала. Мне мое стихотворение вполне понравилось, но Фил ничего не сказал, потому что из леса вышел Бейтел с семнадцатью бобрами и совой на плече. Но звери были невидимками.

— Привет, Бейтел, — сказал Фил, — ведь ты же Бейтел?

Бейтел кивнул.

— Ты наверняка любишь играть в футбол.

— Нет, — ответил Бейтел.

Хороший ответ.

— А-а-а, — протянул Фил, — а то я, вообще-то, лучший вратарь на острове. Хочешь, научу тебя отбивать мяч в падении?

Бейтел, не останавливаясь, пошел прямо в магазин при кемпинге. Он был дежурный по завтраку. Из палатки показалась голова Дилана.

— Ты Дилан, да? — спросил Фил. — По-моему, ты любишь повеселиться. А я ведь в выходные дни стендап-комик.

— Окей, — ответил Дилан и побежал к туалетам.

Супер!

Бейтел вернулся из магазина с батоном и яйцами. Мама Дилана и мама Донни прискакали из душевого блока. Дилан смотрел остекленелым взглядом вдаль, в направлении бункера, и тут из-под полога палатки высунулась башка Донни. Похоже, кроме меня этого никто не заметил. Донни приметил журналиста Фила, и в глазах его мелькнуло хитрое выражение. Оно мгновенно погасло, а Донни пулей свистанул из палатки. Я и не знала, что он способен так рано встать и к тому же сразу вскочить на ноги.

Он подошел к Филу и схватил его за горло.

— Я все слышал, гад. Подлизываешься к моим друзьям? Наверное, нам с тобой надо серьезно поговорить с глазу на глаз.

Он дернул Фила за руку и потащил за собой в лес. Журналиста, поэта, вратаря, стендап-комика и подлизу. Думаю, нелегко быть столькими людьми сразу. Захочешь присесть — понадобится пять стульев.

Моя мама с Бранданом пока не показывались. Парика видно не было, сапог тоже. Клянусь, это была любовь. Поев и попив, я снова забралась в свою палатку.

Надо мне и правда стать поэтом. Раз это так легко. Я вспомнила себя прошлой ночью. Вспомнила музыку, которую мне хотелось услышать. И написала:

Стеной от мира отделен,
я одинок, как Робинзон,
как первый в мире телефон.

А ведь отлично получилось! Я прямо вижу этот телефон, который хотел бы кому-нибудь позвонить, но второго аппарата еще не сделали. Здорово! Прямо как первый человек в фейсбуке. Но вот такое стихотворение еще лучше:

Какой в жизни смысл?
Придать жизни смысл —
жизни тех, кто нам мил.

Так сочинил дедушка Давид. Он часто повторял это стихотворение.

Тут мама Донни подняла крик:

— Кто зажухал мой Happinez?*

Хорошее название для песни: «Кто зажухал мое счастье?»

— Ищешь тематический номер о старении в одиночестве? — спросил Донни.

Значит, уже вернулся из леса. Гляну-ка, что там на улице делается. Жив ли еще Фил. Живехонек! Сидит как ни в чем не бывало рядом с Донни на упавшем дереве. Рассказывает что-то с увлечением, размахивая руками. Анекдот, что ли? Донни ржет, прямо колышется от удовольствия, как флаг на ветру. Друзья навеки — Донни с Филом. Значит, и правда серьезно поговорили.

Донни, похоже, не больно-то спешит в бункер. А мы ждем, чтобы он подал знак. Непонятно, почему мы этого ждем, ведь он еще не избран главнокомандующим. Вот расстегивается молния на палатке моей мамы, и Happinez, шелестя страницами, вылетает на улицу, после чего молния снова закрывается. Достаточно, чтобы понять: у меня новый отец. До тех пор, пока их роман длится. Я маму не понимаю. Мне она всегда говорит: «Если хочешь сардельку, необязательно тащить в дом всю свинью». Этой фразой и ограничивается мое половое воспитание.

---

* Популярный женский журнал. В названии обыгрывается английское слово happiness («счастье») и имя главного редактора и автора идеи журнала Inez van Oord.

Дедушка Давид на сей счет тоже не слишком распространялся.

Сразу после того, как закончился его роман с Ольгой, я спросила, как оно — новая любовь, если ты так долго жил со своей первой женой.

— Странно, Салли Мо, очень странно. Думаешь, что можешь делать все то же самое. Говорить то же самое. Смеяться над тем же, над чем хохотали мы с бабушкой. Но нет. Ощущение, будто очутился на другой планете, что ли. Не ориентируешься в пространстве, не знаешь местного языка, делаешь все шиворот-навыворот. Понимаешь, Ольга была далеко не девочка, но ужасающе эмансипированная.

— Для тебя же это хорошо, — сказала я.

— Как сказать, — ответил дедушка Давид, — она открывала передо мной дверь, подавала мне пальто, порывалась нести мою сумку.

— Может, потому что ты намного старше нее?

— Нет, она и в ресторане всегда пыталась заплатить, а с таким я уж точно справлюсь сам.

— Но ведь это мило с ее стороны, правда?

— Мужчине тогда невкусно есть.

— Дедушка Давид, — заявила я, — ты неисправимо старомоден.

— Может быть, — ответил он, — но одну вещь я знаю точно: самая большая глупость, которую сделали женщины, — это то, что позволили себя эмансипировать.

— Как это — позволили себя эмансипировать?

Дедушка Давид кивнул.

— Вас эмансипировали мужчины, — отрезал он и налил себе еще рюмочку.

Верный признак, что он сейчас расскажет какую-нибудь историю или поделится новой идеей, которую выискал либо в книге, либо в одной из тупиковых долей собственного мозга.

— Салли Мо, — начал он, — давным-давно, в доисторические времена, на земле господствовали женщины. Тогда существовали только богини, жрицы и царицы. Они имели власть и знания. Мужчины не значили ровнехонько ничего, их каждое утро выгоняли из дома на охоту или собирать ежевику. Но со временем женщинам надоело принимать все решения и нести ответственность за все на свете. Они захотели изменить ситуацию. И что они сделали?

— Развелись с мужьями, — предположила я.

— Нет, — объяснил дедушка Давид, — они сделали вид, будто власть — это очень здорово. Так ловко прикидывались, что мужчины стали им завидовать и подняли крик: мол, мы тоже хотим принимать решения. Мол, форменное безобразие, что до сих пор нет ни одного бога-мужчины. «Окей, — сказали женщины, — но тогда на вас ляжет и ответственность». Мужчины пришли в восторг, а потом не успели оглянуться, как стали главными, и земля заселилась богами, жрецами и царями. А у женщин в головах наконец-то установились мир и покой.

Я спросила:

— Это все правда, или ты выдумываешь?

— Если правда хороша сама по себе, то выдумывать ничего не надо, — ответил дедушка Давид. — Хочешь узнать, что было дальше?

Разумеется, я хотела! Его было интересно слушать, даже если бы он просто считал от одного до тысячи. И я бы ничего не имела против, если бы он соврал, что сначала идет двести, а только потом сто.

— Через некоторое время, — продолжал дедушка Давид, — веков так через тридцать-сорок, женщинам стало скучно. Они играли на фортепьяно, вышивали, смотрели в окно и гуляли вокруг озера. Но так, чтобы не запачкать платье — это им не разрешалось.

— А кто им не разрешал?

— Мужчины.

— Дедушка, а мужчинам в доисторические времена тоже не разрешалось пачкать одежду, когда они охотились и собирали ежевику?

— Голубушка Салли Мо, ты хочешь, чтобы я продолжал рассказ?

Дедушкин кот запрыгнул на стол и обвил своим белым хвостом дедушкин стакан с яблочным соком, словно хотел бросить его мне в лицо, если я отвечу «нет».

— Ты говоришь только о богатых женщинах, — сказала я.

И яблочный сок плеснул мне в лицо. Выдумка.

— Это было самое чудесное время в истории, — добавила я, — сто пятьдесят лет назад, в Англии. Женщины целыми днями писали письма подругам и читали книгу за книгой.

— Да, — ответил дедушка Давид, — от скуки они писали письма подругам, которые скучали где-то в другом месте, и в письмах рассказывали, как им скучно. И что через два месяца будет бал, на котором они мечтают встретить мужчину, занудного-презанудного, лучше всего пастора, вместе с которым можно будет скучать много-много лет, с ним и с выводком скучных детей. К тому же играть с детьми мамашам не полагалось, потому что это работа для нянек и гувернанток. Так они и скучали всю жизнь, пока не умирали со скуки в буквальном смысле слова. От этой жизни женщины становились истеричными и в понедельник не знали, что на самом деле на дворе четверг. И да, происходило все это в Англии, как ты правильно заметила. В Англии, где постоянно идет дождь.

— А ты знаешь, чего женщины хотят теперь? — спросила я.

— Подавать мне пальто, — сказал дедушка Давид, — и открывать передо мной дверь. Жалкое состояние.

— Ты отстал от жизни, — возразила я. — По-настоящему современные женщины мечтают «осознанно скучать», освободить свою голову, проснуться в бревенчатом домике где-нибудь у черта на куличках в четверг и думать, что на самом деле понедельник. Они мечтают снова начать читать книжки — и никаких забот, никаких многогранных натур и счетов-фактур. Мечтают учить испанский и много гулять. В общем, жить в таком мире, как сто пятьдесят лет назад.

— Но этот мир у них уже давно отняли, — заметил дедушка Давид. — Мы, мужчины, проделали это очень ловко, а вы опять оказались в жопе. За что боролись, на то и напоролись. Потому что вам захотелось курить сигары, и носить брюки, и быть во власти, и по вечерам выходить на улицу без сопровождающих — просто-напросто чтобы почувствовать, как оно — быть мужчиной. Вы хотели равноправия. А мужчины только того и ждали. За много веков они уже успели наиграться в начальников и устать от ответственности и принятия решений. Им захотелось мира и покоя в голове. И может, немножко поохотиться и пособирать ежевики. Но главное — поменьше думать. Так что когда женщины стали бороться за избирательное право, — подытожил дедушка Давид, — мы с удовольствием его им отдали.

— Да это полный бред! Женщинам пришлось отчаянно за него сражаться, — сказала я.

— И получили они его благодаря мужчинам, ведь это они голосовали за женское избирательное право. Только так. Женщины тогда не имели права голоса.

Дедушка Давид лукаво усмехнулся. Ему это очень шло.

Я услышала голос Фила. Палатки ни к черту не годятся, когда хочется незаметно поплакать или поорать. Зато они великолепны для того, чтобы подслушивать, что делается в мире. Я думала, наш журналист опять травит анекдоты, поэтому сначала не слушала. Но не тут-то было. Фил рассказывал, как недавно ехал на велосипеде вдоль дюн и увидел вдали, на лугу, молодого зайца. А около него — старую ворону. Они сидели рядышком и смотрели друг на друга, и вдруг молодой заяц подпрыгнул совершенно вертикально аж на метр вверх, а после приземления посмотрел на ворону с гордостью. Ворона ему кивнула: мол, здорово ты умеешь. Потом они какое-то время еще посидели рядышком, глядя друг на друга, пока молодой заяц не чесанул с огромной скоростью к дюне, у подножия которой стоял Фил со своим велосипедом. А потом с той же скоростью рванул обратно. Около вороны он остановился и снова посмотрел на нее с гордостью. И ворона снова кивнула с восхищением во взгляде.

— Ну как, нравится вам мой рассказ? — спросил Фил.

— Смотря как он закончится, — ответил Донни.

— Да я уже все рассказал, — сказал Фил.

— Интересно, — оценил Дилан.

Значит, он был тут же.

— Я уже знал эту историю, — сказал Бейтел, — ворона мне все рассказала.

Значит, и он тут. Бейтел.

Все в сборе. Так чего же мы ждем?

— А потом ничего не произошло? — поинтересовался Донни.

— Произошло, — сказал Фил. — Через некоторое время ворона улетела прочь.

Великолепно! Я подумала, что эта история — специально для меня. Он знал, что я слушаю, лежа в палатке, и снова стал мне симпатичен. Когда в одном человеке умещается пять, это здорово. Потому что хотя бы один из них говорит что-нибудь хорошее. Я выглянула из палатки. Вон они, четверо мужчин: Фил, Донни, Дилан и малыш Бейтел. Все сидят на упавшем дереве. Сидят просто так, тусуются, накручивают травинки на палец, пятками кроссовок делают ямки в песке. Точно саблезубые тигры-папаши в воскресенье. Дедушка Давид был прав: «Нас двигают вперед наши глупые желанья».

Значит, теперь директорами банков и премьер-министрами должны стать женщины, а мужчины охотно уступают нам место. Теперь женщины страдают от депрессии, и рака, и стресса, и их косит один сердечный приступ за другим. Теперь женщины уже хотят вернуться к тому, как они жили двести лет назад, а власть и все недуги хотят вернуть мужчинам. Но это нереально. Потому что мужчины сидят в парках, глядя, как детишки играют в песочек. Мужчины читают книжки и треплются в вотсапе с друзьями, которые занимаются тем же самым где-то в другом месте. Они чуточку размышляют о том о сем, чуточку гуляют вокруг пруда, чуточку отпускают бороду. «Когда ты в последний раз видела мопед с парнем за рулем и девушкой на багажнике? — спрашивал меня дедушка Давид. — Я уже сто лет не видал. Рулят теперь девушки, а юноши сидят усмехаются у них за спиной. Некоторые мужчины еще не разобрались, как это приятно, Салли Мо. Некоторые мужчины отстали от жизни — назовем их второгодниками. Такие до сих пор держатся за власть, куда ни глянь. Поверь, более глупых правителей не было никогда в жизни!»

Я залезла обратно в палатку и подумала: молодец Джеки, что не участвует в выборах. Это и есть настоящая эмансипация, это и значит быть свободной: делать то, что хочешь, и не делать того, чего не хочешь. И не давать себя вовлечь в эти игры между мужчинами и женщинами. Я все это знаю, но спросите меня, кто хочет стать президентом Идеального государства для Детей, — и вы увидите меня в первых рядах. Я вступлю в борьбу с мужчинами! Точнее, с Донни... Я знаю все, не понимаю ничего. Что характерно для породы интеллектуалов.

— Фил, дружище, — услышала я голос Донни, — тебе не надо сходить к врачу, полечить вчерашние раны?

Значит, уже пора идти к бункеру, и Донни придумал тонкий способ отделаться от Фила. Но, видимо, слишком тонкий, потому что Фил ничего не заметил и принялся весело рассказывать теперь уже настоящий анекдот. Про психа, который хотел из рогатки перебить всех птиц на свете.

— Бейтел, — спросил он в середине анекдота, — куда это ты собрался?

— Я не хочу слушать такую историю, — сказал Бейтел.

— И я тоже, — сказал Дилан.

— Только не уходите далеко! — попросил Донни.

— Этот анекдот обычно нравится именно маленьким мальчикам, — удивился Фил.

И продолжал рассказывать, но я уже тоже не слушала.

— А пятьдесят лет назад, — спросила я у дедушки Давида, — когда женщины вдруг эмансипировались и стали вовсю заниматься сексом?

Дедушка Давид так здорово рассказывал и так смеялся, что хотелось верить всему. Хотя его версии часто отличались от того, что я читала раньше.

— Женщины боролись тогда за противозачаточные пилюли и презервативы, — сказала я, — чтобы заниматься сексом и не беременеть.

— Думаешь, мужчинам это не нравилось? — спросил дедушка Давид.

— Сколько тебе тогда было лет? — в ответ спросила я.

— Сорок.

— А в сорок лет еще можно заниматься сексом?

— Выясни у мамы.

Ах да. Во время этого разговора с дедушкой маме было лет тридцать пять.

— А мужчины любят секс больше, чем женщины? — поинтересовалась я.

— Это тоже выясни у мамы.

— Она ничего не хочет рассказывать, — пожаловалась я. — Говорит только: «Если хочешь сардельку, необязательно тащить в дом всю свинью».

Я думала, что дедушка Давид засмеется, но он страшно разозлился. По-моему, таким злющим я его никогда прежде не видела.

— Да, — сказал он, — а если ты затащила в дом свинью и доела сардельку, то свинью можно выгнать из дома к чертовой матери.

— Так мама, значит?..

— И пусть свинья тогда работает как проклятая в Дубае и каждый месяц переводит тебе деньги.

— Так мама, значит?..

— И это опять же выясни у нее самой.

— Но она ничего не рассказывает!

— Лучше бы я тоже ничего не рассказывал. Прости, Салли Мо!

— Ладно, но как вы жили с бабушкой Йориной? Кто из вас был главным в доме?

У дедушки на лице снова появилась улыбка.

— Я принимал решения, а она издавала постановления.

— Неужели нельзя, чтобы так же правили вообще всем миром, мужчины вместе с женщинами?

— Отдельный человек прогрессивнее, чем человечество в целом, Салли Мо, — сказал дедушка Давид, — надеюсь, что ты до такого доживешь, надеюсь. Но...

Что он хотел сказать после «но», пришлось догадываться. Я предложила отправиться на рыбалку.

— Салли Мо! — Это был Донни. — Пошли! Немедленно, черт побери!

Надеюсь, Дилан хочет стать пастором. Но если он будет медбратом на вертолете скорой помощи — тоже годится.

Волк, коза и капуста

15 июля, среда, 22:41

Наша героиня вылезла из палатки, прищурилась от яркого солнца, потянулась, как будто еще минуту назад спала, а не изливала на бумагу безбрежные потоки слов, и увидела Бейтела, который с заплаканными глазами сидел в песке. Потянула его за руки, пытаясь поднять его с земли, но он засел крепко, как якорь.

— Я с вами не пойду, — заявил он, — потому что там эти мальчики, а Донни говорит, чтобы я пошел.

— Я тебя буду защищать, — пообещал Донни, стоявший рядом, — клянусь, потому что в моих планах тебе отведена важная роль.

И обнял Бейтела за плечи.

Так палач набрасывает приговоренному веревку на шею.

— Ты всегда врешь, — сказал Бейтел.

— Окей, — согласился Донни, — я не буду тебя защищать, и в моих планах тебе не отведено роли.

Над этими словами Бейтел так глубоко задумался, что я смогла поднять его с земли. Наши мамы лежали в палатках, со своими Happinez и happiness.

— А где Фил? — спросила я.

— Работает. Думаю, пишет.

Дилан ждал нас под деревьями. Он явно нервничал. Как будто от результата выборов зависело, кому достанется Джеки. Мы миновали тенистый лес и дальше пошли крадучись.

— Все будет хорошо, — сказала я Бейтелу.

— Я сейчас сильный, как звери, — ответил он. — Я об этом ненадолго забыл, но сейчас вспомнил. Я могу все, что могут звери. Ты тоже хочешь быть такой же сильной, да, Салли Мо?

Еще бы.

— Медведь даст тебе силу, — заверил Бейтел. — К нему даже не надо прикасаться. Он просто посмотрит тебе прямо в глаза.

Бейтел вытащил бибабошку из-за пазухи и подержал медвежью головку у моего лица.

— Теперь все в порядке, — объявил он.

— Да, — сказала я, — я чувствую силу у себя в крови. Она как будто заиграла у меня в жилах. Как будто все звезды с неба толкают мою кровь. Такое ощущение.

— У меня тоже, — отозвался Бейтел. — Я теперь могу увидеть то, что далеко, как будто оно совсем близко, а то, что близко, — как будто оно далеко.

— Так ты всегда в безопасности.

— Этих двух мальчиков в бункере я вижу совсем близко. — Лицо у Бейтела сделалось озабоченное.

— Когда мы туда придем, ты сможешь увидеть их далеко-далеко, — сказала я. — И ведь Донни будет тебя защищать? Он же так сказал. Я слышала своими ушами.

— Знаешь, что он сказал сначала? — спросил Бейтел и широко открыл полные слез глаза. — Он сказал: если ты не пойдешь, я прямо при тебе убью семь мелких зверьков. А если... если ты за меня не проголосуешь, то медведь... медведь... сгорит. Точно так же, как фотка твоего вонючего кота.

— Да не может быть! — воскликнула я.

— Очень даже может, — кивнул Бейтел, — думаешь, почему с острова исчезли буйволы?

— Мы с тобой сильные, Бейтел, — сказала я, — мы с тобой сильные, вместе со всеми зверьми. Потому что мы знаем, что такое красота.

Моя последняя фраза была вообще ни к селу ни к городу, но она сработала. Бейтел кивнул, и мы встали на четвереньки на рыхлом песке и решительно двинулись следом за Диланом с Донни.

— Можно медведь посидит у тебя? — спросил Бейтел. — У самого сердца?

Я кивнула и сунула потрепанную игрушку себе под футболку.

— Так он в безопасности, — сказал Бейтел, — так Донни ничего с ним не сделает, и я могу проголосовать за тебя. У тебя теперь три тити, — добавил он со смущенной улыбкой.

В этот миг на него радостно бросился Брат Монах и облизал ему все лицо, словно это почтовая марка. Чтобы наклеить на письмо к Господу Богу. Бейтел обнял собаку и облизал ей нос в ответ.

[redacted]

Писать — это искусство вымарывать ненужное. Я уже где-то выше упоминала. Но эти четыре строчки — первые, которые я вычеркнула в своих тетрадках целиком. До этого я избавлялась только от слова «бред» — уже раз сто, но от него я теперь вроде бы отучилась. До сих пор я думала: вычеркиванием можно будет заняться потом, когда я буду знать, чем вся история закончится, когда наша героиня завоюет любовь, и я буду знать, какие факты бесполезны, потому что затягивают повествование или вообще мешают. Но эти фразы надо было вычеркнуть сразу. Не потому, что они лишние, а потому, что здесь им не место. В них говорилось о результатах выборов. Слова сами выпрыгнули на бумагу. Возможно, потому, что я так жутко злюсь. Но если их не вычеркнуть, то читатель сразу все узнает. А в книге так нельзя.

Это все равно что в детективном триллере раскрыть карты в первой же фразе. Ну, к примеру: «Когда после закрытия магазина прямо за прилавком нашли старого мясника, лежавшего в луже крови, а из груди у него торчал его же собственный нож для разделки туш, и никто еще не знал, что это дело рук художника Брандана, весь остров пришел в смятение: кто же его убил?» Так писать нельзя.

В бункере было темно хоть глаз выколи.

— Ты принес свечи? — спросила Джеки.

— Разберемся, — ответил Донни.

— А еду?

— Будет вам еда.

— Когда?

— Я умер, — сказал один из братьев.

Не знаю который.

— Я тоже, — сказал второй.

После этого стало все равно, кто именно что именно сказал.

— Я ничего не вижу, — сказал один.

— Я ничего не слышу, — сказал другой.

— Я не чувствую никакого вкуса во рту, — сказал первый.

— Я ничего не чувствую на ощупь, — сказал второй.

— А пахнет только ссакой, — сказал один из двух.

— Значит, вы еще не совсем умерли, — вступил Донни, — а только лежите при смерти. Но я сотворю чудо, клянусь. Исцелю вас с помощью хлеба, вина и солнечного света.

— Ты точно нас отсюда выпустишь, если мы за тебя проголосуем?

Вот оно как, оказывается.

— И у них будут свечки и еда только после того, как мы за тебя проголосуем? — спросила я.

— Нет, черт побери, — выругался Донни, — я просто забыл. Готовил речь и так далее. Понятно?

— Эта та девчонка в очках? — спросил один из братьев.

Я включила фонарик в своем мобильнике, осветила себе лицо и постаралась скорчить как можно более страшную рожу. На миг стало тихо. Возможно, я казалась сейчас очень красивой.

— Ты разрешишь нам сходить в деревню, если мы проголосуем за тебя?

Я была сама себе противна, и весь мир тоже был мне противен, когда я им ответила:

— Ладно, если вы будете очень осторожны и будете держаться так, чтобы никто не догадался, кто вы такие...

Мне было противно, потому что в тот момент я, пожалуй, и правда думала: давайте-ка я вас подмаслю и стану главной, а потом смогу делать то, что считаю важным.

— А этот второй парень тоже здесь?

Я направила свет на Дилана.

— А ты нам разрешишь сходить в деревню, если мы проголосуем за тебя?

Предвыборные дебаты сразу набрали обороты.

— Это пусть Джеки решает, — ответил Дилан.

— Значит, если ты станешь главным, то решать за тебя будут другие?

— За него мы не будем голосовать.

— К черту Джеки!

— Как зовут этого второго?

— Дилан.

— Дилан мудила.

Я посветила фонариком на братьев. Оба бледнющие, глаза сощуренные, как будто близнецы целый год проделывали на фабрике дыры в новых джинсах — по полцента за дыру. Бейтел и Брат Монах спрятались у меня за спиной. Я почувствовала, как мою шею лизнул чей-то язык. Чей — понятия не имею.

— Ну что, начнем? — спросил Донни. — Я первый?

Из кармана брюк он вытащил сложенный лист бумаги и принялся читать по нему. Подсвечивал написанное мобильником, а я свой фонарик направила на его лицо. Очень любезно с моей стороны. Поначалу я не понимала ни слова из того, что он говорил, потому что напряженно думала: блин, целая речь, доклад, спич, декларация прав нашего поколения, обустройство нового общества, высокие идеалы, практические решения. Язык у меня заранее окостенел, когда я поняла, что сейчас мне тоже предстоит встать и толкануть речь. Но без бумажки. Что я буду говорить? Почему Донни не предупредил, что мы будем выступать? Вообще-то все понятно. Он крыса. Но, решив, что загадаю загадку про волка, козу и капусту, я успокоилась. И дальше уже слушала без проблем.

Он отлично говорил, наш Донни. Честное слово, лучше Гитлера. Конечно, Гитлер тоже умел ораторствовать, но то и дело срывался на крик. А Донни выстраивал свою речь аккуратно. Брал не громкостью, а аргументами. Прямо хотелось за ним пойти. Но в том-то и дело: люди, у которых хорошо подвешен язык, так преподносят вранье, что начинаешь им верить, а у плохих ораторов правда получается похожа на ложь. Донни довольно-таки начитанный. Но у меня в голове книг на тысячу больше: я узнавала все, о чем он говорил. Он хотел, чтобы к власти пришли дети, — и тогда земля снова станет раем.

— Вы хотите, чтобы родителей было больше или меньше? — задал он вопрос.

Не слишком удачный.

— Больше, больше, больше! — закричали близнецы.

Бейтел у меня за спиной сказал тихонько:

— Больше.

Мы с Диланом тоже хотели, чтобы у нас стало на одного родителя больше. Подходящего нового родителя.

И только Джеки прошептала:

— Я не хочу иметь родителей, и я не хочу иметь детей, чтобы не быть их родительницей и не мучить их, поэтому я не хочу иметь мужчины.

Донни с Диланом удивленно переглянулись.

— Я не хочу иметь женщины, — сказала Джеки, — я не хочу иметь места работы.

Я посветила на нее. Она тоже была очень бледная от жизни в бункере, но ей это только добавило красоты. Волосы ее превратились в роскошную перепутанную копну и торчали во все стороны. Губы она ожесточенно сжала. Глаза горели, как угли на белоснежном фоне. Ружье лежало у нее на коленях, дулом в сторону близнецов.

Затем я направила луч на Донни. Теперь он говорил немного громче и смотрел только туда, где сидела Джеки. То, что дети придут к власти, произойдет впервые в истории, утверждал он, и это будет прекрасно, весь мир станет от этого лучше. Но на начальной стадии детям потребуется помощь. Сильный, преданный им лидер может быть очень полезен. Человек, который возьмет их за руку и будет объяснять им все, что надо, пока они всего не поймут и не научатся принимать важные решения как полноценные члены нового общества. Таким лидером готов стать он, Донни. Пока в этом будет необходимость.

— Голосуйте за меня!

Донни улыбнулся. Если бы я увидела, что такая улыбка лежит на улице, я бы наступила на нее каблуком и хорошенько бы растерла, чтобы она исчезла между плитками тротуара.

— Ты выпустишь нас на улицу, если станешь лидером? — спросил один из близнецов.

— Вы пойдете на улицу, когда я вам скажу, — ответил Донни.

В бункере стало тихо. Близнецы обдумывали услышанное.

Следующим должен был выступать Дилан, но он не хотел. Донни направил резкий луч своего мобильника ему прямо в глаза, а Дилан так же резко посмотрел в глаза Донни. Глазом не моргнув. В ярком-то свете.

— Кто хочет проголосовать за меня, — голосуйте, — сказал он, — но мне этого не нужно. Ненавижу лидеров и не имею ни малейшего желания ненавидеть самого себя.

Выглядел он потрясающе. Он не подготовил речи на бумажке, зато отрепетировал перед зеркалом.

— Зачем же тогда ты участвуешь в выборах? — спросил Донни.

— Потому что других лидеров буду ненавидеть еще сильнее, чем самого себя.

— Йес! — прошептала Джеки.

Во взгляде Дилана блеснуло пламя победы. Но он тотчас сдержался. Первый в истории политик, делающий вид, что его трудно уговорить. Но политика здесь действительно была ни при чем. Я уже писала: борьба шла за Джеки, за ее сердце, за ее руку и все прочее.

Донни сказал, что теперь должна выступить я. Если Дилан не разделяет его взглядов на государство детей, пора послушать, что предложат женщины. Он направил свет не на меня, а на Джеки, сидевшую точно больной кролик. Вернее, точно больной охотник, с ружьем на коленях.

Медведя, прятавшегося у меня под футболкой, я опустила пониже. Теперь он уткнулся носом мне в пупок. А то женщина с тремя титями больше подходит для ярмарки, чем для политики. Пусть уж лучше думают, что я беременна. Я заговорила, и Донни выключил свой фонарик. Было так темно, что первые слова я произнесла шепотом. Сказала, что, хоть мы и сидим всемером в одном бункере, каждый из нас воспринимает этот бункер, и эту темноту, и всю компанию совершенно по-своему, так что спокойно можно утверждать, что каждый живет в своем собственном мире.

Дилан оказался столь галантен, что осветил меня фонариком в своем мобильнике.

Я кашлянула и повысила голос:

— Мы — семь миров на шести квадратных метрах. И нам дико трудно друг с другом взаимодействовать.

В школе я часто делала доклады, но там я всегда говорила о книгах и писателях, а не о себе. А тут надо было объяснить, почему я хочу стать президентом в мире, где командовать будут дети. Хотя на самом деле считаю, что для управления страной достаточно умны только люди, которым за семьдесят. Стоя так, в луче света, я сказала, что если стану начальником, то велю всем детям минимум по два часа в день читать книги. Ведь только тогда они научатся понимать своих ближних, своих товарищей по несчастью. Слова вдруг так и посыпались у меня изо рта, как конфетти из пушки:

— Мы думаем, что марсиане маленькие и зелененькие и говорят только «блип, блип», потому что знаем, что такое маленькое и зелененькое и как звучит «блип, блип». А они, возможно, совсем не такие. Вдруг они невидимые, неслышимые и неосязаемые. Вдруг они сделаны из такого вещества, которое люди не воспринимают. И на Земле веками живет множество марсиан, а нам и невдомек. Особенно если они не говорят дни напролет «блип, блип», потому что у них такие высокие голоса, что даже собаки не поднимают лай. Тогда они — не марсиане, а жители Земли, которые нас не видят, не слышат и чувствуют на ощупь. Это было бы очень удобно, потому что в этом случае на нашей планете хватит места для многих-многих... зовите их как угодно. Может, здесь живут и обитатели Венеры. Которые вовсе не с Венеры.

Что-то меня занесло. Я вернулась к мысли о чтении и сказала, что только благодаря книгам можно узнать, что думают другие люди. Об этом я уже писала.

— Читая о том, что думает другой человек, — сказала я, — узнавая другого человека в самой глубинной его сути, дети начинают понимать, что каждая личность неповторима. Каждый человек — это история, совершенно непохожая на историю другого человека. Если мы будем это понимать, мы не будем ни о ком судить по его социальному происхождению, по его национальности, вере или цвету глаз. Вооруженные этим знанием, мы уже можем вступить в мир.

Я следила за тем, чтобы не сбиться опять на марсиан. Рассказала, что однажды видела в саду с бабочками колибри, неподвижно зависшую в воздухе, совершенно счастливую, в пустом пространстве, и поняла, что, значит, существуют невидимые цветы. Я хотела перейти к проблеме беженцев, иммиграции и интеграции. Не понимаю, почему мне этого так хотелось, я уже совершенно зарапортовалась, заблудилась в словесных дебрях, сбилась с панталыку, и меня несло, без руля и ветрил, к невидимому горизонту.

— Люди отличаются друг от друга не меньше, чем люди отличаются от марсиан, — сказала я. — Для тех, кто родился на Западе, будущее — это список пожеланий. Мы хотим того, мы хотим этого, мы хотим все больше и больше, но ведь существуют люди, у которых вообще нет будущего...

В этот миг мне в лицо кто-то бросил горсть песка. А потом еще одну. Песок отскочил от моих щек вверх и попал мне в глаза под очками. Оказывается, близнецы все это время слушали мою речь.

— Уродина! — крикнул первый.

— Гадина! — завопил второй.

Раздался грохот, как будто настал конец света. Или рождение Вселенной. Это выстрелила Джеки. Я подумала, что долго сидеть в бункере и не сойти с ума — невозможно. А вообще-то интересно, сколько у нее еще пуль.

— Ты как, Салли Мо? — спросила она. — Ты ведь уже почти закончила, да?

— Со мной все в порядке, — ответила я, — а как остальные?

Протирая глаза, я почувствовала, как две руки легли на мою левую ногу и две собачьи лапы — на правую.

— Так вот, — сказала я, — человек подошел к реке. У него с собой волк, коза и капуста. Он все время зорко следит за ними: стоит недосмотреть — и волк съест козу или коза съест капусту. Но теперь ему надо перебраться через реку. Он видит лодку, но она такая маленькая, что кроме него в нее поместится только что-то одно. Если он первым делом перевезет на ту сторону волка, то коза съест капусту. А если капусту, то волк съест козу.

— Так надо сначала перевезти козу, — закричал первый из братьев.

— Вот тупая! — подхватил второй.

— Правильно, — ответила я, — а потом?

Все долго молчали.

Пока Бейтел не сказал:

— Для меня это слишком сложная загадка, Салли Мо. Но на месте этого человека я бы сначала перевез через реку козу, потом волка или капусту, это все равно, а потом вместе с козой поплыл бы обратно. А потом капусту или волка отвез бы на ту сторону. А потом снова козу. И коза бы тогда отлично покаталась на лодке, три раза туда-сюда.

Бейтел, Бейтел, Бейтел.

— Елы-палы! Так и есть, — сказала я.

— Что так и есть?

— Это и есть отгадка.

— Тогда я не понимаю, что в ней сложного.

Надо выбираться из палатки. Потому что я все еще бешусь от того, что произошло дальше, а для бешенства нужен кислород. И еще я в этом году не видела ни одного ежика.

Я надеялась, что он поселится у меня в капюшоне

16 июля, четверг, 00:03

— Что это еще за хрень? — рявкнул Донни. — У нас тут выборы, а не конкурс загадок!

— Это метафора нашего общества, Донни, — ответила я. — Я хочу сказать, нужно хоть чуть-чуть учитывать интересы друг друга, what the fuck, мы же все разные. Кто коза, а кто капуста. Если уметь думать, как Бейтел, можно объединить всех. Предлагаю избрать президентом Бейтела.

— Это невозможно, — отрезал Донни. — Активное избирательное право для всех, пассивное — для тех, кто старше двенадцати.

— Кто это сказал?

— Я.

— А ты что, здесь главный?

— Пока нет.

— Ха! — выкрикнул Дилан.

Они оба — конечно, по чистой случайности — направили фонарики своих мобильных на Джеки.

— Может, покончим с этой игрой? — предложила я. — Какой в ней смысл? Мы подражаем взрослым, которых ненавидим.

— Тпру! — закричал Донни. Я не выдумываю, он правда закричал: — Тпру! У тебя уже была возможность высказаться, Салли Мо. Пора наконец передать слово Дилану.

— Даже не думай! — замотал головой Дилан.

— Давай-давай, чувак.

— Мне нечего сказать.

— Это и есть твоя речь? — спросил Донни.

— А кто сказал, что я должен произнести речь?

— Так положено.

— Кто сказал?

— Это всем известно.

— Кому всем?

— Кто хочет, чтобы Дилан выступил с речью? — спросил Донни.

Опять он лопухнулся: никто не хотел, чтобы Дилан выступил с речью. Все молчали, пока Брат Монах не пукнул. Тут все завопили. Мама дорогая! Откройте окно! Заткните эту собаку пробкой! Хорошо, что свечи не горят, а то мы бы взлетели на воздух!

— А ну-ка тихо, — велела Джеки.

Мы тут же замерли, точно пластмассовые фигурки. Джеки слегка приоткрыла дверцу бункера, выглянула наружу и распахнула ее настежь.

— Нам не нужен лидер, — прошептала я. — Если возникнет проблема, всегда найдется кто-то, кто ее решит. Каждый раз кто-то другой. Потому что один разбирается в том, другой в этом и никто не разбирается во всем. Все и так будет хорошо.

— Чушь собачья! — отозвался Донни.

Но это меня не остановило, потому что мне стало казаться, что я потихоньку становлюсь видимой. И не из-за проникшего в бункер света.

— Политика делает из людей мерзавцев, — продолжила я. — Поначалу ты можешь быть хорошим человеком. У тебя полно идеалов и планов, как усовершенствовать мир. Но чтобы их реализовать, тебе нужно пробиться туда, где это возможно, где у тебя будет власть. А чтобы туда попасть, нужно идти на компромиссы, врать, предавать правду и красоту. Дорога к власти кишит змеями, которые впрыскивают в тебя свой яд. Многие путники, смертельно отравившись, останутся позади. Но тот, кто доберется до вершины, будет так пропитан ядом, что превратится в невероятного мерзавца.

— Приобретет иммунитет, так это называется, — встрял Донни, — такого уже не сломать. Вот как я это вижу. Именно такой человек должен быть лидером. Тот, кто доказал, что способен выжить в джунглях, — за таких и голосуют.

Бакс и Никель спросили, можно ли высунуть головы из бункера. Подышать свежим воздухом. Джеки показала дулом на дверцу в знак согласия.

— Давайте проголосуем, — предложил Донни.

— Я голосую за Донни! — крикнул первый.

— Я тоже! — поддержал второй.

Джеки тут же втянула их обратно. И ударила. Сильно. Хлестанула по щекам. С ней творилось что-то неладное, с Джеки.

— Хорошо, — сказал Донни, — кто нарвет семь бумажек?

— Мои братья не умеют писать, — сдала близнецов Джеки, — они высокоодаренные.

— Неважно, — отмахнулся Донни, — они уже проголосовали за меня. Вы уверены?

Он высветил мобильником калькуляторы, которые сидели у братьев на плечах вместо голов.

— Если ты разрешишь нам выходить наружу, — заныл первый.

— И если вернешь нам смартфоны, — канючил второй.

— И если нам можно будет заказать в ресторане все что угодно.

— И если нам никогда больше не придется ехать на этот отстойный остров.

— И если ты хорошенько врежешь Джеки.

— И после первого удара скажешь: это от Никеля, — сказал Никель.

— А после второго: это от Бакса, — сказал Бакс.

— А после третьего: это от Никеля.

— А потом отвезешь нас к папе.

Они заплакали. Синхронно. Как будто все их четыре глаза были подключены к одному крану. Из них лились настоящие слезы, оставляя следы на чумазых щеках.

— Если я стану президентом, — сказал Донни, — мы втроем устроимся в уютном местечке. Без Джеки. Я организую угощение — все, что вы любите, и мы с вами будем строить планы, как настоящие мужчины.

Он поднял руки, и близнецы шлепнули по ним своими ладошками.

Я достала из кармана лист бумаги и разорвала его на шесть кусочков. Ни у кого, кроме меня, не нашлось ручки.

Итоги голосования оказались ошеломительными: один голос за Дилана, один за Донни, три за Салли Мо. Но за Донни еще проголосовали Бакс и Никель, так что у него тоже было три. Как же так вышло?

Я голосовала за Дилана. Уверена, что Дилан голосовал за меня и Бейтел тоже. Но кто третий? По идее, Донни. За себя ведь голосовать не принято. Но тогда получалось, что Джеки проголосовала за Донни. Я не могла в это поверить. Или этот кретин Донни все-таки проголосовал за себя? Ну конечно, подумала я, взрослые политики тоже всегда так делают на выборах, самодовольно скалясь на камеру, зато детей учат, что это неприлично. Принципы и правила игры — лишь для стариков и детворы!

Донни тоже остался недоволен, ему понять поведение избирателей было еще труднее. Если он проголосовал за себя, то знал, от кого ему достались три голоса. Но как обстояло дело с остальными? Он, конечно, думал, что я голосовала за себя и что... Джеки выбрала Дилана? Удар ниже пояса. Или это сделал Бейтел? Удар по морде. Он, наверное, был уверен, что после всех угроз Бейтел отдаст свой голос за старшего брата. А вот и нет. Я сдвинула медвежонка с живота на спину, чтобы Бейтел его видел и знал, что король зверей в безопасности. Пока что. Дилан взглянул на меня и кивнул в знак благодарности. «Вот же блин! — подумала я. — Проголосуй я за себя, быть бы мне сейчас президентом».

— Ладно, — продложил Донни, — объявляю второй раунд. Так полагается. Дилан больше не участвует. Хочешь еще что-нибудь сказать, Салли Мо? Может, толканешь речь?

Речей с меня хватило. К тому же я знала, что выиграю. Стоит только проголосовать за себя, и выйдет четыре голоса против трех. Салли Мо в президенты!

— Тогда я выступлю, — заявил Донни.

Во мне еще оставалась капелька приличия, и я направила свет мобильника на Донни. Вид у него был такой, будто на него напал осиный рой. То и дело хватался за голову, дергал уголком рта или встряхивал плечами, совал руку в карман штанов, будто там тоже жужжали осы, — весь он был словно склеен из тиков.

— Всю жизнь я думал о том, как создать справедливый мир, — начал он, — и пришел к выводу, что такой мир возможен, только если власть перейдет к детям. Мы, все вместе, вот эта наша маленькая группа детей может послужить семенем, из которого вырастет что-то большое и прекрасное. Я разработал планы, представил их вам и хочу их реализовать. Вместе с вами. Но мне необходимо ваше доверие. Помогите мне, и я помогу вам. Однако если вы изберете другого... Ради бога, я только за! Но тогда я не смогу стоять у руля, а на вторых ролях быть не желаю. Поэтому не ждите, что я останусь. Разбирайтесь сами. Можете хоть всю жизнь проторчать в этом бункере — я сюда больше ни ногой. И еще неизвестно, куда меня заведет язык после кружки пива в деревенской кафешке. Может, начну рассказывать всем душещипательные истории о сбежавших детях, которые прячутся в норе.

Грязный, грубый, наглый шантаж! Дам волю своему гневу. Ради победы Донни пожертвовал той капелькой человечности, которая в нем еще оставалась. Он бы и брата своего убил, чтобы стать королем, вдруг поняла я. Он бы накапал спящему в саду Бейтелу белены в ухо. О да! Какое коварство, какая жажда власти! Жаль, что я не Шекспир, а то прикончила бы Донни с помощью моего гусиного пера. Жаль, что я не Джеки с ружьем в руках, а то засадила бы пулю прямо промеж его змеиных глаз. Единственное, что хорошо, думала я тогда в бункере, — то, что теперь всем все про него ясно. Уже никто за него не проголосует, даже близнецы. Все видели и слышали, какой он негодяй, жулик, подлец.

Но один из близнецов завопил:

— Йес! Расскажи всем, где мы прячемся!

А второй:

— Возьми нас с собой, тогда все поймут, что это правда.

И Донни победил.

Четыре голоса против трех.

Джеки проголосовала за него.

Из страха, что он выдаст ее убежище.

Мне хотелось убежать отсюда, вернуться в кемпинг, в свою палатку, домой, к книгам, к дедушке Давиду. Я взяла малыша Бейтела за руку.

— Закрыть дверь! — гаркнул Донни.

Близнецы кинулись к дверце, и — бабах! — солнечный свет исчез из бункера. Донни направил фонарь мобильника на себя.

— Благодарю за доверие, — сказал он, — я обещаю его оправдать.

Затем он произнес речь, которую я забыла. Все это мне теперь было па-рал-лель-но. Я хотела убежать отсюда, взяв с собой Дилана и Бейтела. Потому что проиграла? Да мне вообще не стоило в этом участвовать, вот в чем дело. Я хотела читать, а если нельзя — просто сидеть, смотреть в никуда и вспоминать книги, которые я уже прочитала, перечитывать их мысленно. Выучить пару фраз на языке животных. Болтать и целоваться с Диланом. Потихоньку интегрироваться в мир людей и после каникул выслушивать комплименты о том, как хорошо у меня получилось. А потом, когда разрешат, опять читать.

Я попыталась понять, почему Донни так жаждет стать президентом. Ведь власть была в его руках и до выборов. Он мог выдать Джеки и близнецов в любой момент. Но если бы он это сделал, он бы ее потерял. Точнее, никогда бы не заполучил. Вот и пришлось прибегнуть к угрозам.

Интересно, понимает ли это Джеки? Если да, то власть опять у нее. Но тогда она не проголосовала бы за Донни. Так что ничего она не понимает. Донни нужно было, чтобы его избрали демократическим путем, потому что он хотел выставить себя приличным парнем. Ведь, проголосовав за него, большинство попросило его стать главным? Вот он и стал. Наверное, думает, что теперь может завоевать любовь Джеки как добропорядочный член общества, директор ЗАО «Детская революция».

Боже, как же Донни лыбился!

Но куда подевалась свирепая Джеки? Волчица, которой она была еще пару дней назад? Неужели ее укротили одиночество и тьма? Она не проронила и слова.

Так что единственное, что я помню из речи Донни, — это ее конец: «Не сомневайтесь, завтра вспыхнет наша славная революция!»

Аплодисменты, ликование, лес вскинутых рук, сжатые кулаки.

А вот и нет.

Если бы в туфте можно было задохнуться, Донни умер бы уже тысячу раз. А если бы можно было задохнуться в чужой туфте, в бункере сейчас бы валялось шесть трупов. А рядом скулил бы пес. Я ненавидела Донни. Он расселся и заявил, что денег у нас нет. Но, чтобы связаться с детьми во всех странах мира, необходима куча всяких вещей, и что мы имеем право на эти вещи и поэтому должны их украсть. Высокоодаренные близнецы оживились.

— Я сопру чипсы, — заверил первый.

— А я — кетчуп, — предложил второй.

— А я — фейерверк, — сказал первый, — такие здоровенные бомбы.

— «Кобры», — уточнил второй.

Донни приказал им заткнуться и пообещал, что скоро они смогут перечислить все, что им хочется, и получат это. Но совершать разбойничьи набеги за пределами бункера им нельзя — их могут узнать.

— Но ты обещал!

— Ты все наврал!

— Требую новые выборы!

— Я проголосую за ту очкастую!

— Да ты чего, она еще хуже!

— А, ну да.

Тогда Донни объявил, что завтра вечером в кемпинге устраивают игру «охота за сокровищами», в которой мы каждый год прилежно участвуем. Наши мамы уверены, что нам это нравится, и дают полную свободу. Вот он, наш шанс обчистить деревню! Прибрать еду, напитки, компы, смартфоны — все, что нужно. Но Джеки с братьями из бункера вылезать нельзя.

— Блин! — возмутился один из братьев.

— Здрасьте на фиг! — закричал другой.

— Вот именно! — закивал первый.

— Мы еще ни разу не участвовали в разбойничьих набегах! — запротестовал второй.

Божечки, как я рада, что они не тройняшки!

— Нас никто на этом острове не знает!

— Вас ищут родители, — возразил Донни, — вы объявлены в розыск.

Выходило, что, по мнению нашего президента, грабежом завтра вечером должны заняться Дилан, Бейтел и я. Дилан невозмутимо заявил, что он этого делать не собирается. И я сказала, что не стану воровать. И Бейтел тоже. Донни все еще подсвечивал сам себя — надо было видеть, как он в этот момент зыркнул на своего братишку. Ясно было, что, если Бейтел его не послушает, Донни своими руками придушит всех зверей на острове.

— Почему бы тебе не взять это на себя? — спросил Дилан.

— Потому что я должен координировать операцию, — ответил Донни, точно генерал, что с вершины холма наблюдает за бойней в долине. — Кстати, я сегодня угнал мопед. С боковыми сумками. Он стоит неподалеку, в леске.

И вдруг оказалось, что грабить пойдет Бейтел. В одиночку. Донни посчитал, что это хитрый план: никто не заподозрит такого малыша, никому и в голову не придет ассоциировать его с мопедом. «Ассоциировать», с ума сойти!

— Можно мы уже скажем, чего хотим? — спросил Никель.

Или Бакс.

— Говорите, — разрешил Донни.

— Ну так вот, — объявил Бакс.

Или Никель.

— Я хочу, чтобы мальчик с мертвым котом спер для нас чипсы.

— Кетчуп.

— Майонез.

— Сырный соус.

— Фритюрницу.

— Картошку фри.

— Масло.

— Розетку.

— Фейерверк.

— «Кобры».

Достали уже эти тире в столбик! Вот что еще они хотели: костюмы ниндзя, джакузи, приходящую уборщицу, вкопанный в землю батут, мячик и клюшки для хоккея на траве, деньги — много, вай-фай, интернет, Xbox, ружье, как у Джеки, дядьку, который надает Джеки по шее, кровать и центральное, ёшки зеленые, отопление! Так и сказали: ёшки зеленые. И окна. И приходящего мойщика окон. Вот что должен был украсть Бейтел. И Донни согласился.

— Теперь нам можно уйти? — спросила я.

— Если поклянешься, что не станешь болтать о том, что здесь происходит, — пригрозил Донни.

— С удовольствием.

— А ты, мелочь? — зыркнул Донни на Бейтела.

— Я не умею ездить на мопеде, — сказал Бейтел.

— Если тебе больнее оттого, что ты чего-то не делаешь, чем оттого, что делаешь, значит, ты можешь все, — изрек Донни.

— Ты идешь, Дилан? — спросила я.

Дилан покачал головой.

Мы с Бейтелом скатились с дюны и нырнули в кусты. Я вытащила из-под футболки медвежонка и вернула его Бейтелу. Мне хотелось остановиться и подождать, пока Дилан, матерясь направо и налево, вылезет из бункера и заявит, что не хочет больше иметь с этой шайкой ничего общего. Но он не вылез. С вершины дюны донесся щелчок — заперли дверцу. Бедный Дилан. Бедная Салли Мо. С каждым часом я понимаю других больше, вот только себя саму не понимаю совсем. Может, я слишком глупая, чтобы постичь такую суперинтеллектуалку, как я. Написала она, хихикая. Но все же.

Я помогла Бейтелу подняться. Я готова красться за Диланом, но красться от него не желаю. Мы зашагали в полный рост. Сестричка, братик и медведик.

Я сказала:

— Надеюсь, Бейтел, однажды ты станешь королем всего мира, всей вселенной. Блаженны кроткие. Ура Иисусу!

Бейтел просиял. Медведь чмокнул меня в щеку.

Когда доктор Блум прописал мне жить, а не читать, я подумала: раз так, лучше сразу взяться за дело как полагается. Я сделаю мир лучше. Как я уже писала: если, когда я умру, в мире будет твориться такой же бардак, как и при моем рождении, значит, я провалилась. Вроде бы благородная мысль прекрасного человека. А вот и нет. Какая гордыня! Какое безбожное самовозвеличивание! Может быть, это наш двигатель: уверенность, что твои действия задают курс звездам и планетам, что твоими устами глаголет вечность. Может быть, без этого мы не умеем жить.

А вот дедушка Давид занимался самоуменьшением. Он был художником и написал прекрасные картины. Он был известен в узких кругах. О нем писали книги. Но когда он стал таким старым, что у него появилась правнучка, он признался ей, то есть мне, что все время пытается стать меньше.

— Тогда меня можно будет похоронить в спичечном коробке, Салли Мо. В таком, знаешь, с ласточкой. — Он показал на коробок — тот лежал на столе рядом с бутылкой йеневера. — А когда мой гробик опустят в землю, пусть ласточка улетит. Сможешь это устроить?

Я надеялась, что он станет таким маленьким, что поселится у меня в капюшоне. Дедушка Давид был для меня всем миром. Когда он умер, меня отправили к доктору Блуму.

— Знаешь, Салли Мо, — сказал как-то дедушка Давид, — жизнь — это коротенькая прогулка. Не более того. Прогулка по району. Это я сам придумал. Вот живешь ты на третьем этаже. В один прекрасный день выходишь из дома, вприпрыжку добегаешь до конца улицы, поворачиваешь за угол, налево, доходишь до конца улицы, опять поворачиваешь налево — там еще одна улица, доплетаешься до ее конца, опять налево — на следующую улицу, добредаешь, спотыкаясь, до следующего угла и опять поворачиваешь налево, в четвертый и последний раз.

— И ты уже дома, — закончила я.

— Можно каждый раз поворачивать направо, — продолжил дедушка Давид, — и нет, ты еще не дома, тебе нужно еще пройти кусочек по своей улице. Все, что у тебя за спиной, исчезло в серой пелене времени. Ты этого уже не видишь. Только первый кусок — твое раннее детство, до того, как ты впервые повернул за угол. Его ты видишь яснее, чем когда-либо. И он лежит перед тобой, купаясь в свете того времени, когда все еще было тебе внове. Ты приближаешься к тому первому отрезку улицы, слышишь голоса родителей, чувствуешь запахи на лестнице. Подходишь все ближе, твое юное сердце танцует в старом теле — и ты опять помнишь все. Вот почему старики вечно талдычут о прошлом. Но тут дверь дома, из которого ты когда-то вышел, распахивается, и на улицу выходят люди. На плечах у них — гроб, они кладут тебя в него и заносят внутрь. Хоть на третий этаж — им все равно.

Вот что сказал дедушка Давид. Он налил себе еще йеневера и принялся талдычить о прошлом.

Надо бы когда-нибудь собрать всех королей и президентов всех стран мира ночью в пустыне, уложить их на песок лицом вверх — и пусть себе смотрят на звезды и пустоту между ними. И слушают рассказы о дедушке Давиде.

16 июля, четверг, 7:41

Какой в жизни смысл? / Придать жизни смысл, / жизни тех, кто нам мил. Это дедушкино стихотворение. Я забрала папку с его стихами и рассказами из его дома, когда он умер, в тот самый раз, когда засела в подвале с котом, и мне хочется все их переписать в эту тетрадку. Дедушка умер ровно сто дней назад. Если тебе нравится текст, нужно его переписать. Не перепечатать на компьютере, а переписать от руки, не торопясь, будто гладишь кота, пока тот не замурлыкает от удовольствия. Если ты любишь животных. В моем случае так: пока дедушкины слова не станут моими.

Дедушка Давид был видным мужчиной — и в молодости, и потом. Ни единой морщинки на лице, клянусь. Говорил, будто пел серенады под балконом, и не было ничего позорного в том, что он вдруг влюбился. Это была безусловная катастрофа, для него и для меня, но не позор. В конце концов, бабушка Йорина давно умерла, я ее даже не знала.

Иногда мы ходили к ней на могилу. Имя дедушки уже было выгравировано на надгробной плите — он хотел быть похороненным там же. С бабушкой. Не хватало только года смерти. Резчик по камню — совсем старик — сказал:

— Если ты хочешь, чтобы твое имя тоже было вырезано моей рукой, лучше я сделаю это сразу, я ведь явно помру раньше тебя.

Дедушке Давиду эта идея понравилась. Так что всю мою жизнь дедушкино имя значилось на том камне. А он стоял рядом со мной и смотрел на него.

— Дату смерти может выгравировать кто-то другой, — сказал резчик, — в крайнем случае, ты и сам справишься.

Мне это показалось остроумным. Но вскоре в дедушкиной жизни появилась эта его «мефрау», и я подумала: «А ведь ее тоже похоронят в этой могиле». А резчик к тому времени уже умер.

Дедушка Давид влюбился по-настоящему. Не как взрослый мужчина, а как восьмилетний мальчишка. Вроде Бейтела. Когда я приходила к нему после школы, он говорил:

— Салли Мо, у меня для тебя мало времени — вот-вот позвонит Ольга.

И я уходила. А дедушка даже не замечал — он не сводил глаз с телефона. Древнего такого, на проводе. Будто сквозь этот провод можно было увидеть ту женщину. Преодолев все изгибы, как на бобслейных санках. Чтобы быть в форме, дедушка занялся скандинавской ходьбой: совершал долгие прогулки с дурацкими палками. И после долгого перерыва снова засел в мастерской писать портрет этой тетки. Как же я ревновала!

Слава богу, все внезапно закончилось.

— Знаешь, что не так с этой мефрау? — сказал как-то дедушка. — Слишком крепкие у нее объятия. Не продохнуть. Она хотела вытворять со мной такое, на что мужчина моего возраста уже неспособен.

— Дедушка! — завопила я. — Такое мне знать не надо!

И у него снова появилось на меня время. Он закинул скандинавские палки в подвал, и мы опять гоняли по улицам на его кресле-электроскутере.

Но ему вдруг ужасно захотелось умереть.

— Ты не возражаешь, Салли Мо?

— Не возражаю, — ответила я.

В жизни так не врала! Мы пролетали повороты на двух колесах. Дедушка Давид был на все руки мастер. Он прокачал свое кресло-электроскутер так, что на нем можно было разгоняться до восьмидесяти километров в час. Но ему вдруг стало безумно не хватать бабушки Йорины. Как будто, когда та женщина вошла в дверь, бабушкин дух вылетел в окно. И еще дедушка скучал по друзьям.

— В последнее время я получаю больше траурных открыток, чем рождественских, — говорил он.

Я размышляю о демократии. В нашем детском государстве и во взрослом мире. Дедушка Давид написал рассказ о войне, Второй мировой, он довольно длинный, так что его я перепишу, когда вернусь домой. Немцы прибрали к рукам Нидерланды и хозяйничали здесь пять лет. И все это время они вели себя бесчеловечно, просто чудовищно. После войны в страну вернулась демократия. Немцев прогнали, а жестокий деспот Гитлер и его жена совершили самоубийство в бункере. Кстати, идея для Донни!

И что же в первую очередь сделали голландцы, когда стали хозяевами в своей стране? Побрили наголо молодых девчонок! За то, что они во время войны влюбились не в тех парней. Во врагов, в немецких солдат. Да все вокруг только и делают, что влюбляются не в тех парней! Моя мама вообще не может иначе. Но ее шевелюра пока на месте.

Дедушка Давид сказал:

— Если бы немцы выиграли войну и остались здесь, мы все стали бы немцами и привыкли бы к этому. Те, кто участвовал в Сопротивлении, вошли бы в учебники истории как предатели. А все девушки, которые были в них влюблены, ходили бы бритыми.

Что считать правдой, решают те, кто у власти. Вот что он хотел этим сказать. Всеобщей правды нет, она у каждого своя. Одной на всех не бывает.

У тех, кто брил девушек, было право голоса. У маминых кавалеров есть право голоса. У посетителей художественной ярмарки есть право голоса — дай им карандаш, и они решат, что это картошка фри, и спросят, где соус. Право голоса есть у каждого. И все определяется большинством голосов. Это и есть демократия: большинство принимает решения.

Но право ли было большинство, когда проголосовало за Гитлера? Сейчас мы считаем, что нет. А когда большинство решило, что умереть должен Иисус, а не Варавва, правильно ли было распять Христа? Сейчас мы считаем, что нет. А когда большинство было уверено, что мир создал Бог, правильно ли было сжигать книги Дарвина? Сейчас мы думаем, что нет. А когда большинство постановило, что необязательно делиться своим богатством с кучкой нищих беженцев, что уплаченные налоги лучше потратить на миллионные бонусы банкирам? Это происходит сейчас. Здесь. Сегодня. Боже, как же нашим внукам будет за нас стыдно! Ненавижу большинство. Все хорошие идеи рождаются у умных одиночек. С тех пор как я вышла в мир и осмотрелась, я думаю: хорошо, что дедушка умер и не видит этого позора.

— Я за просвещенный деспотизм, — как-то заявил он. — Представь себе человека, который один стоит у власти и творит только хорошее. И которому при этом не мешает народ — вот было бы прекрасно! — Дедушка печально улыбнулся.

— Мужчина или женщина? — спросила я.

— Неважно, — ответил он, — лишь бы это был хороший человек, добрый.

— Но хорошему человеку, — возразила я, — конечно, никогда не придет в голову в одиночку управлять страной. Хороший человек скажет: «Ребята, возьмемся за дело вместе!»

— А тебе такая работка не подошла бы, Салли Мо? — поинтересовался он.

Милый дедушка! Но тогда я и слышать не хотела о внешнем мире. Мне еще можно было читать. Теперь же я должна глазеть вокруг и иметь обо всем собственное мнение. То есть делать из всего проблему. У меня это отлично получается, прямо без проблем!

Еще рано, все спят. Пойду постираю свои трусы и футболки. Схожу в деревню за шоколадкой, новым номером Happinez для мамы и подсолнухами для Бейтела. Шоколадка — для меня.

Когда нельзя читать, появляется много времени на то, чтобы думать своей головой. Сейчас я думаю о беженцах, которые сюда приезжают. Прекрасные люди, все как на подбор, совершенно нормальные и очень храбрые. У меня бы не хватило смелости покинуть свою страну. Но они бегут от смертельной опасности и оказываются здесь. Некоторым разрешают остаться, но только если они интегрируются в общество, станут настоящими голландцами, если напялят спортивные костюмы и пойдут гулять по художественной ярмарке, обжираясь картошкой фри до тех пор, пока их мозги не утонут в кетчупе и они сами не начнут до смерти бояться беженцев. Потому что только тогда считается, что ты полностью интегрировался. Я все про это знаю. Я интегрируюсь как чокнутая. Может, мне надо пересмотреть свою цель? Не изменить мир, а сделать людей счастливее. Вот это мысль! Сделать молодых людей счастливее. Потому что, как говорил дедушка Давид: «Наступит возраст, когда уже необязательно быть счастливым, если не хочется».

Когда вещи становятся бельем?

16 июля, четверг, 11:56

Я развесила свое выстиранное белье на веревке за палаткой и отправилась в деревню. Если не задумываться, сегодня — прекрасный день. В смысле, если не расстраиваться, что на свете существуют и другие люди. Я не возражала, что существую сама, а это уже немало. В супермаркете я купила номер Happinez, три шоколадных батончика и яблоко (подсолнухов в продаже не оказалось). Скользнула взглядом по газетной стойке у выхода и сразу заметила кричащий заголовок: «ТОП-БАНКИР ОБЕЩАЕТ 100 000 ЗА НАВОДКУ». Статья была об отце Джеки. И о самой Джеки. И о ее братьях-гаденышах. Рядом лежала местная газета с небольшой заметкой: «УКРАДЕН МОПЕД». Я купила обе, уселась на скамейку прямо на отвратительно ярком солнце и стала читать. Пурга в чистом виде, чтоб им... Но вечно злиться невозможно, к тому же чуть раньше произошло кое-что хорошее, и если я об этом сейчас не напишу, то потом забуду, а жаль, ведь это доказывает, что я уже неплохо интегрировалась. «Побольше любуйся прекрасным, Салли Мо, — наставлял доктор Блум, — не так уж часто оно и встречается».

Я стояла в очереди в кассу за невозможно красивой девушкой и тремя такими же красивыми девчушками, на вид шести, восьми и десяти лет.

— Все три твои, милая? — спросила пожилая кассирша.

Девушка кивнула.

— Серьезно? А сама еще такая молодая!

— Вовсе я не молодая, — ответила мама девочек, — просто молодо выгляжу. Потому что очень много занимаюсь сексом.

Кассирша перегнулась пополам от смеха и брякнулась носом о клавиатуру, от чего из всех касс в магазине со звоном выпрыгнули ящики. Похрюкивая от хохота, кассирша посмотрела на меня.

— Она права, — сказала я. — А мне сто четырнадцать.

После этого кассиршу увезли в смирительной рубашке. Хотя она всего-навсего на славу повеселилась. За что только людей не сажают в психушку, с ума сойти!

То, что ее увезли, — выдумка. Но остальное — чистая правда. В том числе и мои слова. На минуту мне подумалось, что человек — отличное изобретение. Все потому, что я, похоже, становлюсь все более видимой. Не уверена, хочу ли я этого, но приятно знать, что это в моих силах. Кстати, про выпрыгнувшие ящики я тоже выдумала.

Читать прессу доктор Блум вроде бы не запрещал. Так что я уселась на скамейку на солнце, откусила кусочек шоколадного батончика и прочла заметку в островной газете. Таинственные кражи пока не раскрыты, собаку и девочку уже несколько дней никто не видел. Но на острове украден мопед. Заметка сопровождалась фотографией места, откуда его украли. В момент кражи мопед стоял у стены сарая. На фото был виден только сарай. Полиция призывает жителей быть бдительными, запирать на ночь двери и не оставлять мопеды на улице.

Статья в центральной газете была посвящена исчезновению троих детей топ-банкира Кроммелинге. Были напечатаны их фотографии. Те самые, что нам показывал Фил: три ангелочка. Реклама ада. Дети пропали. Вероятно, похищены. Хотя... Внимание! Хотя друг детей, желающий остаться анонимным, утверждает, что они сбежали из дома. Потому что им тошно было смотреть на махинации папаши-банкира, который наложил лапу на деньги бедняков, в то время как те из-за него вынуждены теперь сосать лапу. Так и было написано: про лапу папаши и про лапу бедняков — нарочно не придумаешь! Дети больше не желали иметь ничего общего с миром своего отца и хотели отныне жить в новом, честном мире. Именно это они сейчас и делают, сообщил аноним, в месте, которое он не вправе предать огласке. Вернутся они, только если их мать подаст на развод или если отец уйдет из банка и раздаст все свои миллионы на благотворительность.

Вот черт, а Донни, оказывается, развел бурную деятельность, по его-то меркам: спер мопед и позвонил в газету. Черт-черт-черт! Дилан этого сделать не мог. Так ведь? Нет. Ни за что! А вдруг Бейтел, по наивности?.. Это легко проверить. Но мог ли Бейтел рассказать о честном мире и о требовании раздать все деньги? Нет, это точно Донни.

Я сунула в рот второй батончик, как ветку в шредер. Даже вкуса не распробовала. В версии побега полиция сомневается. Похищение кажется им более вероятным. Родители получали от пропавших детей открытки. Подписанные рукой дочери. Мать узнала ее почерк, но он слегка отличается от обычного. В точности как рассказывал Фил: по мнению психолога, это указывает на то, что девочка писала под давлением. Одна открытка пришла от близнецов: «Салют! Оставьте нас в покое. С нами все окей». Написано почерком Джеки. Внизу — два крестика. Какой-то супердетектив заметил, что первые буквы предложений образуют сигнал С.О.С. К тому же на открытках обнаружены частички металла — возможно, от огнестрельного оружия. Значит, все-таки похищение.

Это была газетная статья, но читалась она как роман. Автор разошелся не на шутку. Сверху значилось: «От нашего корреспондента». Заканчивалось так: «Отец объявил вознаграждение в сто тысяч евро за сведения, которые приведут к обнаружению детей, и призвал анонимного информатора назваться. Его тоже ждет вознаграждение». Батончик номер три. Мой рот был похож на пустую банку из-под шоколадной пасты. Я встала и пошла обратно в кемпинг, жуя по дороге яблоко.

На парковке у кемпинга я увидела маму Донни и Бейтела. Она заталкивала в свою машину незнакомого парня. Из одежды на нем было только розовое полотенце.

— Что за невезуха! — воскликнула она, увидев меня. — А я было подумала: ну наконец-то кого-то нашла!

Я спросила, что происходит.

— Извини, — ответила она, — мне срочно нужно ехать к врачу.

Она села за руль, завела мотор, опустила окошко и прокричала:

— Он любитель природы. Без ума от всего, что летает, ползает и плавает.

— Как мило! — сказала я.

— Да, но ему на член села оса, а он и говорит: «Если насекомых не трогать, то и они тебя не тронут». И улыбается при этом такой буддистской улыбочкой. Только вот оса этого не знала.

— Чего не знала?

— Что, если он ее не трогает, ей его тоже трогать нельзя.

Мама Донни включила радио и умчалась.

Сегодня прекрасный день, если не задумываться. Интересно, где Дилан? Донни, понятно, в бункере — бедная Жаклин Кроммелинге! Бейтелу, надеюсь, наконец-то удалось спокойно поспать в своей палатке, отдохнуть от ночных похождений. Но где же Дилан? Я приложила ухо к его палатке — ничего не услышала. Постучала по брезенту — ничего не услышала. Прошептала его имя — не получила ответа. Расстегнула молнию, заглянула внутрь — ничего не увидела. Значит, и он в бункере.

А у меня нет его номера — ну что за бред, что за тупизм-то! И никогда не было. Так повелось с самого начала — две недели вместе, пятьдесят — в разлуке, и, когда у нас появились мобильники, ничего не изменилось. У меня записано три номера: мамин, доктора Блума и дедушки Давида. Палатка Бейтела тоже оказалась пустой. Кому же показать газеты? Разве можно было вообразить, что однажды наступит день, когда мне не захочется быть одной? Я расстегнула молнию маминой палатки и закинула внутрь Happinez:

— Почта!

Журнал поймал Брандан.

Мое белье уже высохло на ветру. Я начала снимать его с веревки и задумалась. Когда рубашки и полотенца превращаются в белье? В тот момент, когда их вешают сушиться? Нет, ведь в стирку кладут именно белье: «Будь добра, засунь грязное белье в стиральную машину!» Видимо, вещи становятся бельем, когда их бросают в корзину для белья. Все ясно. Интересно, мечтают ли штаны о том, чтобы превратиться в белье: мыться в теплой воде, греться на солнышке, развеваться на ветру? Если уж мне велено жить в этом мире, то лучше быть бельем. А когда высохну — рубашкой. Рубашкой Дилана.

Внезапно из-за полотенец вынырнула голова. Голова Фила.

— Салли Мо, — сказал он, — я видел, что ты купила газеты.

«Опасность! Не хватало только очередного репортера, который сует нос в наши дела», — подумала я.

— Ты их читала? — спросил Фил.

— Да, — ответила я, — новой книге Тоона Теллегена дали пять звезд.

— Я не про то.

— Знаю. Такие вещи никого не интересуют.

— Интересуют, но я говорю о другой статье.

Тревога 12 баллов, код «адское пламя».

— Вот послушай, — сказала я, — у тебя есть грязная одежда, ты ее снимаешь и бросаешь в корзину. А потом стираешь и вешаешь сушиться — но тогда это уже не одежда, а белье. Когда вещи становятся бельем?

— Когда их отбелили, — сказал Фил.

Хороший ответ.

Но тут, но тут он сказал:

— Та статья, Салли Мо, ее написал я.

Гнида! Мерзкий предатель! Иногда так разозлишься, что язык соображает быстрее мозгов, и я брякнула:

— Гнида! Мерзкий предатель! — И только тогда моя голова подумала: отлично сказано! — Да еще напечатал ее в протестантской газете!

— А это-то тут при чем? — удивился Фил.

— Иуда! Вот ты кто!

— Деньги, которые мне заплатят за статью, я отдам Донни, а он передаст их детям.

— Ты бросаешь свои сребреники в храм, потому что сгораешь от стыда! «От нашего корреспондента»... Ну-ну. Пойди удавись! Как Иуда.

И я зашагала прочь. Мир дышит нам в затылок, думала я, Джеки и terrible twins* вот-вот будут обнаружены. А с ними попадемся и мы. Я нырнула к себе в палатку и застегнула молнию. Допустим, их поймают, размышляла я, и что с того? Ничего им не будет. Парочка пустяковых краж. У их отца достаточно денег и связей, чтобы уберечь их от правосудия. Но было бы неплохо, если бы Джеки увезли с острова в наручниках, под вой сирен — куда-нибудь, где Дилан ее не найдет. Почему бы мне, собственно, не рассказать обо всем маме? Действительно, почему? Да потому, что тогда моей книге конец. А у меня только-только стало получаться! Завязалась интрига: какие-такие планы зреют в больном воображении Донни?

Я высунулась из палатки. Фил сидел на пне и сверлил взглядом собственные ботинки. Я присела рядом.

---

* Ужасные близнецы (*англ.*).

— Что тебе рассказал Донни? — спросила я.

— То, что написано в газете, — ответил Фил.

— И больше ничего?

— Иначе бы в газете было написано больше. Ну то есть...

— Ты не знаешь, где они?

— Клянусь, Салли Мо, я думал, вы разрешили ему все мне рассказать. Он меня в этом заверил. Донни ведь у вас главный?

— Когда он тебе об этом поведал?

— Вчера утром.

— Тогда он еще не был главным.

— Окей, хочешь знать его слова?

Я кивнула: лучше сначала выслушать человека, а потом уж бросаться его душить. Донни рассказал ему, что знает, кто ворует на острове.

— Ни фига себе! — воскликнула я. — Но это значит...

— Окей, мне известно, что они на острове, — согласился Фил. — И об этом я в статье умолчал. Окей?

Это его «окей» стало действовать мне на нервы только сейчас, когда я пишу. Донни объяснил ему, что Джеки с братьями сбежали из дома в поисках новой, честной жизни — ровно то, что Фил написал в статье. И что им порой приходится воровать, чтобы не трогать вонючие деньги отца. Короче, он рассказал ему все и добавил, что он, Донни, и его друзья решили помочь беглецам, но для этого — чтобы начать новую жизнь — все-таки нужно немного денег, даже если ты ненавидишь капиталистическое общество, и Джеки украла у отца двести евро, но их, конечно, недостаточно, а из родителей, если на них хорошенько надавить, можно вытащить намного больше, и вот тут-то Донни и может пригодиться помощь Фила.

— Язык у Донни хорошо подвешен, — сказал Фил.

— Да, — сказала я, — но он забыл упомянуть, что надавить он хочет не на родителей, а на Джеки Кроммелинге. Пытается шантажом затащить ее к себе в постель.

— Об этом он действительно умолчал, — невозмутимо ответил Фил, — но позволь мне закончить свой рассказ: я позвонил в полицию с мобильного моей матери — он такой старый, что невозможно определить, откуда звонок, — и там мне подтвердили, что детей действительно ищут и как раз опубликовали объявление о розыске и обещанном вознаграждении. Но я не стал писать, что дети на острове. Вот и все.

Сказал Фил. Ну окей.

— Но... — У меня было штук шесть «но», но надо же с чего-то начинать. — Но в газете знают, что статью написал ты.

— Нет, я послал ее другу в Амстердам, а тот ее распечатал и бросил в почтовый ящик редакции.

— Но...

— И они все наверняка основательно проверили и решили опубликовать.

— Но...

— Окей, ты права, но когда-нибудь эта история закончится — все истории когда-нибудь заканчиваются, — и тогда я скажу, что это я о ней написал, получу вознаграждение и отдам вам, как и обещал Донни. Я ему даже небольшой аванс дал.

— Но тогда...

— Да, этого я тоже не знаю.

— Но ведь ты мог бы и не писать статью.

— Нет, — ответил Фил и заглянул мне прямо в глаза, — не мог бы. Я хочу писать. Хочу хорошо писать. Хочу писать тексты, которые говорят о важном.

Вот это да! Этими словами Фил мне будто морфин в вену впрыснул: по моему телу распространилось пульсирующее тепло. У дедушки Давида после укола морфина всегда был блаженный вид. Как у кота на солнышке. Точно так я себя и почувствовала, поэтому решила процитировать Филу старого философа Шопенгауэра: «Первое и почти исчерпывающее правило хорошего стиля — то, чтобы автор имел что сказать».

— Господи, Салли Мо, кто ты такая и откуда ты взялась?

— Из бункера Каспера Хаузера.

— Этот бункер здесь, на острове?

— Это подвал, — объяснила я. — Каспер Хаузер провел все детство в подвале.

— Мне показалось, ты сказала «бункер».

— Во времена Каспера Хаузера еще не было бункеров. Это случилось давно. До того, как он вышел из подвала, он ни разу не видел солнца и ни разу ни с кем не разговаривал. Он совсем ничего не знал о мире.

— И ты выбралась из того же подвала? Не верю!

— Я жила в своих книгах, — ответила я.

Я доверяю Филу. Ему тридцать четыре, он взрослый, но не врун. Стендап-комик, поэт, вратарь — он напоминает мне Бейтела с его мечтами. Фил готов на все, чтобы стать писателем, признался он мне. Деньги его не интересуют. Единственное, что для него важно, — рассказать хорошую историю и чтобы ее напечатали.

— Может быть, история сбежавших детей ляжет в основу моей первой книги, Салли Мо.

— И далеко ты продвинулся?

— Да что ты, я еще и не начинал, но идея уже зреет в моей голове.

— А я — на середине шестнадцатой главы, — сказала я.

— Главы чего?

— Той же самой книги.

— Не понял.

— Столько я уже написала.

— Ты пишешь вашу историю?

— У тебя есть дети? — спросила я.

— Пока нет, — ответил Фил.

У меня оставалось еще одно «но». Я решила воспользоваться им сейчас:

— Но веришь ли ты Донни? Веришь его планам построить идеальное государство, устроить детскую революцию? Об этом он тебе рассказывал?

— Немного.

— И ты ему веришь?

— Не знаю, я...

— А в демократию ты веришь?

— Конечно.

— И считаешь, что у всех должно быть право голоса?

— У всех старше восемнадцати, да.

— А ты бываешь на художественной ярмарке здесь, на острове?

— Стараюсь ее избегать.

— И как, по-твоему, люди, которые на нее ходят, вправе решать, как тебе жить?

— Конечно нет. Ну или... косвенным образом. Они не решают, как мне жить, они голосуют за людей, которые, я надеюсь, хорошенько разобрались в...

— У меня был дедушка, — перебила я его, — и он очень ратовал за просвещенный деспотизм. Знаешь, что это такое, Фил?

— Знаю, потому что мой дедушка был просвещенный деспот.

И тут Фил принялся рассказывать о своем дедушке. Это не входило в мои планы — я как раз хотела поведать ему о дедушке Давиде. Но рассказ у него получился хороший, правда. Его дедушка был мэром острова.

— Он до трех ночи выпивал с местными работягами в кафе, — рассказывал Фил. — Вот это я понимаю — демократия. Кафе должно было закрываться еще в полночь. Они видели, как подъезжает полиция, выключали свет и ложились под стол для бильярда.

— Но ведь мэр — начальник местной полиции.

— Он не хотел усложнять жизнь своим полицейским и к тому же считал, что кафе таки должно закрываться в полночь. Но в то же время ему хотелось пить. Он разрешал художникам строить мастерские намного больше дозволенных и в не предназначенных для этого местах. Он любил искусство. Это ему Брандан обязан своей студией. Позже дедушка ослеп. Улицу он переходил, размахивая тростью, не осторожничая, не прислушиваясь к шуму машин. Кто осмелится задавить просвещенного деспота? В последние годы его жизни мы с ним каждую неделю ходили пить капучино. Он этому ужасно радовался — изобретению капучино. Сидел со мной за столиком и говорил: «Всю жизнь я пил кофе черным, без молока и сахара, но в капучино я кладу сахар». И он брал пакетик с сахаром, разрывал его и высыпал сахар на стол рядом с чашкой. На такую дурацкую плюшевую скатерть. Боже, Салли Мо, как же я его любил!

— Вообще-то, я про своего дедушку хотела рассказать.

— Расскажи.

— А твой дедушка пил йеневер?

— Целыми днями.

Я кивнула:

— Мой тоже. Только после пяти вечера.

— Мой с одиннадцати утра, после капучино.

— Но мой дедушка не был слепым и мог налить себе рюмочку с расстояния двух метров — у него были длинные руки, — так вот, с двух метров он мог налить малюсенькую рюмочку до краев, не пролив ни капли, клянусь, он держал бутылку за донышко, вот так, смотри, как будто щипал кого-то за попу, наливал доверху и не проливал ни капли.

— Это впечатляет, Салли Мо.

— И это в девяносто один год! Он называл себя гномом на ходулях, потому что ноги у него тоже были очень длинные. Если сидеть рядом с ним на табуретке за барной стойкой, можно было увидеть его макушку, но когда он вставал, то возвышался над тобой, как великан.

— Гномы очень плохо влияют на окружающую среду, — заметил Фил.

Потом я рассказала ему все, что помнила о дедушке Давиде. Абсолютно все. В тысячу раз больше, чем доктору Блуму. О рыбалке и о наших беседах, о книжках, которые дедушка мне давал, о том его рассказе про войну, о его имени на могильном камне, об эвтаназии, и о коте, и о том, что я не пришла на похороны. Такое ощущение, что я говорила несколько недель без перерыва.

— В одной газете я читала о женщине, — продолжила я, — которая заболела раком и сама организовала свои похороны. Выбрала дату эвтаназии, назначила день кремации и перед самым концом сидела и лично подписывала извещения о собственной смерти. И марки наклеивала. А потом захотела сама бросить их в почтовый ящик. Ее дочь была против, но она не послушалась. Эвтаназия была запланирована на завтра, на вторую половину дня. А утром ей вздумалось выпить чашечку кофе на террасе. «Мама, так нельзя, — возразила дочь, — мимо могут проходить люди, которые уже получили твою открытку, и они перепугаются до чертиков, когда увидят, что ты живехонькая сидишь за столиком!» Они все-таки пошли пить кофе, и женщина все время пряталась за газетой. Правда, в газете она проделала две дырочки.

— Это ты к чему, Салли Мо? — спросил Фил.

— А к тому, что дедушка Давид тоже почти все организовал сам, жуть просто. Кстати, про дырочки в газете я выдумала.

— Будешь еще рассказывать эту историю — оставь их, — посоветовал Фил.

— Я всегда думала, что смерть — это то, что с тобой случается, — сказала я, — если ты так болен, что сердце не выдержало, если тебя пронзили шпагой на дуэли, если тебя отравили, если тебя переехала машина, потому что водитель не знал, что ты просвещенный деспот, — что-то в этом духе. Но оказывается, смерть можно запланировать самому.

Затем я рассказала Филу о докторе Блуме, о наших с ним беседах, о Боге, о правде и о возвышенном, и это было приятно, потому что этого я никому еще не рассказывала.

— Я знаю одну женщину, — сказал Фил, — которая поверила в Бога, потому что была так счастлива, что ей хотелось кого-то поблагодарить. Из людей благодарить было некого, вот она и нашла Бога.

Фил любит истории, в которых нет никакого смысла, точнее, которые не имеют никакого отношения к разговору, это я уже давно заметила.

— Дедушка Давид не пошел так далеко, как та женщина из газеты, — сказала я, — но он многое организовал сам: назначил дату, составил список знакомых, которых нужно было известить о его смерти, выбрал музыку, которую должны были играть на похоронах. А его имя, конечно, уже было выбито на надгробии. Дедушка мог бы и сам выбить дату смерти, но он слишком устал. «Не стоит придавать смерти слишком большое значение», — говорил он. Даты на камне по-прежнему нет. Смерть — это не полное исчезновение, а скорее что-то вроде переезда. Сперва дедушка Давид жил вне моей головы, а теперь внутри нее.

— Хорошо сказано! — похвалил Фил.

— Да, — согласилась я, — но когда эта мысль впервые пришла мне в голову и я высказала ее вслух, на меня рассердились и отправили к доктору Блуму. Потому что тогда я жила только у себя в голове. Но теперь дедушка Давид живет еще и в книге, которую я пишу.

— Ну разве это смерть? — сказал Фил. — Может, твоему дедушке стоит как-нибудь погонять шары с моим дедом?

— После смерти люди становятся тебе ближе, чем при жизни, потому что... Это трудно объяснить. Бейтел вот понимает. Ты вдруг можешь сказать им все что угодно, потому что они больше не могут на тебя разозлиться. Они ведь мертвые. И теперь кажутся такими милыми, что тебе хочется, чтобы они ожили и можно было бы им признаться, как сильно ты их любишь. Вот как-то так.

Я взглянула на сороку, которая выщипывала поролон из седла велосипеда. Мимо проехала машина, из окна неслась песня Адель — To Make You Feel My Love. Так все и было, клянусь. А песню эту написал Дилан, Боб Дилан, старый певец, в честь которого и назвали моего Дилана.

Интеграция из-под палки — преступление против человечества

16 июля, четверг, 14:22

Фил ушел домой так же неожиданно, как и пришел: нырнув под развешенные после купания полотенца. Глупо, что я не расспросила его побольше о Донни. Но нам слишком славно беседовалось о других вещах. Вокруг никого еще не было. Ни Донни, ни Бейтела, ни Дилана. Возможно, они занимались чем-то, что считали неподходящим для девочек. Вроде спуска на каяке по бурному потоку. Шопенгауэр сказал: «Человек может быть всецело самим собою, лишь пока он один; кто не любит одиночества — тот не любит свободы, ибо лишь в одиночестве можно быть свободным».

Дай пять.

Не понимаю, почему люди так любят жить скученно. А если они живут не скученно, то ищут случая скучиться: в выходные, в отпуске. Они не ищут одиночества, они ищут толпу: в День короля, на художественной ярмарке, в парках с аттракционами, в морском купании на Новый год, они обожают четырехдневные пешие марши*, Неймегенский четырехдневный марш, шестидневный пляжный поход, блин, Дрентский пятидневный велопробег. И на всех участниках футболки и кепки с рекламой банков и страховых компаний, и эти футболки с кепками они сами покупают, платят за них деньги! Хотя надо бы наоборот — чтобы им платили, ведь они рекламируют эти банки! Но эти участники — такие придурки, что им до такого не додуматься. А придурок, расхаживающий в футболке с твоим логотипом, — это, конечно, не лучшая реклама. Да, ведь есть еще дэнс-фестивали, где музыка играет так громко, что ты вынужден кричать, как идиот, когда хочешь сказать кому-нибудь ласковые слова. И от крика физиономия у тебя страшно напрягается и краснеет, так что кажется, будто ты злишься. А услышать, что ты там говоришь, все равно невозможно, так что окружающие видят только твою кривую морду и им хочется по ней съездить. По-моему, на танцах вообще невозможно завести знакомство.

Я читала, что в Нидерландах на одном квадратном километре проживает четыреста человек. Так

* В Нидерландах многие города в середине лета организуют массовые пешие марши: четыре вечера подряд участники совместно преодолевают заранее выбранное расстояние: 5, 7,5, 10 или 15 км.

сколько же метров приходится на одного человека? В арифметике я не сильна. Но немножко прикинуть не помешает.

Четыреста человек на квадратный километр — это значит, что на человека приходится $^1/_{400}$ квадратного километра. Молодец, Салли Мо. Но сколько это квадратных метров? Какая примерно часть футбольного поля (чтобы лучше себе представить)? Начнем с того, что один квадратный километр равен миллиону квадратных метров. Сразу возникают сомнения: неужели так много? Да-да, так много. И тогда получается, что на одного жителя Нидерландов приходится 2 500 квадратных метров земли. Половина футбольного поля.

Мы с мамой живем вполне просторно. Возможно, все потому, что папа регулярно платит алименты. Но мы с мамой живем на площади в одну четверть от этой половины футбольного поля, да еще и вдвоем. Значит, каждая из нас живет на одной шестнадцатой. А что там с людьми в городских многоэтажках? Если у тебя квартира в восемьдесят квадратных метров, а дом десятиэтажный, ты занимаешь в среднем восемь квадратных метров земли, но в одной квартире часто живет по два человека или больше. До сих пор я учитывала только людей, живущих на суше, а ведь уйма народу обитает в жилых баржах на воде.

Сосчитав, я поняла, что в Нидерландах хватит места для населения в восемь раз большего, чем теперь. Для 136 миллионов. И у всех будет такой же дом и сад, как у нас. И все будут жить по одному. Вычтем сколько-то квадратных метров, требующихся под поля для гольфа, леса, вересковые пустоши. И еще людей нельзя селить слишком близко от ветряных мельниц и атомных электростанций. Значит, для 130 миллионов! Но люди не хотят жить по одному, они съезжаются вместе, так что в эти квартиры поместится еще столько же жителей: итого для 260 миллионов! А эти нахалы говорят, что Нидерланды перенаселены! Во время четырехдневного велопробега в Дренте остальные одиннадцать провинций вообще пустеют.

Можно сколько угодно размышлять, когда нечего делать. А писать о том, о чем думаешь, намного приятнее, чем о том, что с тобой происходит. Мыслям можно задать направление, а событиям — нет. Вообще-то, мысли тоже порой не слушаются — когда какие-нибудь типчики вроде Дилана без конца то запрыгивают тебе в голову, то из нее выпрыгивают. Так вот, когда он ненадолго выпрыгнул, я сосчитала, что Нидерланды запросто могут принять 243 миллиона беженцев и что все они при этом будут жить в классных домиках с садом.

И им совершенно не надо будет интегрироваться! В смысле, беженцам. Я совершенно точно знаю, что интеграция — плохая затея. Знаю с тех пор, как меня саму заставили интегрироваться. Это же так невежливо: тебе дико хреново в твоей собственной стране, так что добро пожаловать в мою страну. Но сначала соизволь стать точно таким же, как я. И соизволь называть своих детей Герт, Марин и Дональд*. Донни. Ни в какие ворота! Когда ты приглашаешь людей к себе в гости, а они вегетарианцы, ты же ведь не ставишь перед ними бифштексы с эскалопами?

От интеграции человек шизеет, мне кажется. Особенно когда это приходится делать во второй раз. В смысле, все свое детство человек только и делает, что интегрируется: ты заброшен в эту жизнь, и тебя с ходу начинают учить приспосабливаться к другим, вести себя как другие, думать как другие, и, если это получается и у тебя не остается собственных мыслей, тебе разрешают открыть рот. А если это не получается и у тебя остаются собственные мысли, и правительство боится этих мыслей и хочет посадить тебя в тюрьму или в психушку, и ты бежишь в другую страну... то тут тебе снова велят интегрироваться. Во второй раз. Как будто ты снова родишься на свет, но только рядом нет никого, кто тебя любит.

Если климат и правда изменяется, и Нидерланды превратятся в пустыню, и здесь не будет расти больше ни один корешок, и мне придется жить на чер-

---

* Намек на политиков, известных своими выступлениями против приема иммигрантов в своих странах: Герт Вилдерс в Нидерландах, Марин ле Пен во Франции, Дональд Трамп в США.

даке, потому что все остальное в доме дедушки Давида занесло песком, а из крана не будет течь вода, и ветряные мельницы не будут вращаться, и море превратится в пластиковый суп, а мои дети будут лежать и стонать от голода, останусь ли я тогда жить в Нидерландах? Если меня едва не убьет полицейский, когда я вместе с другими женщинами пойду штурмовать банки, потому что там, на верхнем этаже, еще есть вода, еда, икра и шампанское? Нет, я посажу всех своих детей в кузов моего грузового велосипеда, и спустя несколько месяцев мы доберемся до какой-нибудь страны, где достаточно еды и воды. Из-за изменения климата тамошняя пустыня превратилась в плодородную землю, и люди там милейшие и готовы пустить нас к себе жить. Но я должна интегрироваться, должна освоить язык и изучить историю этой страны. И мои дочери, выходя на улицу, должны надевать платья до пят и прикрывать все лицо, кроме глаз. И мне будет запрещено голосовать.

Смирюсь ли я с этим? Люди в той стране живут так уже тысячу лет и ни о чем другом не мечтают. У них все в порядке, они счастливы. А я — нет. Но если я не интегрируюсь, не сдам моего экзамена по основам языка и культуры, то меня пошлют обратно в нидерландскую пустыню. Ради своих детей я до этого не доведу. Поэтому я сделаю вид, будто интегрируюсь. То есть останусь одним человеком, а изображать буду другого. Всю оставшуюся жизнь.

Это и есть шизофрения. А ведь именно так затрахивают всех, кто ищет в Нидерландах политического убежища, по-настоящему затрахивают.

Блин, Дилан, ну где же ты?

Дедушка Давид много путешествовал. Самым красивым местом на земле считал Нью-Йорк. Потому что там собран весь мир.

— Знаешь, Салли Мо, там прямо не веришь своим глазам, — рассказывал он, — сделав один шаг, попадаешь из Италии в Китай, из Ирландии в Пуэрто-Рико, честное слово, пересек улицу — и пришел из Маленькой Италии в Чайнатаун.

И самое главное, рассказывал дедушка Давид, что китайцы остались китайцами, а итальянцы итальянцами. С какой стати им превращаться в американцев? Стопроцентных американцев все равно нет, разве что индейцы, но их в свое время истребили. Стопроцентных голландцев тоже нет, разве что комары, роившиеся здесь раньше в болотах. В Нью-Йорке разные национальности живут раздельно, почти не замечая друг друга. И никаких проблем. Примерно как марсианчики и маленькие венерианки, которые уже много веков ходят по земле незаметно для нас. И как я сама. И никто от этого не страдает.

Если смысл нашего пребывания на земле в том, чтобы мы были счастливы, то я бы сказала: не интегрируйтесь! Представьте себе, что в Нидерландах за пять минут можно пройти от Маленькой Сирии до Польской деревни, а потом на паромчике переправиться в Мароккотаун, а там на трамвае добраться до Суринама и на автобусе до Турции. И повсюду люди живут так, как им хочется жить. И мы можем познакомиться со всеми культурами с расстояния вытянутой руки. Какая бы у нас была чудесная страна! Как расцвел бы туризм! Но если китайские поэты, приехав в Нидерланды, должны стать нидерландскими поэтами... Даже подумать страшно. Тогда всему конец.

Слушай, Дилан! У меня есть для тебя вопрос: «Что хуже? Пожизненное заключение или смертная казнь?» — «А я заслужил смертную казнь, Салли Мо? Я сделал что-то ужасное?»

Я слышу его голос у себя в голове. Это разговор, который состоится, когда он наконец-то вернется из этого чертова бункера. Если бункер еще не обрушился и Дилан не лежит, погребенный под бетонными обломками. А Джеки под Диланом.

— Да нет, это же не по-настоящему.

— Тогда лучше гильотина, а то мне придется пожизненно думать о содеянном.

В моем воображении мы с ним сидим на тех же мостках, где и год назад. Он очень хорошо выглядит, этот Дилан.

— А по мне, так лучше пожизненное заключение, — говорю я, — я ведь и так всю жизнь жила в тюрьме, только наизнанку. Я не хотела вылезать из заключения. И никто меня не посещал. И если получишь пожизненное заключение, то за хорошее поведение тебе наверняка немного скостят срок, и в семьдесят четыре меня выпустят — идеальный возраст, чтобы выйти за тебя замуж.

— За меня, Салли Мо?

Самое замечательное в воображаемых разговорах — это то, что в них говоришь все что хочешь, не боясь.

— Но ведь я к тому времени уже буду обезглавлен!

И мы целуемся вовсю. Но вот беда: я видела Дилана уже без головы и поэтому, целуя, все время промахивалась. Я бы без головы выглядела намного лучше, а Дилан нет.

Сестрица Салли Мо, ты высоко сидишь, далеко глядишь, видишь ли ты кого-нибудь? Да, сюда приближается человек, вон он, за деревьями. Не мой ли это дружок Дилан, мой принц на белом коне, мой спаситель, моя любовь, мое будущее? Он хмурится. Это хорошая новость.

Ты таким уродом на свет появился или стал постепенно?

16 июля, четверг, 17:19

Я видима. Полностью. Совершенно. С головы до пят. Голая. Как кролик, с которого сняли шкуру. Все напоказ. И все всё видели. Йес! Это ужасно и прекрасно — стоять вот так, когда в тебя впились взгляды двенадцати глаз, словно рентгеновские лучи. Хотя большинство взглядов не проникали дальше моей оболочки. Но это неважно, потому что у меня... назначено... свидание... с Диланом! Это правда, чистая правда! Моя книга приближается к развязке. Я знала, я знала, я знала. Еще пять часов — и вперед! Ровно в пол-одиннадцатого мы тихонько вылезем из своих палаток! Пойдем «цветущею тропой утех» — в «Гамлете» это так называется. Доктор Блум мною бы гордился. У меня свидание!

Полчаса назад мы вместе вышли из бункера. Мы дотащили мопед по рыхлому песку до велодорожки и проводили взглядом Бейтела, который исчез за деревьями на бешеной скорости. Так что подаренный Джеки шарф развевался на ветру.

— Что хуже, Салли Мо, — спросил Дилан, — умереть после славно прожитой жизни или после бездарной?

— По-моему, то и другое неплохо, — сказала я, — после славно прожитой жизни ты благодарен за то, что выпало на твою долю, а после бездарной жизни — что все позади.

— Это не по правилам, Салли Мо, — возразил Дилан, — надо выбрать что-то одно. Если ты живешь славно, то тебе, по-моему, хочется жить и жить дальше. И ты не испытываешь никакой благодарности, когда жизнь вдруг хоп — и заканчивается.

— Хочется получить от жизни еще больше?

— Именно, — сказал Дилан.

— Это жадность, Дилан. Нехорошее свойство.

— Блин, Салли Мо, представь себе, что ты счастлива и тебе четырнадцать или там тринадцать лет.

— Ладно, я об этом подумаю, Дилан, это хороший вопрос. Вообще-то, я знаю, как хочу умереть.

— И как же, Салли Мо?

— Раствориться, как шипучая таблетка подсластителя в стакане горячего чая. Именно в стакане, а не в чашке, чтобы было видно, как я булькаю и исчезаю. А когда исчезну совсем, то для других жизнь станет слаще.

После этих моих слов Дилан спросил, не хочу ли я пойти погулять с ним ночью. Он назначил мне свидание! Осталось четыре с половиной часа. Пойду куплю что-нибудь в деревенском магазине. Лосося, что ли? И две вилочки, чтобы пальцы не зажирились. И еще бутылку сидра и два стеклянных бокала, не картонных и не пластиковых стаканчика. И мы выстрелим пробкой из бутылки на вершине дюны, и пробка полетит прямо в небо. У горизонта небо будет чуть розовое, а выше будет стыть бледная луна. Ну и колотун!

Началось с того, что Дилан в середине дня прибежал к моей палатке, весь красный, запыхавшийся, с испуганным лицом:

— Иди скорее, Салли Мо. У Донни в руках ружье, и он сошел с ума. А может, он всегда был отъехавший, но раньше мы не замечали.

— Тогда я лучше останусь здесь.

— Но там Бейтел.

— В бункере?

Дилан кивнул:

— Донни учит его езде на мопеде.

— Охренеть, ему же всего восемь лет!

— И его учат воровать.

— Кто? Донни?

— Джеки. Там творятся нехорошие вещи. И еще я пришел за какой-то газетой, протестантской, что ли, где напечатана статья про Джеки и близнецов, надо взять ее с собой.

Длинное получилось предложение. Для Дилана.

— Вот, — сказала я и отдала ему газету, — прочитаешь по дороге, а я буду тебя толкать в нужную сторону. А здесь, — я показала ему местную газетенку, — статья про украденный мопед. С фотографией сарая.

Вот бы вместе с нами к бункеру сейчас отправился и Фил, но это было невозможно. Мы тронулись в путь, Дилан попытался читать, но я хотела сначала выяснить, что он учинил в бункере.

— Ты там был всю ночь?

— Мда.

— Ну и как?

— Тупо.

— Что там происходило?

— Ничего.

— Поэтому и тупо?

На последний вопрос он не ответил, и я больше не мешала ему читать. И так трудное для него занятие, потому что мы уже не шли, а крались. Первое, что он спросил, относилось к фотографии:

— Это просто так сарай или тот сарай, у которого стоял мопед?

Я и сама хотела бы это знать.

Затем он прочитал вторую статью и спросил:

— Елки-палки, какой анонимный информатор мог все это рассказать газетчикам?

— Сначала подумай, кто мог написать эту статью.

— Окей.

— Ну и?

— Понятия не имею.

— Но как ты думаешь?

— Я никого не знаю, кто пишет для протестантской газеты.

— Еще как знаешь.

— Отец Бейтела?

— Думай-думай, сколько у тебя знакомых журналистов?

— Нисколько. Только этот Фил.

— Значит?

— Не может быть! Грязная крыса!

— Фил хороший, клянусь, но его убедили, что написать обо всем — благое дело.

— Кто его убедил?

— Анонимный информатор.

— Откуда ты знаешь?

— Фил сам мне рассказал.

— Значит, ты знаешь и...

— Знаю.

— Так кто?

— Отгадай с трех раз.

— Нет!

— Да.

— Донни?

— Наш демократически избранный диктатор.

— Это Фил тебе рассказал?

Я приложила руку к сердцу и кивнула.

— У тебя с ним роман?

Для человека, который крадется, Дилан вдруг заговорил слишком громко.

— Да ты что, — сказала я, — блин, Дилан, он же на двадцать лет старше меня!

— С моим отцом было то же самое, — сказал Дилан.

Потом все завертелось с бешеной скоростью. Все часы мира продолжали себе тикать как ни в чем не бывало, все одинаково. Не понимаю, в чем здесь прикол, но они себе тикают и тикают, а вот в книгах времени не существует. Стоит написать «через месяц» — и сразу проходит месяц. А если «за пять минут она рассказала обо всех событиях того дня в бункере» — то мне больше ничего не надо писать. Но я еще даже не начала. Чтобы успеть изложить на бумаге все, что сегодня происходило до того, как Дилан появился у моей палатки с букетом красных роз, надо поторапливаться.

Мы постучались в дверцу бункера, и Джеки нам открыла. Костяшка домино, дубль 1-1: лицо бледное, ни кровинки, и черные как уголь глаза. Черные бездонные скважины. Так она выглядела. В руке она держала пакет молока. Следовало бы уделить больше внимания развитию характеров, но сейчас некогда. Так, еще же надо почаще описывать погоду: по-прежнему светило солнце, но над морем нависли тучи. Говорят, острова всегда окружены тучами.

Кончай тормозить, клуша!

Здесь было не только молоко, но и кола, и чипсы, и хлеб и колбаса, здесь горели свечи, мне бросились в глаза две игровые приставки гейм-бой, а посередине бункера стоял мопед. С огромной велосипедной сумкой, свисающей с багажника по обе стороны. Все продумано. Он стоял на подножке в песке, а Бейтел сидел на седле. А собака — на багажнике.

— Газуй! — сказал Донни.

В руке у него было ружье, и каждый его жест сопровождался движением ружья.

Бейтел изображал, что он газует. Он весь сиял.

— Смотри, Салли Мо, как я умею! Донни меня научил! Теперь я могу один поехать в деревню.

Я поняла, что Дилан прав: Донни сошел с ума. Ведь Бейтелу восемь лет! И он не от мира сего. Но Донни, наверное, тоже. Наверное, мы все не от мира сего. И живем каждый в своей вселенной. И только отражаемся в гранях зеркального шара, как на дискотеке. И называем этот шар реальным миром — а на самом деле он пуст.

Вперед, Салли Мо, пора действовать!

Бакс и Никель стояли у мопеда, ощупывали все его детали и ныли, что тоже хотят на нем посидеть.

— Ты же говорил, что если мы проголосуем за тебя и ты станешь главным, то разрешишь нам выходить на улицу?

— Мы умеем рулить лучше, чем он!

— И мы лучше газуем!

— И гораздо лучше умеем воровать.

— А он хочет, чтобы звери платили, это нечестно!

Вокруг них валялись крошки чипсов, слова близнецов сопровождались громкой отрыжкой от колы — такой звук, словно это рушатся банки.

Донни направил ружье на Дилана:

— Ты принес газеты?

— Салли Мо их уже купила.

— Купила?

— Да, — сказал Дилан, ты же знаешь, за то, что ты хочешь приобрести, надо платить.

— Все, что нам нужно, можно подобрать на улице.

— Мы не воруем, — сказал Дилан.

— Тогда пора вам этому научиться, — сказал Донни, — потому что Джеки точно нельзя выходить на улицу, близнецам я не доверяю, а Бейтел пока еще не умеет, так что это работа для вас.

— Но почему Бейтел сидит на мопеде?

— Я же говорю, он учится, — сказал Донни.

Бейтел кивнул с суровым видом.

— А ты сам, — спросила я, — ты украл эту еду и все остальное или заплатил из полученного аванса?

Донни злобно зыркнул на меня и направил ружье в мою сторону.

— Аванс был ерундовский, тридцать евро, а мопед я подбрил.

— Я его подбрила, — заявила Джеки.

— Я не могу отсюда уйти, — сказал Донни, — потому что тогда не буду знать, что здесь происходит, и утрачу контроль. Лидер должен быть вне подозрений. Возможно, в ближайшем будущем мне надо будет кое с кем вести переговоры о наших планах. Для этого лучше не иметь судимости.

Он жестом велел Дилану отдать ему газеты, и Дилан отдал. Первым делом Донни просмотрел местную газетенку.

— По-моему, это другой сарай, — пожал он плечами и показал фотографию Джеки. — Ведь это не тот сарай, у которого стоял мопед?

Джеки помотала головой и допила молоко из пакета. Донни вслух прочитал заметку.

— Теперь понимаете, почему Джеки нельзя высовывать нос из бункера? — сказал он. — Весь остров прячется в кустах, чтобы ее выследить. Так что...

Он направил ружье сначала на Дилана, потом на меня и посмотрел на нас взглядом пресыщенного римского императора.

— Эй вы!

Один из близнецов спихнул Бейтела с мопеда, и второй запрыгнул на седло.

— А-а-ай!

Брат Монах укусил его за руку выше локтя и стянул на песок. Рядом с Бейтелом. Бейтел вскочил и залез обратно на мопед.

— Слушайте все! — закричал Донни и начал читать вслух большую статью.

Все слушали молча или делали вид, что слушали, или даже не делали вида. Мы с Диланом уже знали эту историю, Бейтел сидел, держась за руль, и блаженно смотрел вдаль. Если приглядеться, было видно, что волосы его развеваются на ветру. Бакс и Никель тыкали друг другу в глаза горящими свечами и очень веселились. Слушала только Джеки. Молча. До пояснений психолога насчет открыток.

— Я писала их на колене, — сказала она, — здесь, на песке, поэтому у меня изменился почерк. Шифровка «С.О.С.» — случайность. Текст я сама выдумала. И сама поставила под ним крестики. Для этих мелких и крестики-то нарисовать пока слишком трудно.

Донни читал дальше, и двое мелких, как выяснилось, все-таки тоже слушали. Потому что в конце, где отец обещает сто тысяч евро за наводку, они принялись кричать:

— Я хочу рассказать папе, где мы находимся!

— Нет, это я ему расскажу!

— И тогда я получу сто тысяч евро!

— Нет, я!

— Слушай, Донни, можно я ненадолго выйду на улицу с твоим мобильником?

— Нет, я!

— Я тебе дам десять тысяч евро!

— Тогда у меня останется еще девяносто тысяч!

— Нет, у меня!

Джеки заорала. Она даже не орала, она рычала, так громко, как будто это черт водил смычком по ее сердцу. Глаза и рот распахнулись у нее во всю ширь, и я знала точно: она их уже никогда не закроет. Она ни на кого не смотрела — по крайней мере, ни на кого в бункере — и рычала, пока у нее хватало дыхания. А именно целую вечность. Или две вечности. Затем закрыла лицо руками и прошептала:

— Я хотела жить честной жизнью. Я думала, это возможно, что на свете есть место, где это возможно, что я нашла такое место. Но повсюду одна лишь ложь.

Она не плакала.

«То, что во мне, правдивей, чем игра», — говорит Гамлет. То же самое и в Джеки. И во мне. Мне хотелось рассказать ей про дом дедушки Давида, с книгами и картинами. В смысле, она пытается убежать от мира, а мне, наоборот, велено войти в мир, и мне это очень тяжело дается. И мне предстоит еще выяснить, стоит ли в него входить. Тогда я еще не знала насчет Дилана, что у нас с ним будет. Джеки может пожить какое-то время в этом доме. В моем доме. В саду уйма птиц, иногда туда забегают кошки, и больше там нет никого. И никогда не будет.

— Все-все врут, — сказала Джеки.

Близнецы покатились со смеху:

— Кто бы говорил!

— Она заманила нас сюда с помощью вранья!

— Сначала заманила в трамвай.

— Потом на поезд.

— Потом на паром.

— А потом в бункер.

— И все время врала.

— Врала!

— Самая большая врунья во вселенной!

— Это она в маму такая.

Джеки никак не реагировала. Глаза у нее были широко открыты, а рот закрыт и открываться не собирался. До самого вечера она не произнесла ничего. Я подумала, что, может быть, она сходит с ума. Или притворяется. Чтобы убежать от мира. Она не могла сейчас говорить такими же красивыми словами, какими говорил Гамлет, ведь у Джеки не было Шекспира, который написал бы их для нее. Вот она и молчала. Но зато происходило ох как много всего. Донни, видимо, тоже почувствовал, что у нее иссякли все силы. Направил на нее ружье и приказал:

— Раздевайся!

Он говорил совершенно серьезно.

Наше детское государство за один день полностью прекратило свое существование, происходящее относилось к категории 18+.

— Ты охренел? — сказала я Донни. — Это ты таким уродом на свет появился или стал постепенно?

Он медленно обернулся и направил ружье на меня. Думаю, в этот миг мне и пришла в голову мысль. Мысль сделать то, что я решила сделать.

— Вы ничего не понимаете, — сказал Донни, — а уж от тебя, Салли Мо, я такого не ожидал. Ты знаешь классическую литературу, знаешь Библию, что там еще. Считай, что это жертва, вроде того, как Авраам был готов принести в жертву Богу своего сына.

БАБЛО НИКОГО НЕ СПАСЛО, И БОГ НИКОМУ НЕ ПОМОГ. Я никогда в жизни так не нервничала, как в тот момент. Из-за того, что я решила сделать. Донни, стоявший рядом с Джеки, приложил дуло ей ко лбу.

— Это я тот информатор, который говорил с журналистами, — сообщил он, — и я рассказал им куда больше, чем написано в газете. В том числе где вас можно найти и где находится бункер. Фил об этом знает давным-давно. Более того, он уже написал статью, в которой об этом рассказывается. И еще более того... — он достал из кармана мобильник и поднял его вверх, — файл со статьей находится здесь, в моей почте, готовый отправиться во все большие газеты и в полицию. Стоит мне нажать на кнопочку — и через пятнадцать минут все будут здесь, у входа в бункер. Я это могу. Это в моей власти. Стоит мне шевельнуть пальцем... мизинцем...

— Ты вне зоны, — сказал Дилан.

— На улице я в зоне, — возразил Донни, — а я легко могу выйти на улицу, в отличие от некоторых! — Он направил ружье на Дилана. — Но дело не во власти, дело в повиновении. Без повиновения наш план обречен на неудачу. Но мы этого не хотим, так ведь? Этого ведь здесь никто не хочет? Ведь у нас грандиозные планы, и мы их выполним! Но для этого вы должны делать то, что я говорю, иначе ничего не выйдет. Джеки должна показать, что такое повиновение. Показать всем пример. Давай, Джеки, да или нет?

Дуло ружья опять смотрело на Джеки.

— Власть — что вода морская, Донни, — сказала я, — чем больше пьешь, тем больше хочется.

— Узнаю тебя, Салли Мо, — ответил Донни с улыбкой, занимавшей промежуточное положение между пожизненным заключением и смертной казнью, — узнаю тебя. — И с той же улыбкой он снова посмотрел на Джеки: — И что ты выбираешь? На минуту-другую раздеться или чтобы я нажал на кнопку, так что сюда примчатся полицейские с наручниками, потом две ночи в полицейском участке, а там и домой к папочке?

Джеки встала и начала раздеваться.

Бейтел по-прежнему с блаженным лицом смотрел вдаль, крепко держась за руль мопеда. В мыслях он мчался вдоль моря или по какому-нибудь мототреку с Братом Монахом в корзине на багажнике. Близнецы подползли поближе к Джеки, держа в руках по две свечи каждый, чтобы получше рассмотреть, как гиены в мультфильме — рот до ушей. Джеки попыталась снять брюки так, чтобы вместе с ними не стянуть трусы. Она не сводила глаз с Донни в надежде услышать, что уже достаточно, что она уже доказала свою покорность. Подобно тому как Бог в последний момент остановил Авраама, сказав, что не надо убивать сына. Но Донни молчал. Стоя на одной ноге, она стаскивала с другой штанину, и тут упала.

В этот момент у Дилана в голове сверкнула молния. Он подбежал к Донни и стал его душить. Донни ударил его прикладом по затылку. Оба рухнули на песок, и я увидела, что шансы у Дилана равны нулю, что Донни бьет его наотмашь. Близнецам это понравилось еще больше, чем стриптиз. Они освещали дерущихся и в две глотки кричали «ура». Бейтел плакал, сидя в седле и прижимая к глазам медведя. Собака поставила передние лапы на его вздрагивающие плечи. Джеки старалась вытащить ружье из-под Донни с Диланом.

Вот тут-то я это и сделала.

Почему?

Тысяча причин.

И все реальные.

Потому-то я это и сделала.

Я уже совершенно не нервничала. Быть или не быть. Я сняла с себя всю-всю одежду, встала во весь рост, раскинув руки, и громко крикнула:

— Эй, вы!

Я сняла даже очки. Так что ни хрена не видела, зато услышала, как стало тихо. Изумительно тихо. Никто больше не кричал, никто не плакал, никто не дрался. Все только смотрели. Как я уже писала: я была видима. Полностью. Совершенно. С головы до пят. Голая. Как кролик, с которого сняли шкуру. Девочка, которая хочет все уладить. Это было ужасно и прекрасно разом.

Произойти могло что угодно. Донни мог меня избить, мог изнасиловать или пристрелить к чертовой матери. Но на деле произошло следующее: Бакс и Никель поднесли свечки как можно ближе к моему торсу и принялись громко хохотать.

— Первобытный лес! — закричал один. Он смотрел на мои лобковые волосы.

— И в нем живут динозавры! — закричал другой.

— И бронтозавры!

— И стегозавры!

— Где стегозавры?

Братья едва не тыкались в меня своими носами.

— Куда-то вдруг убежали!

— Куда?

— А-а, я понял, это трах-трах-завры!

Когда-то я прочитала такую фразу: «Каждая женщина хотя бы раз в жизни бывает дивно красивой. И, как правило, в нужный момент». Тогда, прочитав это, я не поверила, но теперь, когда я стояла, обнаженная, в центре мира, у всех на виду, я знала, что это правда. Это был мой миг.

Я сделала шаг к Дилану и спросила обеспокоенно:

— Ты как?

— Нормально, — сказал Дилан, — а ты?

Он встал, взял спальный мешок, набросил мне на плечи.

— Ты обалденная, — прошептал он.

И надел мне на нос очки. Я хотела спросить, что именно он считает обалденным: то, что я сделала, или то, как я выгляжу? Однако тогда ему пришлось бы отвечать, а при каждом слове у него изо рта вытекала струйка крови — чего мне совсем не хотелось видеть. Дилан же ничего не замечал. Его правый глаз начал жутко опухать и заплывать, а он стоял передо мной и улыбался во весь рот. У одного человека в детстве два дня был прыщик на подбородке, и от этого до самой смерти осталась психологическая травма. А другого три раза расстреливали и четыре раза душили, но он танцует по жизни как миленький. У меня самой не было детства. И всем того же желаю — в смысле, это мне кажется лучшим для всех.

Так, не отвлекаюсь. Продолжаю рассказ.

Дилан весь сиял от гордости. От гордости за меня. Знаю точно. В бункере многое изменилось. Бейтел смотрел на меня так, словно погружался в теплую ванну, и прижимал медведя к сердцу. Донни тоже разглядывал меня совсем другими глазами. Джеки забралась в угол и сидела там с ружьем, направленным на Донни. И вдруг в помещение хлынул дневной свет.

— Бежим! — крикнул первый близнец.

— Свобода! — завопил второй.

Они как две змейки скользнули через дверцу наружу и покатились с дюны вниз.

— Не дайте им уйти! — заорал Донни.

Он вскочил и бросился к выходу. Джеки выстрелила.

— Черт побери! — взвыл Донни и схватился за нос.

Между пальцами его руки потекла кровь. Он сел и принялся слизывать ее с ладони. Хотя рана была совсем маленькая, кровь текла рекой.

— Ух, блин, напиться хочется, — сказал он. — Бейтел, езжай в деревню, купи мне бутылку джина и два тоника. И сигарет.

— Ты мне разрешаешь? — воскликнул Бейтел. — Ты мне правда разрешаешь?

— Я тебе велю, — сказал Донни.

— Тебя никто не может заставить, совершенно никто, — вмешался Дилан. — Лучше никуда не езди.

— Почему? — отозвался Бейтел. — Я могу съездить в деревню, я же умею ездить на мопеде.

Он слез с седла и потащил мопед по песку к выходу. Казалось, эта махина в дверь не пролезет. Но ведь как-то его сюда закатили. Собака сидела выпрямившись на багажнике. Ей пришлось наклонить голову.

— Подожди, Бейтел, — сказал Дилан, — пока Донни меня лупцевал, я кое-что придумал.

Бейтел остановился.

— В тот момент я подумал, — продолжал Дилан, — а что, если притвориться, что мы похитили

Джеки с братьями. Мы попросим Фила, с которым дружит Салли Мо, а как выяснилось, и Донни, — так вот, мы попросим Фила написать у себя в газете, что он получил письмо от похитителей, которые требуют выкупа.

Все молчали.

— А теперь спросите у меня, сколько мы запросим, — предложил Дилан, — потому что в этом вся соль.

— Сколько? — спросила я.

— Сто тысяч евро, обещанные за наводку, — это просто семечки, — сказал Дилан, — а мы затребуем миллион. Эти деньги отец Джеки украл у простых людей, и пускай-ка он их отдаст. Обратно людям. Потому что если мы эти деньги получим, то позаботимся о том, чтобы их поделили честно между теми, кого обманул отец Джеки. Что скажете?

Я взглянула на Джеки, но она смотрела куда-то вдаль. Нет, наоборот, она смотрела внутрь собственной головы. Наш мир она уже покинула.

— Можно мы с медведем поедем на мопеде? — спросил Бейтел.

А мне, мне больше всего хотелось, чтобы все закончилось, вся эта кутерьма. Я надеялась, что Бакс и Никель ходят по деревне и громко кричат, что их наконец-то выпустили, что они долго сидели в бункере и теперь охотно покажут полиции, где находится их логово, если их после этого вернут папе.

Ну и что — пусть полиция выдаст им сто тысяч наличными, и пусть тогда все приключение закончится. Мне этого хотелось уже только потому, что неохота было писать о таких делах, как выкуп.

Донни вообще больше ничего не хотел. За десять минут он проделал путь от князя до грязи и теперь сидел и курил как сумасшедший. Он всасывал дым с такой силой, что мне казалось, еще немножко — и сигареты из пачки одна за другой будут влетать ему в глотку, а потом у нас на глазах спускаться вниз по кишкам. Так что огонек на конце сигарет будет просвечивать через его кожу, и в итоге его жопа начнет извергать адский огонь. Конец Царства Божия на земле, с дьявола сорвали маску.

— Это я просто так предложил, — закончил Дилан. — Но если вы согласны, то нам надо как можно скорее вернуть сюда Бакса с Никелем.

— Мне надо подумать, — сказала я.

— Мне надо напиться, — простонал Донни.

— Значит, нет, — подытожил Дилан.

— Я наконец поеду в деревню, — сказал Бейтел.

Я начала одеваться, ужасно неуклюже. Вдруг ужасно застеснялась и одевалась под спальным мешком.

— Прошу тебя, Бейтел, — сказал Дилан, — пожалуйста, не воруй.

— Мы не будем воровать, — ответил Бейтел, — мы никогда не воруем. Мы подождем, когда магазины закроются, и тогда возьмем все, что нам надо, и заплатим. А утром продавец найдет на прилавке деньги и очень удивится.

— Животные всегда честные, — подтвердила я.

Бейтел кивнул.

— Но достаточно ли они хорошо умеют считать?

— Я им помогу, — сказал Бейтел. — Мы пойдем в деревню большой толпой. Там будет тихо-тихо. Я пойду впереди, потому что я принц. Бобры прогрызут дырку в двери магазина, и я велю им заплатить за эту дверь. «Мы всегда так делаем», — скажут бобры. «Я знаю, — отвечаю я им, — но я хочу, чтобы вы не забыли оставить деньги и в этот раз». Вот как у нас будет.

— Но магазины закроются не так уж скоро, — сказал Дилан.

— Звери никуда не торопятся, — ответил Бейтел.

— Зато я тороплюсь, — заявил Донни.

Если Бейтел способен выдумать себе целую толпу зверей, размышляла я, то может же его старший брат выдумать себе хотя бы бутылку джина и две бутылки тоника. Но Донни не собирался ничего выдумывать, он помог Бейтелу протащить мопед через дверь. Просто чудо, что это удалось. Как корабль в бутылке.

— Пусть собака останется здесь, — сказал Донни.

— Но Брат Монах такой теплый, — ответил Бейтел, — а в лесу ночью холодно.

На миг ожила Джеки. Взяла шарф и бросила его мне. Не переставая целиться в Донни.

Я повязала шарф Бейтелу на шею:

— Ты ничего не обязан делать.

— Мы рады, что ты наша королева, Салли Мо, — ответил Бейтел.

— Я тоже рада.

Он спустился вместе с велосипедом с дюны. Брат Монах, поскуливая, подошел к Джеки и улегся рядом с ней.

— Мы тоже пойдем, — сказал Дилан.

Он объяснил, что должен довести меня до кемпинга, потому что обещал это моей маме. Самое чудесное вранье, которое я слышала в моей жизни. Я сразу же поняла, что теперь уж точно что-то будет. Между мной и Диланом. Кто захлопнет на этом месте, многое потеряет.

— Можно ли оставлять Джеки наедине с этим мудаком? — спросила я, когда мы вышли на воздух.

— Если он попробует тронуть ее хоть пальцем, она прострелит ему всю руку. Он сейчас пленник. В таком положении он вреда не причинит.

— А если он пошлет статью Фила в газеты?

Дилан достал из кармана мобильный телефон. Это был телефон Донни.

— Не получится, — сказал он. — Думаешь, я просто так позволил ему меня отмутузить? У меня были другие приоритеты.

Мой герой! Мне захотелось его поцеловать, но вместо этого я двинула ему в бок. Он понял, что на самом деле это поцелуй. Театрально упал на песок и скатился с дюны, а я — следом за ним. У подножия дюны мы помогли Бейтелу дотащить мопед по песку до велодорожки.

— Пошли с нами вместе в кемпинг, — сказала я.

— Нет, я хочу, чтобы все видели, что я умею ездить на мопеде.

— Все звери?

Бейтел кивнул.

— Ты точно не будешь воровать?

— Я же сказал, звери не воруют.

— Так что ты немножко покатаешься по лесу, навестишь своих зверей и, когда всем покажешь, как здорово ты ездишь, оставишь мопед у дерева и вернешься в кемпинг. Договорились?

— А вечером мы вместе пойдем на охоту за сокровищами, — пообещал Дилан.

Мы дошли до велодорожки. Бейтел сел на мопед, завел мотор, газанул и помчался прочь. От радости он издал победный клич. Я решила, что ничего страшного в этом нет, ведь на острове почти нет машин и ограничение скорости — тридцать километров в час.

Тут-то Дилан и спросил, что хуже: умереть после славно прожитой жизни или после бездарной? А я ответила, что хочу умереть как шипучая таблетка подсластителя в чае. И тогда Дилан предложил погулять с ним ночью. А потом мама Бейтела спросила:

— А где Бейтел?

Мы были уже в кемпинге.

— Вместе с Донни, — ответил Дилан.

— Как чудесно, — сказала мама Бейтела, — что мой большой мальчик заботится о братишке. Тогда мы можем прогуляться до деревни, правда, девушки?

Вот мы с Диланом и остались наедине среди палаток. В кино в такой момент один из двоих всегда спрашивает: пойдем еще немного выпьем, у меня в комнате? Это момент, когда стынет кровь в жилах, потому что от ответа зависит вся будущая жизнь. Но Дилан не предложил мне выпить кофе или «чего-нибудь покрепче».

Он сказал:

— Я дождусь Бейтела. Уверен, что он скоро появится, чтобы пойти искать сокровище.

Бейтел очень любит эту идиотскую охоту на сокровища в лесу, которую тут устраивают для детей каждую неделю. Я его понимаю, ведь он знает все тайны леса, даже под покровом ночи, он знает каждое дерево, каждую канавку, каждый камень, каждое гнездо, каждое дупло. В прошлом году он три раза участвовал в этой игре и все три — выиграл. Единственное, чего я не понимала, — это почему Дилан нырнул в свою палатку, а я в свою. Ведь ждать можно и вместе, в одной палатке. Но тогда, вероятно, оказалась бы уже ненужной наша ночная прогулка, а ее было бы жаль.

— Дилан, — сказала я, — когда тебе будет семьдесят пять, а мне семьдесят четыре и если ни у тебя, ни у меня не будет никого другого, мы тогда поженимся?

— Ладно, Салли Мо, ладно, — ответил Дилан.

И пошел к себе в палатку дожидаться Бейтела, а я пошла к себе в палатку размышлять, что хуже: умереть после абсолютно бездарно прожитой жизни или после славной. Но самое ужасное, разумеется, — это умереть незадолго до того, как твоя жизнь станет славной. Так что, когда я пойду сейчас в магазин, я, переходя улицу, посмотрю сначала налево, потом направо, а потом опять налево.

Единственная правильная улыбка в истории

16 июля, четверг, 20:41

Я это могу — писать лаконично, быстро и по делу. И вдобавок могу дьявольски быстро сделать покупки, испытать нечто здоровское и успеть принять душ. До прихода Дилана еще два с половиной часа. Вот что произошло.

Я сходила в магазин, купила все что нужно (никаких жирных пальцев на первом свидании) и на обратном пути наткнулась на наших мам. И Брандана. До сих пор я не слишком лестно отзывалась о человеческой породе — я всерьез думаю, что мы погибнем от гордыни, ожирения и тупости, как Римская империя, да и все остальные цивилизации. Сгинем от изобилия, при котором мы можем просто сидеть сложа руки. А через некоторое время и вовсе разучимся что-либо делать. Но иногда все представляется в менее мрачном свете. Мы впятером шли по деревне. На человечество мне было наплевать: впереди свидание с Диланом, возвышенное уже практически у меня в кармане. Мы шагали мимо кафе, из которого доносились обрывки громкой музыки. Это была не песня: ударник и гитаристы разыгрывались перед выступлением.

— Может, зайдем что-нибудь выпить? — предложила мама.

— Не рекомендую, — отозвался Брандан. — Здесь играют только рок-н-ролл и блюз шестидесятилетней давности.

Брандан был в парике и ковбойских сапогах.

Мне заходить туда тоже не хотелось, но мы все же зашли, сели за столик и заказали несколько бокалов вина и воды.

Я осмотрелась вокруг: все было хорошо. «Все» — значит и правда все. Все мироздание. Вселенная и гигантский океан, на волнах которого она колышется. И прекрасные пляжи на берегу этого океана. И звездное небо над ним. Я была младше всех в этом кафе, а обе мамы и Брандан — вдвое моложе других посетителей. Тем было по семьдесят четыре, клянусь: всем им сегодня исполнилось семьдесят четыре. Это были мужчины и женщины, у которых каждый день — день рождения. И они его праздновали. А кафе было еще древней. Казалось, оно выстроено из корабельных обломков и средневековых картин, стены потемнели от дыма древних курительных трубок. Мама и компания хотели было уйти после первого бокала, но я заявила им, что хочу остаться, возможно, навсегда, и они заказали по второму. Взрослые перемигнулись: а у Салли Мо неплохо идут дела! Музыканты заиграли.

Я немного разбираюсь в музыке, но никогда не видела, как ее играют вживую. Теперь, увидев, я знаю: любая музыка прекрасна, если тебе повезло присутствовать при ее создании. Музыканты играли блюз, который мне вообще-то не очень, но сегодня я его полюбила. Божечки мои! Группа состояла из четверых мужчин, и только один из них — басист — играл стоя. Ударник, певец, пианист — все сидели. Им было столько же лет, сколько и слушателям, ровно столько же. Ударник и басист играли вполне прилично, а пианист — просто обалденно. Он был похож на Уильяма Шекспира.

Я следила за его пальцами и думала: вот так бегали пальцы Шекспира, когда он писал. Шекспир изобрел первую печатную машинку — очень длинную и узкую клавиатуру, буквы и знаки препинания на ней стояли в один ряд. Когда пианисту незадолго до начала выступления понадобилось в туалет, он извинялся перед каждым, кого встречал на пути, даже если им не нужно было его пропускать. Шекспир печатал на своей машинке только после обеда, по утрам писал от руки и, прежде чем приступить к делу, извинялся перед бумагой. Потому что не был уверен, окажется ли написанное лучше, чем этот белый лист.

Вот так сидела я в том кафе и выдумывала все это и прямо кайфовала. Главным образом благодаря певцу. Таких, как он, я в жизни не видела. Певец был невероятно толст. Но это ему шло, ну то есть невозможно было представить, что он может быть не толстым. Он был индонезийцем. Его седые волосы спереди торчали во все стороны, а на затылке были стянуты в узел. Он не только пел, но и играл на гитаре. Сидел на табуретке, а гитара струнами вверх лежала у него на коленях. Так он на ней и играл, как на гуслях. Как будто у него почесывались ноги выше колен, и он водил по ним пальцами. Но самое прекрасное: рядом с табуреткой, на сцене, стояла тарелка с шестью горячими бутербродами. И каждый раз, когда он не пел и не играл, он брал с нее бутерброд и откусывал кусочек. Его внутренний хронометр работал превосходно: ни слова он не пропел с набитым ртом, ни ноты не пропустил, протягивая руку к тарелке. Вот так и надо, думала я, не до конца понимая, что именно надо. Он играл в группе, и это у него получалось идеально, в абсолютном слиянии с другими, и все же он был один. Он пел не для людей, он пел для музыки.

Мне захотелось танцевать. Голос певца взмывал высоко в небеса и падал в бездны ада, извергал пламя и ликовал, и я вдруг пустилась в пляс. Хотя и осталась при этом сидеть и не пошевелила даже пальцем. Мои ноги танцевали мысленно. Разве у ног есть мысли? У моих — да. Даже у пальцев ног и ногтей на них есть мысли. Мне хотелось всю оставшуюся жизнь смотреть на этого певца и слушать его. А когда кто-то из тех, кому сегодня исполнилось семьдесят четыре, проходил мимо нашего столика, он обязательно мне улыбался. Эти люди видели, что со мной творилось.

Я тоже их понимала. Они перешли черту. Мне вспомнился тот день дома у дедушки Давида, когда я вдруг поняла: на то, чтобы повзрослеть, уходит восемнадцать лет, и на то, чтобы умереть, тоже. Сегодня те люди в кафе начали умирать. Они стали свободными. Они уже ничего никому не были должны и пока еще могли позволить себе все. Не знаю, понимали ли они это сами, но я это видела. Они уже не хотели вернуть молодость, как наши мамы, и еще не стремились приблизить смерть, как дедушка Давид, — они вошли в тихие воды. И танцевали, как я, — будто спичка в коробке. Они были великолепны. Писать о счастье труднее, чем о несчастье, но я впервые почувствовала, что в душе я и вправду старушка, была такой с самого рождения, и это не моя выдумка. Я надеялась, что в кафе зайдет Бейтел. Он, пожалуй, еще старше меня, ему лет девяносто. Он бы решил, что попал в рай.

В перерыве мама сказала, что ей скучно и оставаться она не хочет. Да и мне хотелось уйти, потому что музыка меня слишком волновала. И мне хотелось к Дилану. И хотелось записать вот это — то, что пишу сейчас, потому что это важно. Я помахала певцу, но он не заметил. На его тарелке оставалось еще два бутерброда. Мы вышли на улицу, и взрослые позвали меня с собой ужинать. Моя мама спросила:

— Пойдешь с нами в ресторан? Качественный досуг, Салли Мо!

А я возьми да ответь:

— У меня свидание с Диланом.

Я никогда не говорю о подобных вещах при маме. Ну то есть мне, конечно, еще никто не назначал свиданий. И мы с мамой редко находимся в одном и том же месте.

Мама как завопит:

— Серьезно, Салли Мо, ты серьезно? Обалдеть! — Я видела, что она не шутит, а искренне за меня радуется. — Качественный досуг с Диланом, ему я не конкурентка. Супер, Салли Мо!

Она притянула меня к себе и поцеловала, при этом мы обе испытали глубокий шок. Шоковая терапия — нашим сердцам она определенно пошла на пользу.

— В это кафе его приглашать не стоит, — посоветовала мама Дилана, — а не то конец свиданию.

— Мы будем сидеть на вершине дюны, — сказала я.

— Правильно, — похвалил меня Брандан. — Окунитесь головами в море звезд, да так, чтобы от их блеска уши зачесались.

Все были в ударе.

— Я в это кафе потом с Бейтелом схожу, — сказала я, — ему здесь понравится.

— Ха! — усмехнулась мама Бейтела. — Да он все время будет хныкать, что тут подают бутерброды с ветчиной.

— Это он только вам такое говорит, — возразила я. — Других он понимает, даже если они едят ветчину.

— Ничего Бейтел не понимает.

Она очень старалась испортить мне настроение, но я ей не позволила.

— Бейтел все понимает, — сказала я, — поэтому с ним чувствуешь себя в безопасности. Бейтел — самое безопасное место на земле. Ему ничто не кажется странным. Бейтел бы точно понял, что пианист той группы на самом деле Шекспир.

— С каких это пор Бейтел знает, кто такой Шекспир? — удивилась его мама.

— С тех пор, как мы вместе стали читать «Гамлета».

— А... — только и протянула она.

Так я их и оставила, прямо посреди улицы. По дороге в кемпинг я думала о старичках из кафе. Они вернулись на улицу своего детства, только-только вывернули из-за угла и шагали прямо навстречу солнцу. Оно снова светило им. Та улица — длиной в тридцать шесть лет. Первые восемнадцать ты проходишь ее до конца, в последние восемнадцать возвращаешься на нее. Хорошо сказано, дедушка Давид! Ну вот, теперь я постоянно думаю о нем. Но можно и погрустить чуток. Если спуститься глубоко в долину, тогда дюна, на которую ты потом заберешься со своим возлюбленным, покажется только выше.

Дедушка Давид умер от эвтаназии. Я настояла на том, чтобы при этом присутствовать. Боялась, что иначе совсем никто не придет и он будет умирать в одиночестве, озираться и думать: «Никто не пришел, даже Салли Мо». И это станет его последней мыслью. Мой отец — его внук, но он не мог приехать, потому что ему нужно было насыпать песчаные острова у побережья Дубая, он попросил маму пойти вместо него, но та испугалась, а остальные родственники...

Это нетрудно объяснить, но получится тоска зеленая, вроде того бесконечного описания родословных в Библии, страница за страницей, в две колонки: этот родил того, а тот этого, а этот сего — прям результаты футбольных матчей. Но время еще есть, так почему бы все это и не записать? На будущее. Чтобы не забыть. Когда мама умрет, мне не у кого будет разузнать, что да как. Можно, конечно, спросить у папы или у моих дядей в Австралии, но их сперва надо отыскать и объяснить, кто я. Салли Мо, помните такую? Правнучка Давида, внучка того-то и той-то, дочка тех-то, но если я к тому времени еще буду все это помнить, то и спрашивать будет незачем. Ладно, поехали.

Дедушка Давид и бабушка Йорина познали друг друга минимум дважды и родили Йосси и Барбера. У Барбера было с головой не в порядке. Он ни разу не переступил порог школы, в шестнадцать подался в солдаты какого-то иностранного легиона, а в свой семнадцатый день рождения поймал пулю в Африке. Никто не знает, был ли он похоронен или его кости так и валяются где-то в пустыне. Йосси познала Касатика — понятия не имею, как его зовут на самом деле, я его видела только на старых фотках в древнем альбоме, и под ними стояла подпись «Касатик». Вот он-то и есть мой настоящий дедушка. А Йосси была моей настоящей бабушкой.

Йосси с Касатиком познали друг друга минимум один раз и родили Мориса, Робина и Барри. Хотели одного ребенка, а получили тройняшек. Эти трое как можно скорее, чуть ли не в пятнадцать лет, эмигрировали в Австралию. Бабушка Йосси умерла от горя. Один из братьев позже вернулся в Нидерланды. Тут он минимум один раз познал мою маму, и они родили Салли Мо. Это был Морис. Тот, кто познал маму. Он смылся, когда мне прописали первые очки, месяцев в десять. А может, мама его выгнала — это мне до сих пор неизвестно. Отправился расчищать фарватеры и насыпать песчаные острова в Дубае. Ду-бай — гуд-бай!

Тогда у дедушки Давида остались только Касатик, моя мама и я, и я была единственной, в чьих жилах еще текло несколько капель его крови. Папа изредка его навещал, давно, но мама — никогда. Мы жили на одной улице, но, когда идешь в центр города, можно повернуть направо, а можно — налево и так ни разу и не встретиться.

Дедушка Давид не видел своего зятя Касатика двадцать пять лет, мама идти отказалась, так что я думала, что буду стоять у дедушкиного смертного ложа одна. Или сидеть — кто знает, как это бывает. Но когда я вошла в больничную палату, где должна была состояться эвтаназия, дедушка Касатик уже сидел на стуле у кровати дедушки Давида и рыдал.

— Салли Мо, — сказал дедушка Давид, — как я рад, что ты пришла!

Это же самое он сказал и в тот раз, когда я впервые пришла к нему в гости. Мне было два года, я убежала из дома и стояла у его двери, пытаясь дотянуться до звонка. Рядом находилось низкое окошко подвала, и за стеклом я увидела голову дедушки Давида. Не знаю, что он там делал. Может, дул восточный ветер и он сидел в подвале уже несколько дней.

Я ему тогда сказала:

— Привет!

Он вздрогнул и стал осматриваться.

— Привет! — повторила я.

И тут дедушка Давид тихо произнес:

— Привет?

Я постучала в окошко, он увидел меня, выдохнул и ответил:

— Салли Мо, как я рад, что ты пришла!

Он открыл дверь, взял меня на руки, занес в дом и в очередной раз рассказал мне сказку о Молчунишке. А потом признался, что, услышав мое «привет», решил было, что голосок доносится из угла подвала, что там сидит какое-то говорящее существо вроде гнома.

— Ты умеешь читать, Салли Мо? — спросил он.

Я понятия не имела, что такое «читать», но когда он после обеда отвел меня домой, читать я уже умела. Кажется, мне все-таки было три года, не два.

Самое дурацкое, что я подготовилась, почитала об эвтаназии. Во всех книгах было написано, что эвтаназия — это нечто прекрасное. Я начиталась историй неизлечимо больных матерей, которые умирали в мае, когда повсюду цвели яблони. И родственники переносили кровать такой больной в сад, под цветущее дерево, и женщина с улыбкой засыпала в окружении семьи и друзей. Засыпала вечным сном, да, зато красиво. Прекрасно даже. Когда настал черед дедушки Давида, на дворе стоял апрель, и накануне ночью прошел снег. Было утро понедельника, полдесятого. Снег замерз, и дорожка, ведущая к больнице, обледенела, так что почти все посетители попада́ли в реанимацию с трещинами в черепе. Выдумка, зато смешно. Я добралась до входа без травм.

Я зашла в магазинчик в вестибюле и спросила, нет ли у них чего-нибудь, чем можно порадовать человека, жить которому осталось полчаса. Мне ответили, что нет. Правда, в продаже имелись клоунские очки-брызгалки. Прячешь во внутренний карман пакетик с фальшивыми слезами, протягиваешь тоненький шланг к уху, там он прячется в дужке очков и тянется до мостика. Когда тебе надо изобразить страшное расстройство, стоит только схватиться за сердце, сжать пакетик, и по твоим щекам заструятся слезы. Такая штука стоит тридцать девять евро пятьдесят центов — что-что, а деньги они считать умеют! Вот эти брызгалки и сидели на носу у дедушки Касатика, когда он рыдал у кровати дедушки Давида. Выдумка! Но и чистая правда тоже, тем более что такие очки действительно существуют.

«Родня — это доставшиеся по наследству раздражители», — всегда говорил дедушка Давид. Но с Касатиком дело обстояло куда хуже: его я ненавидела. Он не поздоровался со мной, когда я вошла. Он меня просто не видел. Мне не привыкать, но я ему как-никак внучка. Он сидел там, заливаясь фальшивыми слезами и отрабатывая право на наследство, на дом дедушки Давида! Жадность заливала палату и уже доходила до колена. Что ж, ничего у него не вышло, потому что дедушка все завещал мне. Об этом я узнала позже.

Мне достались дом, мастерская, сто шестьдесят четыре картины и тысяча двести четырнадцать рисунков и офортов, правда, у меня не хватает места на стенах, чтобы их развесить. На кухне еще есть пустой кусочек, но он зарезервирован для картины с Микки Маусом. Поэтому все, что написал дедушка Давид, так и стоит у него в мастерской. Я взяла себе только портрет кота и повесила его у себя в комнате. Кот таращится на меня точно так же, как тогда в подвале, когда я убила его взглядом. Дилан еще не знает, что у меня есть собственный дом. Может, стоит ему сегодня рассказать.

Дедушка Давид сидел в кровати. Ему уже исполнилось девяносто два года, и он действительно был неизлечимо болен. Рак распространился повсюду, от пальцев ног до кончиков волос. Но снаружи это было незаметно: выглядел он лет на шестьдесят. Дедушка Давид с цветущим видом сидел в кровати и шутил. В последние две недели он часто читал вслух стихи. Наизусть. Одно стихотворение он прочел мне целых три раза. Не помню, чье оно, с поэзией у меня всегда так. Конец у него такой: «На дрожках примчится / старуха с косой — /возница на облучке — / и скажет служанке, / открывшей засов:/

Где ваш старикан? / Где Ян? / Он знает наш план. / Брать с собой ничего не надо, / ни бритвы, ни чемодана. / Чего время тянуть — / ПОРА В ПУТЬ!»

Дедушка Давид сидел, обложенный подушками, а мы с дедушкой Касатиком сидели у его постели, по обе стороны, и тут в палату вошли врачи. Врач, еще врач и медсестра. Дедушке Давиду пришлось в последний раз сдавать экзамен.

— Ну как, вы не передумали? Может быть, у вас в ближайшее время родится внук или правнук, с которым вы хотели бы познакомиться? Разве вам не интересно узнать, кто в этом году выиграет чемпионат по футболу?

Дедушка Давид ответил:

— Доктор, я повидал все, что хотел повидать, испытал все, что хотел испытать, с меня довольно.

Это был правильный ответ.

Один из врачей взял шприц. Касатик в волнении схватился за сердце, из очков рекой хлынули слезы. Я подумала: господи, да я же так с дедушкой и не поговорила, уже целых две недели ни слова. Он умирает, а я молчу, мы не попрощались, я не сказала, как хорошо мне с ним было, как я его любила... люблю. Но ведь, пришло мне в голову, дедушка Давид говорит намного лучше меня! Это ведь он кладезь историй, загадок, анекдотов. Это он должен что-то сказать! Он ведь тоже меня любит? Но он молчал. Доктор воткнул иглу в капельницу. И тут дедушка Давид все-таки заговорил. Он сказал:

— Пожалуй, тебе лучше уйти, Салли Мо.

— Пожалуй, это тебе лучше уйти, дедушка Давид, — ответила я.

Видели бы вы их лица — врачей, медсестры, Касатика. Они таращились на меня в полном шоке. Они не знали, что у нас с дедушкой такой способ говорить друг другу приятное. Мы всегда так делали: то с улыбкой, то без пощады, словно бросая комья земли рядом с поплавком человека, который пытается спокойно порыбачить.

Мы улыбнулись друг другу, дедушка Давид и я, и его улыбка, клянусь, была единственной правильной улыбкой в истории человечества. В ту же секунду врач впрыснул в капельницу содержимое шприца. Дедушка Давид сказал: «Пора в путь». Это он хорошо придумал. Он уснул с той самой улыбкой на устах. Врач вколол в капельницу еще один шприц.

В тот день я отправилась к дедушке домой — ключ лежал под дверным ковриком. Там я убила взглядом кота, и меня отвели к доктору Блуму. Тот заявил, что дедушка Давид был единственной нитью, связывавшей меня с миром, и эту нить перерезали. Поэтому я должна выйти в мир.

Доктор Блум открыл окно:

— Послушай, как поют дрозды.

Мы прислушались, но ничего не услышали.

— Вот вечно так, — вздохнул доктор Блум. — Если их поджидать, они не появятся. Что твой Христос.

И закрыл окно. С улицы доносились только крики чаек.

— Ненавижу чаек, — признался доктор Блум. — И с каждым днем их все больше, гнездятся на крышах соседних домов и орут целыми днями: «А-а-а-ай!

А-а-а-ай!» Недавно, чтобы их прогнать, я запалил в саду весь фейерверк, остававшийся после Нового года, но и это не помогло. Тебе они тоже кричат «А-а-а-а-ай! А-а-а-а-ай!», Салли Мо?

— Нет.

— А мне кричат, потому что я врач.

Доктор Блум отвернулся...

А вот наконец и он, Дилан, любовь моя! Возрадуйтесь, ангелы! Он пришел пораньше, ему явно не терпится! Нет, он плачет...

22:27

Бейтел, малыш.

22:39

Бейтел ТВОЮ МАТЬ

17 июля, пятница, 15:39

Медвежонок и сова сидели у входа в лесную хижину.

— Пойдем покатаемся на аттракционах, — предложила сова.

— Без Бейтела мы не можем.

— Если мы будем о нем думать, он всегда будет с нами.

— Какие аттракционы без Бейтела?

— Давай танцевать в лунном свете и думать о Бейтеле?

— Какая луна без Бейтела?

— И что нам теперь, всю ночь сидеть в темноте и плакать?

— Мы больше не можем плакать, — сказал медвежонок, — потому что без Бейтела мы не существуем.

Они взглянули на слезы, которые, как падающие звезды, пролетали по небу. Но неба больше не было. Остались одни только слезы.

4:27

Я с Филом. У него дома. Он говорит, мне надо об этом написать:

— Ты должна об этом написать, Салли Мо. Ты же ищешь правду? Это — правда.

Я не могу.

4:34

Бейтел умер.

Это был не Бейтел, это был Бакс

21 июля, вторник, 23:24

Завтра утром мы похороним Бакса. А послезавтра вернемся на остров — мы с мамой — забрать палатки. И Дилан со своей мамой вернется. И Бейтел, и малыш Бейтел, конечно, тоже. Он теперь ни на шаг от меня не отходит. Его мама сидит дома в надежде, что Донни в один прекрасный день вставит ключ в дверной замок. Что ж, ждать ей придется долго, потому что Донни лежит в бункере, мертвый. Но об этом знаем только мы с Диланом. А если молчать вдвоем, выходит еще тише, чем в одиночку. Я сижу за письменным столом у себя в комнате. У меня целая ночь, чтобы все записать, и именно этим я и займусь. Пока не изложу абсолютно все. На похоронах никто не обязан выглядеть бодро. Я купила новые тетради, но писать в доме дедушки Давида не смогла. Кажется, там все еще бродит тот кот, в том или ином воплощении, и это воплощение может заглядывать мне через плечо.

Окей, поехали. Готова, Салли Мо? Take off![*] Здесь ты главная, черт подери, ты заправляешь всем:

Это был не Бейтел, это был Бакс.

Мы с Диланом договорились, что в половине одиннадцатого пойдем на берег, устроимся на гребне дюны и будем пить сидр. На небе сияла большущая луна. Но в четверть одиннадцатого в кемпинг явились двое полицейских — мужчина и женщина — и направились прямиком к нашим палаткам. Я лежала и писала, Дилан сидел на бревне — на том упавшем дереве, на котором все так любят сидеть. Это он потом мне рассказал. Полицейские сообщили, что на острове обнаружен мальчик. Он лежал рядом с мопедом. Краденым мопедом.

— Что с ним? — спросил Дилан.

— Мы ищем его мать, — ответили полицейские.

Мальчик не местный, то есть турист. В наше время ничего скрыть невозможно: чихни, проверяя почту, — и на экране выскочит реклама носовых платков. В полиции знали, кто находится на острове. Потому и пришли к нам. Но в полиции не знали, что на острове находятся еще трое детей. Их никто не регистрировал.

— Кто этот мальчик? — спросил Дилан.

Он, конечно, сразу понял, кто это, просто не хотел верить.

— Нам нужно сначала поговорить с матерью.

---

* Взлетаем! (*англ.*).

— Как я могу сказать вам, кто мать этого мальчика, если не знаю, кто он такой?

Э... и правда.

— Мы подозреваем, что это некий Бейтел.

— Он...

Закончить вопрос Дилан не смог. Не всегда полезно иметь живое воображение. Он представил себе, как малыш Бейтел лежит на песке рядом с велосипедной дорожкой.

— Ты знал Бейтела? — спросил полицейский.

По глаголу в прошедшем времени Дилан окончательно понял: Бейтел мертв.

— Когда ты видел его в последний раз?

Ответить Дилан был не в состоянии. Я хочу сказать: воздух застрял у него в легких и не мог вытолкнуть слова наружу. Дилан прекрасно помнил, где в последний раз видел Бейтела: на велосипедной дорожке, верхом на мопеде — краденом мопеде. А теперь Бейтел лежал рядом с этим мопедом, мертвый. Или в отделении полиции. В морозилке. О боже...

— Его мать где-то в кафе, она пошла танцевать, — выдавил из себя Дилан.

После этого он пришел ко мне в слезах, сказал: «Бейтел умер. Прости, прости, Салли Мо» — и убежал в лес. Один. Между деревьями уже сгустились сумерки.

Дальнейшее я только слышала, но не видела. Не хотела видеть, не могла видеть: я лежала парализованная на спальнике, не в силах высунуться из палатки. В кемпинг вернулись наши мамы, распевая песни. На этот раз они никого себе не нашли, но здорово повеселились. Веселье продолжалось недолго. Зазвучали незнакомые голоса — мужской и женский. Женщины сперва притихли, но тут мама Бейтела заголосила:

— Донни! Где Донни? Где Донни? Донни, ты где?

Мама Дилана принялась звать Дилана.

Прежде чем к ним успела присоединиться моя мама, я заткнула уши пальцами и завизжала:

— Бейтел!

Наступила тишина. К моей палатке никто не подошел. Через какое-то время мужчина заговорил снова. Его слов было не разобрать, но смысл я поняла, потому что мама Бейтела сказала:

— Но я боюсь, я не могу, я боюсь!

Ее, конечно, попросили пройти в отделение и подтвердить, что это действительно Бейтел, опознать тело. Наши с Диланом мамы с ней не пошли. Они пожелали ей крепиться. Клянусь, так и сказали: «Крепись!»

Они остались в кемпинге, чтобы дождаться и утешить Дилана и Донни. Мама Бейтела ушла с полицейскими, а наши с Диланом мамы зашептались. Я не слышала, о чем они говорят, но мне казалось, что мою палатку окружили змеи, ползают везде — и сверху, и снизу, и это сводило меня с ума. Мне даже почудилось, что пол палатки шевелится, и, чтобы успокоиться, я вообразила, что мамы вспоминают что-то хорошее о Бейтеле, грустят, плачут.

И тут Бейтел вышел из леса.

— Ого, Бейтел! — сказала моя мама. Прямо так и сказала, честно.

Я так ахнула, что чуть не лопнула — столько воздуха заглотила, — и выползла из палатки. Он и вправду стоял у палаток, Бейтел, с песком в волосах и холодной улыбкой на губах. Как будто в самом деле какое-то время побыл мертвым.

— Привет, Салли Мо! — сказал он.

Я схватила его в охапку, подняла, закружилась с ним в объятиях и заплакала. Я плакала, плакала и целовала его везде, где только можно. Спустя некоторое время мы остановились и плюхнулись на бревно.

— Где ты был? — спросила я.

— У зверей. Хотел поблагодарить их за то, что этот мальчик умер.

— Откуда ты знаешь, что кто-то умер?

— Сам видел!

— Расскажи.

— Не хочу.

— Кто этот мальчик?

— Не хочу рассказывать, Салли Мо.

— Ладно, — кивнула я.

— Один из братьев, — сказал Бейтел.

— Ты про Бакса и Никеля?

— Второй на очереди.

— Так который из них умер?

— Бакс.

— Ты уверен?

— Да, потому что второй все кричал: «Бакс, Бакс!» — когда тот задыхался.

Между деревьями замелькал силуэт мамы Бейтела.

— Это не он! — закричала она издалека. — Это какой-то чужой ребенок! — Тут она увидела сидящего на бревне Бейтела.

— Бейтел... Бейтел... — пробормотала она и вдруг разразилась страшной бранью: — Ах ты маленький засранец, где ты шлялся, пес тебя возьми? Что ты со мной делаешь? Только о себе думаешь!

Я думала, она вот-вот разрыдается и прижмет Бейтела к груди, как я, задушит в объятиях и омоет его своими слезами, как я, от радости, что он здесь, что он жив. Но нет. По-моему, больше всего ей хотелось прибить его до смерти.

Каждый живет в своей собственной вселенной, и изнутри она кажется гораздо больше, чем снаружи. В смысле, что для одного — ураган горя в голове, для другого — легкий бриз. Я обняла Бейтела за плечи и притянула его к себе:

— Куда пойдем?

— В хижину.

Он дрожал всем телом. Его брат сидел в бункере и дожидался своего джина, его мама отправилась обратно в деревню, чтобы напиться, — она заявила, что заслужила это после таких переживаний, — его отец где-то в Гронингене рассказывал сказки своим новым детям. Бейтел был один на свете. Вместе со мной.

— Это королевский замок, — сказал он, когда мы устроились в нашей хижине под соснами, как тогда с динозаврами, — это замок из сотен ветвей. Когда в замке праздник, на них сидят звери. Нет ни одного свободного места. Вот там готовят пир, а здесь заготавливают дрова, пилят и рубят топорами или грызут зубами — за дрова отвечают бобры. И у этого дерева, у трона, на котором, прислонившись к стволу, сидит король, разложен большой костер.

— Чтобы готовить? — спросила я.

— Нет, это чтобы... — Бейтел на секунду задумался, — это чтобы было празднично и светло. Когда король устраивает праздник, весь лес превращается во дворец, в огромный, а замок — всего лишь одна из его башен. А когда идет дождь, все птицы раскрывают крылья и повисают над лесом, вплотную друг к другу, как крыша. Так что во дворце всегда сухо. Тебе, наверное, интересно, откуда у них хлеб?

Я кивнула.

— Они пекут его из кукурузной муки.

— Хитро придумано.

— Тебе, наверное, интересно, откуда у них каша?

Я снова кивнула.

— Они варят ее из грибов: им можно есть любые грибы.

— Зверям можно, да.

— И мне можно.

Минуточку!

— Погоди, Бейтел, по ночам можно, потому что ночью ты один из зверей. Но днем ты можешь отравиться, если съешь не те грибы.

— Ты хочешь, чтобы я рассказывал дальше или нет?

— Очень хочу.

— Для зверей, которые не едят грибы, я собираю ягоды. На поляне, где я играю с оленем и ежиками, их много растет. Я складываю их у замка. А другие звери — те, у кого есть деньги, — ходят за покупками. Это опасно: их могут заметить люди, с большими глазами выходящие из кафе, но все всегда заканчивается хорошо. Перед началом праздника я помогаю королю одеться, сажаю его на трон, а когда праздник заканчивается, король засыпает. Он уже старенький. Тогда я беру его на руки и отношу домой. Сын обязан носить своего отца. Я кладу его на постель в его опочивальне, которая находится на верху самой высокой башни, — я хорошо умею лазать.

— Знаю, — сказала я, — сама видела.

Вот тот самый Бейтел, которого я постараюсь никогда не забыть. Он должен жить, пока мы оба не превратимся в дряхлых стариков и не станем вместе распивать йеневер.

— А перед началом праздника король посвятил в рыцари ласточку, — сказал Бейтел.

— За что?

— За то, что она сделала.

— А что она сделала?

— Убила мальчика.

— Ласточка?

— Она схватила клювом кончик шарфа и пролетела с ним между спицами колеса.

— Колеса мопеда?

Бейтел кивнул.

— И тогда...

Бейтел кивнул.

— И ты все видел?

Бейтел опять кивнул.

— Расскажи-ка поподробней, как все произошло.

Бейтел замотал головой.

— Давай-давай, — сказала я, — а то рассказываешь какие-то обрывки.

— Нет, — сказал он.

— Да.

— Нет.

— Да.

— Ну ладно.

Он перешел из мира зверей в мир людей и рассказал, как ехал по велосипедной дорожке в деревню. Очень быстро. Там он сделал покупки для Донни и через час отправился обратно через лес. Я хотела спросить, почему он все-таки решил добыть для Донни то, что тот просил, но была ужасно рада, что он начал рассказывать, и потому сдержалась. На полпути Бейтел встретил Бакса с Никелем. Они стащили его с мопеда и отобрали шарф.

— Это наш шарф, тушканчик яйцеголовый!

— Ночью в лесу холодно.

— Так намотай на шею беличий хвост и удавись!

Это я надела на Бейтела тот шарф, это сделала я!

Бакс ударил его по шее. Мальчишки залезли на мопед и попытались смыться, но мопед быстро съехал с дорожки и завяз в песке — вдвоем они оказались слишком тяжелыми. Никель слез с мопеда и принялся толкать, а Бакс газовал. У них получилось: Бакс рванул вперед на полной скорости, а Никель грохнулся носом в песок.

— Куда без меня?!

— Сейчас вернусь!

И тут прилетела ласточка, схватила кончик шарфа и пролетела с ним между спицами заднего колеса.

— Это был ветер, — сказала я.

— Это была ласточка, — сказал Бейтел.

Ну ладно.

Шарф намотался на колесо и стал затягиваться на шее у Бакса, все крепче и крепче, произошло это очень быстро. Бакс свалился с мопеда и умер от удушья. Никель подбежал к нему и попытался развязать шарф, но мотор еще работал, колесо продолжало крутиться, затягивая шарф все сильнее, и Бакс задохнулся.

— Один есть, — сказал Бейтел. — А второй тоже чуть не умер, потому что принялся душить сам себя. Он лежал на песке, сжимал собственную шею и пару раз уже становился как тряпочка, но его руки, наверное, тоже становились как тряпочки, и он поднимался, видел своего брата и снова принимался себя душить. Но самого себя задушить невозможно.

Вскоре Никель побежал по направлению к бункеру, а Бейтел пошел к зверям. Чтобы их поблагодарить.

— Надо найти Дилана, — сказала я, — он все еще думает, что ты умер.

— Ну и дурак, — ответил Бейтел.

Мы нашли Дилана на вершине дюны, без сидра и без меня. Наедине с луной. Надо было видеть его лицо, когда Бейтел весело взобрался на дюну и бросился прямо к нему в объятия. Дилан крепко-крепко прижал его к груди. Казалось, он хочет затолкать его к себе в сердце. И не произнес ни слова. Еще бы! Бывают мгновения, когда слова — всего лишь бессмысленные звуки. Дилан такие вещи понимает.

— Это был Бакс, — объяснила я.

После этого мы три дня и три ночи просидели в бункере. В воскресенье вечером вылезли на свет божий и отправились к маяку, чтобы забрать деньги. А в понедельник поехали домой. Все это время у меня под рукой не было ни ручки, ни тетради. Я ничего не забыла, потому что делала заметки в телефоне, когда бегала пописать или якобы пописать.

Но происходило столько всего сразу и так быстро, что у меня голова кругом идет. Будто видишь стаи птиц над рекой и одновременно их отражение в воде — со мной такое однажды было. Кажется, что все произошло давным-давно, хотя закончилось только вчера.

Когда мы вернулись в бункер, обстановка была такая: Донни вернул себе ружье. Сделать это было, видимо, нетрудно, потому что Джеки сидела в углу на песке, зажав голову между коленями, качалась взад-вперед, как на лошадке, и бормотала:

— Хочу к маме, хочу к маме, хочу к маме.

Она не притворялась. По-моему, вранье и коварство этого мира действительно свели ее с ума. Главной ложью оказалось то, что дети не умирают.

— Успокойся, — сказал Донни, — к маме ты вернешься, но на моих условиях. Нам нужен план.

Время от времени он давал тумака Никелю — тот по-прежнему валялся на земле, пытаясь себя задушить. Чтобы спасти Никеля, нужно было в буквальном смысле силком отделить его от брата, разрубить их надвое, как сиамских близнецов.

Фил сидел напротив Донни.

— Он пришел помочь, — объяснил Донни, — и его помощь нам очень пригодится, так, Фил?

Фил кивнул и махнул рукой, словно признавая свою беспомощность. Нет, словно извиняясь — так лучше. Донни спросил, знаем ли мы уже про Бакса. Мы кивнули. Но ему, видимо, хотелось самому ввести нас в курс дела, и он принялся рассказывать: как они с Джеки ждали возвращения Бейтела, как в бункер прибежал Никель, бросился на пол и принялся себя душить, как они не могли ничего от него добиться и поняли, что случилось нечто ужасное. И как Никель наконец поднялся и отвел их к месту происшествия.

Там они увидели Бакса в окружении толпы полицейских и врачей скорой помощи. Донни и Джеки затаились в лесу и стали подслушивать. И пары слов оказалось достаточно, чтобы понять: Бакс мертв. Джеки хотела броситься к нему, но Донни ее удержал. Мол, все равно для Бакса уже ничего нельзя сделать, лучше придумать план, не действовать импульсивно, а то все пропало. Только они хотели вернуться в бункер, как на велосипеде подъехал Фил.

— Он умеет ловить полицейскую радиоволну, — объяснил Донни.

— А если не получается, — сказал Фил, — то мне звонят из полиции и сообщают, что происходит. Такова жизнь на острове.

Фил поговорил с полицейскими и записал услышанное в мобильном. В боковой сумке найдены джин, тоник и сигареты. Значит, это все-таки один из воришек. Из фургона вышел полицейский и сказал, что проверил всех отдыхающих и это может быть только мальчик по имени Бейтел, из кемпинга.

— По-моему, это... — начал было Фил.

И тут Донни вышел из-за деревьев.

— Эй, Фил! — Он обнял Фила и прошептал на ухо: — Не говори ничего, еще рано, пойдем со мной, и я все тебе расскажу и покажу, где мы прячемся.

— Донни, и ты тут! — воскликнул Фил. — Лучше тебе этого не видеть, это слишком ужасно. Пойдем бахнем по пивку, я здесь уже закончил.

Полицейские взглянули на него с благодарностью, а санитары скорой перерезали шарф и положили тело Бакса в машину.

— Мы тоже думали, что это Бейтел, — сказала я.

— Радуйтесь, что это Бакс, — отозвался Донни, — он имелся в двойном экземпляре. Один про запас — вот в чем плюс близнецов.

Джеки и Никель никак не отреагировали. Кажется, даже не слышали его: большего горя им было уже не вынести.

— Это ты его убил, — заявил Дилан.

— Я? — удивился Донни.

— Ты дал Бейтелу мопед, ты отправил его за всей этой гадостью. Если бы не ты, ничего бы не случилось.

— Дал мопед Бейтелу, совершенно верно. И научил его обращаться с ним. Разве я виноват, что мальчишки его отобрали? И между прочим, кто дал им шарф? Если не ошибаюсь, Джеки.

Джеки по-прежнему ничего не слышала.

— Это я повязала ему шарф на шею, — сказала я.

— Бейтелу! — возразил Донни. — Хватит вам, они сами виноваты, надо было держаться от чужого добра подальше. А сейчас я хочу поговорить о том, что нам теперь делать в сложившейся ситуации. «Сын банкира совершает самоубийство из-за грязных махинаций отца» — как вам такой заголовок? Вот это наконец откроет людям глаза!

Он взглянул на Фила, но Фил покачал головой:

— Такое я писать не стану. Это уж слишком.

— Да ладно тебе, — отмахнулся Донни, — в борьбе без жертв не обойтись, тут уж ничего не поделаешь. Скажем, что он погиб за свои идеалы. Хоть польза будет.

— Это не самоубийство, — возразил Фил, — и я никогда не слышал, чтобы человек сел на мопед, просунул свой шарф между спиц и удавился. Это был несчастный случай, это все ветер.

— Окей, — сказал Донни, — окей, у нас есть еще один вариант, и я возвращаюсь к твоей идее, Дилан...

Дилан перепугался до чертиков, у него на уме было совсем другое. Скорее всего, он думал: давайте пойдем в полицию и все расскажем.

Потому что я думала то же самое.

Донни сидел, упершись взглядом в стену напротив, то и дело кивал и с каждым кивком ударял кулаком одной руки в ладонь другой.

Бейтел лежал в объятиях Брата Монаха, свободный от своих мучителей.

Фил изучал собственные ногти, и я догадывалась, о чем он думал: «На что можно пойти ради хорошей истории? Я залез прямо в осиное гнездо, а мог бы сейчас готовиться к воскресному матчу, мог бы писать стихи, ужинать с женой в прибрежном ресторане, зачем же я сижу здесь? А ради книги. Да пошла она, эта проклятая книга! Скоро все закончится ничем. Салли Мо с Диланом явятся в полицию и все расскажут. Пшик — и конец истории, и придется самому придумывать сюжет. Да я, по-моему, еще и нарушаю закон, скрываю информацию от полиции. Хочу домой».

И, вообразив, о чем размышляет Фил, я опять подумала: почему бы нам не пойти в полицию? Поначалу еще было интересно: девочка-беглянка с собакой и братьями живет в бункере. Потом — ненадолго — стало красиво: мир, которым правят дети и в котором у взрослых нет права голоса. Нас объединяло одно: у всех были сложные отношения с родителями. У нас — с нашими мамами, а у Джеки — с отцом. Но Бакс и Никель как раз обожали своего папашу. Пожалуй, революцию мы хотели устроить, чтобы отомстить. А хуже мотива не придумаешь. Потому-то все и пошло наперекосяк.

Бакса не было в живых, Джеки только и хотела, что вернуться к маме, и я уверена, что Никель хотел к папе, а Фил хотел домой, домой хотела и я, и Дилан, конечно, тоже, и если бы все мы оказались дома, то демократически избранному лидеру Донни некем было бы править, и он засел бы в палатке с джином и сигаретами и занялся бы тем, чем он там обычно занимается у себя в палатке. А Бейтел? Бейтел остался бы жить в бункере с Братом Монахом и другими зверями и обрел бы вечное счастье.

Я поднялась, чтобы уйти. Но в ту же минуту до нас донесся шум вертолета, и Донни произнес то, из-за чего мы остались.

— Мы можем прикинуться похитителями Джеки и близнецов, — сказал он. — Но миллиона просить мы не станем. Мы попросим десять миллионов. Благодаря смерти Бакса наша позиция сильна как никогда. Чтобы нас восприняли всерьез, мы скажем, что убили его, но устроили все так, чтобы это походило на смерть от несчастного случая и не привлекло к себе слишком много внимания. И наше заявление пошлем не в газеты, а через полицию родителям. И напишем, что, если те не ответят в течение суток, второй их ребенок тоже будет убит, а еще через сутки и третий. Это ты можешь написать, Фил?

— Так я же из газеты.

Донни поднял палец. Мы услышали, как вертолет снова подлетает к бункеру, теперь с другой стороны. Мы замолчали, ожидая, пока он удалится.

— Ты единственный, кто еще может выйти из бункера, — сказал Донни Филу. — Бакса нашли и, точно тебе говорю, уже опознали. Теперь в полиции подозревают, что Джеки и Никель тоже здесь. Очень возможно, что сюда уже прислали сотню-другую человек, чтобы прочесать остров. Времени мало. Укрытие у нас хорошее, и я думаю, что их инфракрасные теплоискатели не проникнут сквозь усиленный бетон бункера, но времени мало. Всегда найдется какой-нибудь сумасшедший, у которого хранятся старые немецкие карты острова и которому известно местонахождение всех бункеров. А, да, еще надо написать, что детей держат в разных местах. Доказательство — открытки, которые посылала Джеки. Это может помочь. Хорошо придумано, Джеки.

Джеки так и качалась взад-вперед. Никель заснул, обхватив горло. Бейтел и Брат Монах тихонько переговаривались по-собачьи. Но мы с Диланом и Филом против своей воли слушали Донни как зачарованные.

— Окей, Фил, дружище, — сказал Донни, — вот тебе твоя книга. Запиши то, чему ты стал свидетелем, и первое место в списке бестселлеров на ближайшие года два тебе обеспечено. Но сперва запиши то, что я тебе сейчас говорю: Джеки и Никеля держат не на острове, а в другом месте — см. открытки Джеки. Мы требуем десять миллионов евро, и, если наше требование не будет удовлетворено, мы прикончим детей, как прикончили Бакса.

Фил сделал заметки в своем мобильном. И тем самым навел меня на мысль заняться тем же самым.

— Деньги пусть привезут в воскресенье, в полночь, к старому пирсу у маяка, — сказал Донни. — Никакой полиции, никаких вертолетов — вообще ничего, без шуток. Мы вооружены до зубов — это тоже добавь. Деньги пусть доставят по морю, на лодке, сложат в мешок и оставят у подножия дюны. Тогда мы отпустим детей. Но, прежде чем садиться в лодку, дети проверят, есть ли в мешке деньги. Если окажется, что там пусто, мы откроем огонь по всему, что движется.

— Тогда они поймут, что дети все-таки на острове, — заметил Дилан.

Проблема. Серьезная. Минуточку...

— Ладно, — сказал Донни. — Как только мы получим деньги, где-то в другом месте или даже в другой стране детей отпустят, и они явятся в полицию. Так пойдет?

Дилан промолчал.

— Но мы, конечно, отпустим их на острове, — сказал Донни. — Если деньги у нас, это уже будет неважно.

Вдруг Джеки что-то пробормотала. Ее никто не расслышал.

— Что ты говоришь? — спросил Донни.

— Что все люди снова должны стать счастливыми, — повторила она.

— Мы об этом позаботимся, — заверил ее Донни.

Никель вдруг подскочил:

— Я хочу, чтобы меня похоронили вместе с Баксом!

— Договорились, — сказал Донни. — Фил, это записывать необязательно.

— Десять миллионов мы отдадим людям, которых обманул отец Джеки, — добавил Дилан.

— Отлично, — сказал Донни, — это точно надо написать.

— И ты должен пообещать, — сказала я, — что никто больше не погибнет, что бы ни случилось.

— Обещаю, — согласился Донни, — но в письме мы об этом умолчим, иначе план не сработает. Ты все записал, Фил?

— Более-менее, — отозвался Фил. — Отправить обычным способом?

Донни кивнул. Другу в Амстердам, поняла я, а тот распечатает и бросит в почтовый ящик полицейского отделения.

— А что написать про то, как они нам должны ответить? — спросил Фил.

— Пусть дадут объявление в газете: «Финансовый воротила согласен на требования похитителей».

Фил написал письмо на основе своих заметок. Текст был одобрен. Фил вылез наружу, чтобы его отослать.

— Сегодня вечером я больше не приду, — сказал он. — Зайду в участок, посмотрю, что там происходит, как они вас ищут, и подожду ответа. Как что узнаю, вернусь в бункер.

— Окей, — кивнул Донни.

— Чего я никак не пойму, — сказал Дилан, — так это почему Филу можно вылезать, а нам нет?

Хороший вопрос. Что-то тут не то. Минуточку...

— Полицейские видели, как я разговаривал с Филом, — сказал Донни.

— Ну и что?

— Они знают, что Фил пишет об этом деле.

— Почему тогда он должен так мудрено действовать, через друга?..

Погодите.

Сказал Донни.

— Они меня отпустили, по неосторожности, но теперь думают: а откуда взялся тот тип, что он делал на месте происшествия? Надо бы его расспросить. Меня они не найдут, потому что я больше высовываться не собираюсь, но они знают, что я с вами, а Фил спит с твоей матерью, Дилан, это всему острову известно...

— Чего-чего?! — взвился Дилан.

— С чего ты это взял? — возмутился Фил.

— Я собственными глазами видел, как вы вместе залезли в ее палатку, — ответил Донни.

— Но... — начал было Фил.

— Мне наплевать, чем вы там занимались, об этом мне ничего не известно, и — не буду врать — об этом я никому не рассказывал. Я только сообщил, что видел, как вы вдвоем забрались в ее палатку.

— Кому рассказал?

— Почем я знаю, как их зовут? Я на этом острове ни с кем не знаком. Но если я отпущу Дилана и Салли Мо, в полиции подумают: «Смотрите-ка, это же тот парень, чья мать спит с нашим Филом, а вот и его подружка!» — и начнут задавать вопросы. А вы, конечно, расколетесь и все выболтаете.

— Но... — заикнулся было Дилан.

— Но они и Фила про тебя спросят, — сказала я.

— Фил — репортер, — ответил Донни. — Он умеет врать.

Это верно.

— А Бейтела могли видеть на мопеде, — добавил Донни, — так что он тоже останется здесь.

Змею можно поймать, прикончить и выбить ей зубы, но яд, который ей удалось выпрыснуть, продолжит растекаться по миру. Так что Фил ушел, а мы остались в бункере. Целую ночь, а потом еще одну, и еще — глаз я не сомкнула ни на минуту. Спать — только время терять, и делать этого я больше не желаю. Но в бункере моим врагом было время, и убить его можно, только заснув. А заснуть я не могла.

22 июля, среда, 3:17

Все-таки уснула, прямо тут, за столом, с ручкой в руке. Отрубилась на полчаса, не меньше. Проснулась от того, что уронила голову на стол — чуть ручкой в глаз не заехала. На виске ранка, пара капель крови. Пишу дальше. Где бы я ни находилась, я всегда должна писать. Хоть в воздухе, хоть в огне, на воде, на песке — неважно. Обо всем, что я вижу и слышу, о чем думаю. Все это надо записывать. Тогда оно сохранится навеки.

За то время, что мы сидели в бункере, ничего не произошло и никто не произнес ни слова. Еще неделю назад я была невидимкой, могла вылезти наружу, и никто бы не заметил. Но все изменилось. Слишком многое произошло. Я сидела в бункере и не знала, чем себя занять. Дилан начертил на песке шахматную доску и нарвал из пустых пакетов от чипсов ладьи, слонов, коней, ферзей и королей. Крышечки от колы служили пешками. Мы сыграли двадцать партий, и Дилан выиграл все до одной, не поддался мне ни разу. Ужасно мило с его стороны!

А, да, я, видимо, все-таки поспала, совсем чуть-чуть, потому что в субботу утром резко проснулась от того, что в бункер, чертыхаясь, спустился Фил. Дилан лежал рядом, прижавшись ко мне. Как будто кто-то вынул из моей головы сон и переместил его в реальность. Так бережно, что Дилан даже не проснулся.

— Чтоб им всем провалиться! — ругался Фил. — В сегодняшней газете интервью с отцом, а его хотел взять я, это моя история!

Он бросил газету на песок и полез обратно.

— Что ты собираешься делать? — спросил Донни.

— Пойду проверю, соблюдают ли они наши условия, а то еще понаставят завтра на пирсе и в дюнах солдат и полицейских.

— Ты о чем?

— Отец согласен на все. Пришлет выкуп. Ему что один миллион, что десять. До завтра! — Фил стукнулся головой о бетонную притолоку над выходом. — Это моя история, чтоб им провалиться!

Вот такими и должны быть писатели.

Но история эта, конечно, моя.

Донни поднял газету, мигом проглядел статью и заорал:

— Йес! Йес! Йес! Они выполнят все наши требования! Мы богачи!

Маска упала с его лица, зверь вырвался на волю и выпустил когти. Я взяла у него из рук газету и прочла интервью.

— О боже, — сказала я Дилану, — их отец безутешен, смерть сына его подкосила.

— Да ладно тебе! — отмахнулся Дилан. — У богатеньких во внутреннем кармане пиджака, там, где сердце, припрятаны деньги. Они защищают от горя.

— Я ему верю, — не согласилась я. — Он всегда думал, что он и его семья неуязвимы. Потому что могут себе позволить самых лучших врачей, и самые дорогие больницы, и поездки в Китай, если там врачи получше, и школы, в которых под шведские стенки подкладывают резиновые коврики в метр толщиной. Он думал, что может купить вечную жизнь для всех своих близких. Банкиры любят своих жен и детей так же сильно, как школьные учителя, багермейстеры и старые хиппи.

— И все-таки они сволочи, — ответил Дилан. — Думают: то, что я творю, — плохо, это ежу понятно. Но если этого не сделаю я, сделает кто-то другой, так что лучше не быть лохом и все обтяпать самому.

— Мы думаем иначе, — сказала я, — но кто сказал, что мы правы?

Моя ярость смягчилась. Размякла, как буханка хлеба под дождем.

— Да ты что, Салли Мо! Плохие люди, пережившие клиническую смерть, всегда начинают творить добро. Видят свет в конце тоннеля и меняются к лучшему.

— Допустим. Но они только после болезни осознают, что плохие, или уже раньше об этом знали, а теперь раскаиваются?

— Не знаю. Знаю только, что после клинической смерти ни один хороший человек еще не стал преступником.

— Вот бы вернулся старый-добрый Боженька, — сказала я, — тогда можно было бы внушить людям, что у врат рая их будут судить не по делам, а по мыслям! Вот увидишь — все встало бы на свои места.

— Так или иначе, мы должны позаботиться о том, чтобы Донни не сунул эти деньги к себе в карман, — сказал Дилан.

В ту ночь мы опять спали рядом. Точнее, Дилан спал, а я на него смотрела. Не помню, что мы делали в воскресенье. Играли в шахматы.

4:51

Черт, опять уснула. Темп, темп, темп! Знаю ведь, что могу. Когда пишешь быстро, заснуть невозможно. Даже если пишешь на бумаге. Лучше бы печатать на ноутбуке, дубасить по клавишам, будто гвозди в стену забиваешь, но всё и вся должно сойтись, собраться воедино под обложкой этой тетради.

В воскресенье ночью мы прокрались к пирсу у старого маяка. Его уже не зажигают. Вместо него светила луна.

Нас было семеро, Фил тоже пришел. Он заверил нас, что все спокойно, никаких подозрительных войсковых маневров не наблюдается. Донни с Джеки и Никелем спрятались за дюной прямо напротив пирса, Бейтел, Брат Монах и я притаились за дюной немного западнее, Дилан — восточнее, а Фил прикрывал тыл.

И вот — поди ж ты! — к пирсу подплыл небольшой катер с маленькой каютой для пассажиров. Катер причалил, с него сошел человек и понес целлофановый пакет к подножию дюны, за которой прятались Донни и Кроммелинги. Ночь стояла тихая, море лежало неподвижно, слышно было каждый звук. Человек вернулся на катер.

— Вперед! — прошептал Дилан и подтолкнул Никеля к гребню дюны. — Проверь, на месте ли деньги.

Никель сбежал вниз по склону, заглянул в пакет, показал Донни большой палец, зажал пакет под мышкой и помчался к пирсу. Донни выстрелил. У ног мальчика фонтаном взвился песок. Никель бросил пакет и побежал дальше, по пирсу, к катеру и запрыгнул на борт. Из каюты вышла женщина.

— Мама! — завопила Джеки.

— Shit! — ругнулся Донни.

— Сынок! — воскликнула женщина.

— Где папа? — завизжал Никель. — Хочу к папе, только к папе!

Он оттолкнул мать и бросился в каюту. Бедная женщина! Похоронила одного сына и потеряла другого.

— Джеки? — позвала она.

— Отпусти девочку! — закричал мужчина.

Джеки поднялась.

— Ну нет! — зашипел Донни. — Ты остаешься, как мы и договаривались.

Завязалась борьба. Донни пытался сгрести Джеки в охапку, а она сопротивлялась изо всех сил, стараясь исцарапать ему лицо, и победила, мастерски саданув ему локтем по горлу. Она сбежала с дюны на пляж, промчалась по пирсу и прыгнула в объятия матери. На пакет с деньгами она даже не оглянулась.

От бессилия Донни выстрелил еще раз — пуля исчезла в море. Оказалось, у человека на катере припасен пулемет: он вынул его и полностью расстрелял ленту. От вершины дюны, за которой прятался

Донни, ничего не осталось. Повсюду летали песок и трава. Великолепное зрелище, правда. Донни с поврежденной гортанью и полным ртом песка валялся у подножия дюны со стороны суши, его рвало. Катер отчалил. Джеки высвободилась из объятий матери и помахала: сначала Дилану на востоке, потом нам на западе. Мы не решались выглянуть из укрытия. Катер растворился в ночи. Пакет с деньгами поблескивал в лунном свете.

Донни взобрался на дюну, высунулся из-за гребня, отплевываясь от песка, и забормотал:

— Йес, йес, йес!

Бейтел проскулил что-то в ухо Брату Монаху, и пес рванул на пляж, схватил пакет и умчался с ним в зубах.

— Это я его научил, — сказал Бейтел.

— Куда он?

— В королевский замок.

Собака ценой в десять миллионов.

Донни понесся было за псом, но быстро сдался. Он пригнулся чуть ли не к самой земле и поплелся по следу лап. Как Дилан десять дней назад. Бейтел, Дилан и я тихонько пробрались в лесную хижину.

Пса там не было. И он не появился, когда Бейтел его позвал.

— Вот дуралей, — сказал Бейтел. — Все-таки в бункер побежал.

— Тогда пошли в бункер.

— Я останусь здесь, Салли Мо, — сказал Бейтел, — король хочет, чтобы я остался, мы давно не виделись. — Он выудил из-под рубашки медвежонка и улегся на мягкие иголки. — Разбудите меня, когда все кончится хорошо, — попросил он, — когда пес загрызет Донни.

Он уснул.

Мы с Диланом прокрались к бункеру. Там ждал Донни: голова в царапинах и кровоподтеках, в руках ружье.

— Деньги у вас?

Тут из леса выскочил Брат Монах с пакетом в зубах. Луна светила удивительно ярко, видно было как днем.

— Поди сюда, поди сюда, песик, — поманил Донни.

Брат Монах посмотрел на нас, потом на Донни, потом снова на нас и положил пакет к нашим ногам. Донни рванулся к нам, но пес кинулся на него. Донни выстрелил. Брат Монах взвизгнул и, по-моему, умер прямо в прыжке. На Донни он упал уже мертвым. Донни повалился навзничь и выронил ружье. Ружье подобрал Дилан.

Донни сбросил с себя пса.

— Что ж... — сказал он и улыбнулся.

Он видел, что Дилан целится в него, но, не переставая улыбаться, поднялся.

— Не вставать, — велел Дилан. — Лежать.

— Что ты собираешься делать, Дилан?

— Лежать, — повторил Дилан.

Донни шагнул ему навстречу.

— Эй, дружище, — начал он, — не будем все портить. Это наш билет в долгую и счастливую жизнь. Ружье нам уже не нужно, отдай его мне, и — клянусь — я выброшу его, и мы наконец заглянем в этот пакет.

Он сделал еще один шаг.

— Какой же ты ублюдок, какой ублюдок! — пробормотал Дилан.

По его щекам текли слезы.

Донни еще раз шагнул ему навстречу и протянул руку. Прежде чем он успел взять ружье, я выхватила его из рук Дилана. Я сделала шаг назад, прицелилась Донни в голову и увидела, как исказилось его лицо. Он понимал, что я выстрелю, по правде выстрелю. Его глаза умоляли, заклинали («заклинали» — надо же, пригодилось все-таки), будто он всерьез думал, что в этом мире для него еще осталось место.

Я нажала на спусковой крючок.

Я надеялась, что Донни, когда я его застрелила, было до жути стыдно за все, что он сотворил. Что он молил о прощении, потому что в этом случае, если верить Гамлету, он бы — раз — и вознесся на небо. А мне теперь суждено вечно гореть в аду. Ну и ладно!

Дилан достал из пакета деньги и уставился на них.

— Сходится? — спросила я.

— Тут сплошные тысячные банкноты. Один миллион — это тысяча тысяч, значит, десять миллионов — десять тысяч тысяч.

Дилан разложил деньги на десять одинаковых стопок и одну рассовал себе по карманам. Остальные девять отнес в бункер. Там он рассыпал их на песке, набросал сверху сухих веточек, а на них уложил несколько веток побольше.

— Ты уверен? — уточнила я.

— Уверен, Салли Мо, — ответил он. — От денег люди гниют, как от проказы. Единственное, что можно сделать, — это позаботиться, чтобы они не попали тебе в руки.

Мы затащили Донни в бункер и положили на костер. И подожгли.

— Что ж, девять миллионов все-таки достались Донни, — сказала я.

Мы выбрались наружу и закрыли за собой дверцу. Брата Монаха мы похоронили в песке.

— А дверцу-то мы зря закрыли, — сказал Дилан. — Без кислорода огонь погаснет.

— Будем считать, Донни повезло.

Мы спрятали миллион евро под бревном в кемпинге и приложили записку: «Для пострадавших от махинаций банкира Кроммелинге». Той ночью мы легли спать вместе в моей палатке. Но ничего такого не делали. Хотя нет, я делала кое-что удивительное:

я спала. Настоящим сном, долгим и глубоким. И кажется, без сновидений. Так что сейчас я спать не буду. Ты не устала, Салли Мо, ты не устала! В ту ночь ты выспалась на всю оставшуюся жизнь.

Мы вернулись на пароме домой в понедельник днем, то есть вчера, если эта ночь еще считается вторником. На самом деле, конечно, уже среда, пять утра, за окном светлеет, поют первые птицы. Мы думали, что за нами придут из полиции, — все утро понедельника мы так думали. Но никто не пришел. Было чуть ли не жаль, ведь мы тренировались, Дилан и я, чтобы отвечать в точности одно и то же. Это Дилан придумал, да так, что не подкопаешься. Бейтелу мы предложили рассказать про звериный пир, тут все было схвачено. Но наши с Диланом показания должны были сходиться.

— Ты знала погибшего мальчика? — спросил Дилан.

— Да, — ответила я.

— Я тебе подакаю! С представителем полиции неплохо бы и повежливей!

— Да, господин следователь.

— Мне кажется, нас будет допрашивать женщина.

— Да, госпожа следователь.

— А его брата и сестру ты тоже знала?

— Да, госпожа следователь.

— Как вы познакомились?

— Когда нас похитили. Нас держали вместе.

— Где вас держали?

— Не знаю, госпожа следователь, нас схватили, затолкали в машину, завязали нам глаза и развязали, только когда мы уже оказались на месте.

— Мы — это кто?

— Дилан, Бейтел, Донни и я, госпожа следователь.

— А кто вас похитил — иностранцы?

— Нет, госпожа следователь, они говорили без этого... как его... акциза.

— Ты хочешь сказать, акцента.

— Да, прошу прощения, госпожа следователь.

Дилан посчитал, что нам лучше прикинуться дурачками.

— Как они выглядели?

— Они были в балаклавах, госпожа следователь.

— Тебе было известно о смерти мальчика по имени Бакс?

— Да, госпожа следователь, они нам рассказали. И добавили: у нас есть еще шестеро, хватит как раз на неделю, можно каждый день приканчивать по одному — раскошелятся как миленькие. Нам было очень страшно, госпожа следователь.

— Понимаю. К счастью, вас отпустили. Тебе известно почему?

— Потому что Донни рассказал им, что у наших мам нет денег, из них ничего не вытрясешь.

— И ему поверили?

— Да, госпожа следователь, но только после того, как он присоединился к банде.

— Он присоединился к банде?

— Да, ему и балаклаву выдали.

Дилан рассмеялся:

— Про балаклаву, пожалуй, не стоит.

— Когда они получили свои десять миллионов, он сбежал с ними, — сказала я.

— Ты знаешь, куда они могли направиться?

— Нет, госпожа следователь.

— Хорошо, на сегодня хватит.

— Мне можно идти?

— Последний вопрос: тот мальчик, Бейтел, с его звериными россказнями, — он надо мной издевается или он правда того?

— Бейтел — самый милый мальчик на свете, госпожа следователь.

— Прекрасно, — похвалил меня Дилан.

Вот так мы сидели и готовились, но за нами никто не пришел. Хорошо, что у меня есть время это записать, а не то все усилия Дилана пропали бы даром.

Наши мамы пили вино на нижней палубе парома — красное, потому что были в трауре. Мы тоже сидели там, за столиком, как можно дальше от них. Бейтел поднялся наверх проверить, нет ли на борту зверей.

— Звери тоже ездят в отпуск, Салли Мо. Чаще всего во Францию, погреться на солнышке. Но небогатые звери ездят на этот остров. Тебе, наверное, интересно, как они сюда попадают?

— Вплавь?

— Не все звери умеют плавать. Они идут в порт, надевают человеческие маски и одежду и проходят на борт. А когда добираются до места, они раздеваются, снимают маски и ложатся загорать — во Франции, а здесь — устраиваются в лесу.

— Значит, все пассажиры на борту могут оказаться животными?

— Не все, — ответил Бейтел. — Под некоторыми масками скрываются люди.

Мы с Диланом сидели за столиком и прощались, нам предстояло расстаться на год. Минус две недели.

— Что ж, до следующего года, — сказал Дилан.

— До следующего года, Дилан.

— Дашь мне свой номер, Салли Мо? Будем звонить друг другу, писать сообщения?

Такого он раньше не предлагал.

— Я буду слать тебе письма, — ответила я. — Дашь адрес?

— Пиши, если не можешь иначе, но ответа не жди. Я даже не представляю, куда клеить марку.

Мы еще не знали, что в четверг вернемся на остров за палатками.

Уже светло, птицы поют что есть мочи, но люди еще спят. Мироздание, будь оно неладно, блистает во всем своем великолепии, но никто этого не видит, никто не слышит.

Я буду верить в рай, иначе непонятно, зачем все это вообще. В рай, но не в бога. Я буду верить в рай, в котором люди — одни только мысли, без кожи, костей, мышц. И даже ночью видно, о чем они думают, на самом деле думают, потому что их мысли светятся в темноте. Если бы в жизни все обстояло таким образом, я бы справлялась с ней получше. Я хочу сказать: настоящая жизнь, о которой говорит доктор Блум, слишком тяжела, слишком сложна для меня. И ему это известно. По-моему, он чувствует то же самое.

— Что ты делаешь, Салли Мо? — спрашивает Дилан.

— Стою на стремянке и кормлю пингвинов.

— Извини, глупый вопрос. Но что ты пишешь?

— Книгу.

— И о чем она?

— О нас.

— Надеюсь, она кончится хорошо, Салли Мо.

— Обещаю, Дилан.

Сегодня четверг, я пишу это на пароме, том же, на котором мы плыли в понедельник, и мы даже сидим за тем же столиком. Только плывем в другую сторону. И идет дождь. И наши мамы пьют розовое вино, потому что теперь они в трауре наполовину. Острова пока не видать, а материк уже скрылся из виду. Паром — как комната с серыми шторами, и шторы эти задернуты. Бейтел показывает нам, кто из пассажиров на самом деле зверь, он мигом их высматривает. С нами на борту как минимум один павлин и одна лама.

— А о Джеки ты тоже пишешь?

Я киваю.

— Надеюсь, не плохо?

— Можешь прочитать, когда закончу, Дилан.

Они с Бейтелом сейчас будут играть в шахматы, и я смогу писать дальше.

— Ты, главное, правду пиши, — говорит Дилан.

— Это мне решать, — говорю я.

— Да, это ей решать, — говорит Бейтел Дилану.

Они играют, и Дилан ему поддается.

— Откуда мне знать, что правда, а что нет, там, снаружи? — спросила я доктора Блума.

— Спроси у Сири.

— Да нет, я серьезно.

— Все на свете правда, — ответил доктор Блум. — Какой бы огромной ни была ложь, всегда найдется человек, который в нее поверит.

— Лгать можно, только если знаешь правду, — сказала я. — Иначе это не ложь, а глупость.

— А кто говорит, что это глупость?

— Люди, которые знают больше.

— И ты — одна из них, Салли Мо?

Хороший вопрос. Я так глубоко задумалась над ответом, что доктор Блум опять взял слово:

— Можно научить детей маршировать. Выбрасывать правую руку вверх и кричать, что Гитлер хороший, а все евреи, гомосексуалисты, чернокожие и цыгане должны умереть. Эти дети будут уверены, что поступают правильно и то, что они кричат, — правда. И это очень хорошие дети, в них нет ни капли зла.

— Не было.

— Нет. Они и сейчас маршируют, только в других местах, и призывают уничтожать людей. Мило, не правда ли? Ты хочешь иметь детей, когда вырастешь, Салли Мо?

— Когда мне будет семьдесят четыре.

— Правильно, — похвалил доктор Блум. — Всему свое время.

Он загадал мне загадку:

— Ехал как-то один человек в Санта-Фе. Дело было до того, как изобрели мобильные, а карты у него не было. Но он повсюду спрашивал дорогу, и люди показывали ему, куда ехать. Однажды он притормозил на развилке: одна дорога вела направо, другая — налево. Он не знал, какая из них ведет в Санта-Фе. На развилке стоял домик. В нем жили двое братьев-близнецов. Они были совершенно одинаковые: думаешь, что говоришь с одним, оказывается, что это другой, думаешь, что говоришь с другим, а он может с тобой и согласиться. Разница заключалась только в одном: один всегда врал, а второй всегда говорил правду. Наш путешественник стучится в дверь и имеет право задать один вопрос тому брату, который откроет. Какой вопрос, Салли Мо, он должен задать, чтобы узнать, какая дорогая действительно ведет в Санта-Фе?

Я долго думала, пока не нашла ответ. И потом еще немного, чтобы удостовериться, что он правильный.

— Молодец, — сказал доктор Блум. — Ты выживешь там, снаружи.

Это произошло во время нашей первой встречи. И тогда я тоже думала, что у меня есть шанс. Шанс здесь выжить.

Вторую партию выиграл Дилан. Они с Бейтелом убирают фигуры. Остров уже виднеется на горизонте, тяжелые тучи глубже, чем обычно, вдавливают его в море. Я загадаю Бейтелу загадку про близнецов. Уверена, он разгадает ее тут же, не задумываясь. А потом спросит, что тому страннику понадобилось в Санта-Фе.

Через несколько часов: когда мы приехали в кемпинг, у палатки нас ждал Брандан. И теперь в палатке в каких-то трех метрах от меня флиртуют, фривольничают, физкультурничают и занимаются всем, чем еще можно заниматься на букву Ф (и F). Я слушаю кантаты Баха. По мнению доктора Блума, они близки к возвышенному.

— Искусство — это попытка пробудить в другом чувство возвышенного, но это возможно, только если этот другой уже испытал возвышенное в жизни. Искусство вызывает в памяти воспоминание о возвышенном. Все, что ты отныне прочтешь, только обогатится от того, что ты испытаешь за три месяца, пока не будешь читать, — объяснил доктор Блум. — Это как электрический велосипед, Салли Мо. Его нужно заряжать, но и крутить педали тоже придется, иначе не сдвинешься с места. Заряжаешь возвышенным, а педали крутишь, время от времени подпитываясь искусством. Так можно прожить жизнь, особо не напрягаясь. И никакой встречный ветерок тебе не помеха.

Брандан мне не помеха, он нормальный мужик. У них с мамой все равно ничего не получится, так пусть хоть попритворяются пока. Мама Донни осталась дома. Она думает, что Донни сбежал с бандой и полными карманами денег. Это мы ей так рассказали. Она верит, что однажды, в сочельник, он вернется домой на дорогом авто, а она как раз будет ждать его у окна и смотреть на падающий снег. Что ж, ждать ей придется долго. Если он и вернется домой, то в гробу. Бейтел во что бы то ни стало хотел поехать с нами, поучаствовать в охоте на сокровища — прошлую он пропустил. И побыть со мной.

Мы с Диланом сидели на бревне и затачивали кончики веток. Мы не провели в кемпинге и четверти часа, как уже заскучали до смерти. Чего-то не хватало, но мы не понимали чего. Как я уже писала, когда мы приехали, Брандан сидел у маминой палатки, а Фил — у палатки мамы Дилана. Они сидели, как если бы ждали каждый своего врача в больничной приемной. Не переговаривались, а просто таращились в пустоту, будто думали, что из песка вдруг вырастет столик с журналами. И тут пришли мы, и Брандана затащили в палатку, а Фил сказал маме Дилана:

— Нам нужно поговорить. По деревне ползут всякие слухи.

Так что в одной палатке тут же занялись fизкультурой и прочим fитнесом, а из второй доносились только возбужденное фырканье и фрагменты фраз. Я загадала Бейтелу загадку про близнецов в домике на развилке дорог, но Бейтел не захотел ее разгадывать.

— Почему один их них врет? — спросил он.

— Не знаю.

— Это же плохо.

— Это неважно.

— Нет, важно, — сказал Бейтел. — Этот человек — подлец.

Он скрылся в лесу, а мы с Диланом снова принялись за ветки.

Дилан спросил:

— Что хуже, Салли Мо, попрощаться и не видеть друг друга целый год или попрощаться на год и потом видеться каждый день?

Вот оно в чем дело! Завтра мы не сможем попрощаться, потому что мы это уже сделали. Если только, подумала я... если только мы не найдем другой способ проститься. Вслух я этого не сказала. Шел дождь, но наше бревно лежало под деревом, и мы не слишком промокли.

Фил вышел из палатки с сияющей улыбкой на лице.

— Она все поняла, — сообщил он, — и расскажет местным, что это неправда, что между нами ничего не было. Хотя ей и жаль, что это так.

— Тебе тоже, наверное, жаль, — сказал Дилан. — Моя мать послужила бы отличным материалом для твоей книги.

Этого Фил не заслужил. Я ткнула Дилана веткой в бедро. Из ранки тут же пошла кровь. Он был в шортах — штаны лежали дома в сушилке. Фил — хороший парень. И даже больше. Он вытащил меня из палатки, когда мы думали, что Бейтел умер. Он натворил и глупостей, но думал, что поступает правильно. Или делал это ради книги. Ради книги можно довольно далеко зайти, я считаю. Иногда я думаю, что разделась тогда, в бункере, чтобы понять, каково это — стоять перед другими голой. Для моей книги.

— Знаешь, что мне рассказала твоя мама? — спросил Фил у Дилана. — Она сказала, что, когда она встретила Шона, ей было двадцать лет. Шон — это ведь твой отец?

Дилан кивнул.

— А Шону было сорок. Она бросила его, потому что решила, что он для нее слишком стар. В два раза старше ее, на сто процентов старше. Но недавно она посчитала: теперь ей сорок, а ему шестьдесят, то есть он старше ее всего на пятьдесят процентов, а когда Шону исполнится сто, ей будет восемьдесят, а это только двадцать пять процентов. «Это почти не считается, — сказала она, — это как два глотка из пакета молока». И она выгнала меня из палатки, чтобы позвонить Шону.

— Она так и сказала? — переспросил Дилан. — Что позвонит Шону?

Его щеки пылали.

Фил кивнул и спросил:

— Он хороший, твой отец?

— Я его не знаю, — ответил Дилан, — но как бы там ни было, он мой отец.

Фил дал ему пять, и Дилан нырнул в палатку своей мамы. Я еще ни разу не видела, чтобы он туда заходил.

— А ты как, Салли Мо? — спросил Фил.

— На середине последней главы, — ответила я.

— Пригодился тебе мой совет?

— Очень даже пригодился.

Когда Бейтел умер, точнее, когда мы еще так думали, мы пошли к нему домой, к Филу. Он взял меня с собой, решил, что не стоит мне всю ночь одной сидеть в палатке. Мы устроились в гостиной, его жена спала на втором этаже: ей надо было рано вставать, и он не хотел ее будить. Фил чуть ли не силой заставил меня написать то предложение. Что Бейтел умер. Когда я это сделала, он сказал:

— Это правда, а правде надо смотреть в глаза, Салли Мо. Но это еще не значит, что в своей книге ты должна писать только правду.

— Но это же дневник, — возразила я.

— В дневник можно заносить и свои мысли, фантазии, желания, ведь это тоже часть жизни автора, и обо всем этом можно писать. Пожалуй, даже нужно писать. В книге ты вправе искажать реальность, если считаешь, что от этого твой рассказ станет лучше. В книге хозяйка — ты.

Когда он отвел меня обратно в кемпинг, уже светало. Он сказал, что всегда рад меня видеть, что для меня у них в доме всегда найдется постель, что его жена не против. Он ее не спрашивал, но не сомневался, что она не откажет, — она прекрасный человек.

— И это — стопроцентная правда, — сказал он и улыбнулся. Его улыбка была не такой, как улыбка дедушки Давида, когда он умирал. Но это тоже была правильная улыбка. На такой улыбке нестрашно и с горы скатиться.

— Думаешь, правда существует? — спросила я, когда мы прощались.

— Уверен, — ответил Фил.

Флешбэк:

— Если правдой может быть все, — сказала я, — потому что даже в самую огромную ложь кто-нибудь да поверит, значит, можно с тем же успехом утверждать, что все выдумка.

— Боюсь, так и есть, Салли Мо, — ответил доктор Блум.

— Но так можно сказать только об идеях и мнениях, — возразила я, — или о высказываниях. К событиям ведь это не относится.

— Есть люди, которые утверждают, что во Вторую мировую не уничтожали евреев и что человек ни разу не ступал на Луну.

— Ну а если ты сам при этом присутствовал? То, что я здесь сижу, — это ведь правда?

— Говоришь ты. Сейчас. А вот станешь ты однажды императрицей земного шара и наших галактических владений, и спросят тебя о старом психиатре, к которому ты когда-то ходила, и ты только удивленно вскинешь брови: «О чем это вы?»

Не люблю, когда он так говорит.

— Значит, в жизни никогда не наступит момент, когда ты достаточно поумнеешь, чтобы понимать, где правда, а где вранье? — спросила я.

— Вынужден тебя огорчить, Салли Мо.

— Может ли человек хоть что-нибудь знать наверняка?

— Я — нет. Но мне шестьдесят пять лет, тебе — четырнадцать.

— Тринадцать.

Мне хотелось уйти и засесть за книжку. Но тут он рассказал мне историю:

— Мне было шестнадцать, и как-то вечером я сидел в кафе с девушкой. Ее звали Луиза. Мы немного выпили, поговорили, понравились друг другу и вышли на улицу. Там нас поджидал ее отец. Он отвесил Луизе пощечину и закричал: «Живо домой, маленькая шлюшка!» И я ничего не сделал, совершенно ничего, я просто стоял и смотрел им вслед.

И сорок пять лет мучился от стыда, честное слово. Я часто думал об этом случае. Пока пару лет назад не встретил Луизу. Мы заговорили о том вечере, она все помнила. «Вышли мы на улицу целоваться, а там отец, — сказала она. — Он ударил меня и закричал, чтобы я шла домой, а ты... мне так это понравилось... ты обнял меня за плечи и невозмутимо заявил, что сам меня проводишь. И проводил». Так она это запомнила. Кто из нас прав, Салли Мо?

— Вы, — сказала я. — Трусливый конец истории люди для себя не придумывают. А вот отважный рыцарь — о таком девушка, может, будет мечтать. А если делать это достаточно долго, мечта в ее голове превратится в правду. Она вас любила.

— Спасибо, — сказал доктор Блум. — У правды ограниченный срок годности, на нее нужно ставить штамп «употребить до».

И тогда я сказала, что правду можно найти только в книгах, потому что в книгах всегда сообщается, честно говорит герой или врет.

— Но ты забываешь одну важную вещь, Салли Мо: писатель может все наврать.

— Вы пытаетесь внушить мне ненависть к чтению.

— Нет, я хочу, чтобы ты поняла: разница между книгой и реальным миром не такая большая, как ты думаешь. Хочу облегчить тебе переход.

— Из одной лжи в другую.

— Совершенно верно.

— Почему же тогда про этот мир говорят, что он «реальный»?

— Так мы договорились, чтобы не сойти с ума.

— Но ведь это тоже вранье. То, как Луиза запомнила вашу встречу, — неправда.

— Важность правды сильно преувеличивают, — сказал доктор Блум.

— Почему же мы учим детей, что врать нехорошо?

— Потому что не хотим, чтобы они врали нам. Но при этом с самого начала только и делаем, что сами им врем. В первые годы жизни они одно только вранье и слышат. Что самое первое, что говорят ребенку? «Ты самый чудесный и красивый малыш на свете!» Ты младенцев видала, Салли Мо?

— Чудовища! — отозвалась я.

— Уроды! — кивнул доктор Блум. — А потом они начинают чиркать на бумаге. «Какой красивый рисунок!» Ты детские рисунки видала?

Я кивнула.

— «Малыш, да ты новый Рембрандт! Нет, конечно, вовсе ты не толстушка! Наоборот, такой вес сейчас в моде, толщина — новая худоба. А как ты здорово играешь в футбол! Когда вырастешь, ты можешь стать кем угодно, главное — старание. Мама и папа никогда не разойдутся». И ты, Салли Мо, говоришь мне, что врать нельзя? Нет на свете правды, Салли Мо, и даже это — ложь.

Вот он опять!

— Хочу домой, — сказала я.

— По-моему, ты врешь.

Я кивнула и осталась.

— Если разница между книгами и так называемой реальной жизнью так мала, — сказала я, — почему мне тогда нельзя читать?

— Шопенгауэр говорил: «Читать — значит думать чужой головой», — ответил доктор Блум. — Мы хотим, чтобы ты начала думать своей.

— Я только этим и занимаюсь, — возразила я.

— Это сейчас. Потому что не читаешь, а беседуешь с живым человеком. Я должен тебя научить беседовать и с другими людьми.

— Врать им.

— Я считаю... как бы получше выразиться... Я считаю, что ложь, красивая ложь, чуткая ложь, ложь, которая бережет чувства другого человека, — хороший способ общения.

— Ну а я так не считаю, — буркнула я в ответ.

— Знаешь, Салли Мо, — сказал доктор Блум, — от правды бывает так больно. Сколько нам дано времени на земле? И на что мы хотим его потратить? Мы хотим быть счастливы. Прошу тебя, пусть твои слова будут делать людей чуточку счастливее. Говори им, что у них волосы хорошо лежат. Может, правда и существует — в сундуке на дне океана или на Луне, но в вечности мы — мушки-однодневки и за один день должны успеть родиться, вырасти, если повезет — завести друзей, произвести на свет потомство, побыть хоть чуть-чуть счастливыми и закрыть глаза.

На поиски правды у нас нет времени. Мне шестьдесят пять, я выхожу на пенсию, и если ты сейчас сделаешь мне одолжение и соврешь, что готова хоть немного научиться врать, я буду считать, что выполнил свою задачу.

— И выпустил в реальный мир плохого человека.

— Салли Мо, ты неисправима. Ты вегетарианка?

— А это тут при чем?

— Ни при чем, прости.

— Я ненавижу животных, за исключением тех, которые умеют говорить и никогда не врут. Остальных можно побросать в мясорубку.

— Ты серьезно?

— Это правда и ничего, кроме правды, и да поможет мне Бог.

— Салли Мо, — сказал доктор Блум, — ты просто сногсшибательная.

Это была наша последняя встреча. Мы встали, пожали друг другу руки, но в коридоре опять поссорились из-за правды. Я шла вниз по лестнице, громко топая от злости. Как можно внушать тринадцатилетнему ребенку такое: что все и всегда врут? Даже вместе выйдя на улицу, мы продолжали ругаться. Точнее, я. Я ругалась. Доктор Блум смотрел на меня с совершенно неуместной улыбкой, которую натянул на лицо, как балаклаву. Когда я наругалась вдоволь, он поставил мне то самое условие:

— Ты можешь вернуться к чтению, если тебе удастся целый день говорить только правду. А это тебе не удастся, никогда и ни при каких обстоятельствах. Знаешь что? Можешь соврать дважды. Третий раз — и конец игре. По рукам?

— По рукам.

Я была уверена, что у меня получится.

В автобусе по дороге домой я жутко скучала по дедушке Давиду. Наверное, потому, что надолго рассталась с доктором Блумом. Наша ссора на самом деле была разговором по душам. Я представила себе дедушку Давида, тогда, в автобусе, и сейчас вижу его опять. Здесь, в................, тьфу ты, в палатке, ясно как днем: он сидит в своем кресле у низкого столика. В этом кресле он продавил такую яму, что я думала, когда-нибудь он просто в ней исчезнет и его не надо будет хоронить. Останется только положить на яму камень с его именем, и пусть на этот камень сядет кто-нибудь другой. Я, например.

Деревянный пол под его ногами протерся — еще одна яма. А другая образовалась на столе, в том месте, где он раскладывал свой пасьянс. Старики везде оставляют за собой ямы. Я вижу, как дедушка Давид сидит в своем кресле, в руке — колода карт, на столике — бутылка йеневера. Карты за пятьдесят-шестьдесят лет так истончились, что дамы и валеты просвечивали с обратной стороны. Это было вскоре после того, как он расстался с той дамочкой из Схевенингена. Господи, как же я этому обрадовалась! Я видела ее всего однажды, но возненавидела незамедлительно. Да и наблюдать за тем, как дедушка Давид прикидывался молодым, было мучительно. И как он таскался по улицам и по всем паркам с этими дурацкими палками, как жук со спичками. Может быть, когда тебе восемьдесят восемь, влюбляться уже поздно.

Неужели дедушка Давид чувствовал к ней то же самое, что я чувствую к Дилану, Бейтел — ко мне, Дилан — к Джеки, а моя мама (пока еще) — к Брандану? Он написал ее портрет. Дедушка Давид. Той тетки из Схевенингена. И портрет кота. Дедушка Давид был отличным художником, вот только продавать свои работы не умел. Может, ему тоже стоило малевать всякую дрянь: Микки Мауса с палками для ходьбы в виде двух пиписек. Дедушка был знаком со многими известными писателями, но я с ними ни разу не встречалась, знаю их только по траурным открыткам на подоконнике. Дедушка уселся в кресло и принялся ждать смерти. Как раз для этого и придумали пасьянс. Но дедушка долго не заболевал. Три лета подряд он предрекал: «Это лето — мое последнее». И каждый раз встречал зиму. Пока вдруг не оказалось, что рак уже изгрыз его изнутри.

Доктор Блум рассказал мне анекдот:

— Живут себе в раю Адам и Ева. Бог говорит им: «Зазвонит телефон — не берите трубку». Тут раздается рингтон, и с дерева свешивается змей с мобильником в пасти: «Вам звонок». Они все-таки берут трубку и слышат: «А теперь катитесь к дьяволу из моего сада!»

Доктор Блум старый, и для него цифровой мир — сплошная катастрофа. Но, возможно, он прав (он частенько оказывается прав) и выгнал меня в реальность, в реальный мир, потому что знал: этот самый реальный мир скоро опустеет — от всех остальных останутся лишь аватары. А земля — рай, но этого никто не понял. И мне в наследство достанется не только дедушкин дом, но и весь мир.

У меня в голове полный хаос. Прямо сейчас. Все смешалось, как те птицы над рекой: испугались ястреба, а их отражения в воде удирают от щуки. Вот что бывает, когда тебе запрещают думать чужой головой. В книгах обычно царит строгий порядок, ну а в этой книге — нет. И это — мои собственные мысли, доктор Блум! Дилан лежит в десяти метрах от меня в палатке своей мамы, может, позвать его? Спать я больше не буду. По улицам уже ездят машины и велосипеды.

Нельзя ждать от человека, что он будет проявлять сочувствие или хотя бы понимание к этому позабытому Богом мирозданию, это слишком трудно. Как же я старалась, особенно в последние дни, всех понять и оправдать все, что они делают! Больше не могу. Не хочу, потому что это ни хрена не помогает! Когда меня еще не существовало, я все понимала, а теперь существую — и не понимаю ничего. В собственную жизнь лучше сильно не вмешиваться. Хорошее оказывается плохим, плохое — хорошим, правда оборачивается враньем и наоборот — это ни черта не меняет, и люди продолжают умирать. Знать ничего не возможно, можно только думать.

Хочу читать. Моя голова истосковалась по книгам, взывает к ним. Прожить один день не соврав не вышло. Три месяца еще не истекли. Значит, мне нужно еще один раз испытать возвышенное. Первый раз был тогда с Бейтелом в лесу, когда между деревьями тянулись солнечные лучи и я наполнилась светом или, может, растворилась в нем. Это было так же возвышенно, как тот листок на поверхности бассейна. Второй раз — когда я стояла голая в бункере, чувствовала, что меня видит весь мир и впервые...

Только что звонил Фил:

— Салли Мо, я опоздаю на полчасика, прости: паром задержался. Но я в любом случае буду вовремя, не волнуйся. Ты готова?

— Почти.

— Книгу закончила?

— Почти.

— Послушай...

— Что?

— Ничего.

— Что послушай?

— Ничего, я еду. Привезу ту газету, ну, ты знаешь.

Хватит.

Пора заканчивать.

Ты здесь хозяйка, Салли Мо.

Сосредоточься, закрой глаза и пиши.

Когда я стояла голая в бункере... То было не возвышенное. Сильное ощущение, да, но полная противоположность возвышенному. Я не растворилась в чем-то прекрасном и величественном, а, наоборот, стала видимей некуда. И вместо того, чтобы чувствовать все, я не чувствовала ничего. Тот вечер в кафе, с пианистом, похожим на Шекспира, и тем певцом с его бутербродами, — вот это было возвышенно. То был второй раз. Остался еще один. Доктор Блум не говорил, что возвышенное нужно обязательно испытать в этом его «реальном мире».

Вот оно.

Мы с Диланом сидим на дюне. Идет дождь, но мы положили на песок его куртку и сверху прикрылись моей. Мы делаем вид, что охотимся за сокровищами. Охоту чуть не отменили из-за дождя, но Бейтел ныл и ныл, и организаторы оставили все как есть. Набралось трое участников, двое из которых — мы с Диланом. Наши мамы лежат по палаткам. Одна переписывается, другая перепихивается. Одна с папой Дилана, другая с Бранданом. Моя с Бранданом.

— Когда идет дождь, кажется, что это мертвые с тобой разговаривают, — говорю я. — Ты только послушай: будто великое множество голосов разом шепчет тебе на ухо. Тс-с-с... Нет, показалось. Мне послышалось, что откуда-то доносятся несколько знакомых голосов. В нашем роду смерть — популярное хобби.

— Я умирать не собираюсь, — сказал Дилан.

— Но это невозможно.

— Я так решил.

— Когда?

— Только что. Десять секунд назад. Одиннадцать.

Собственно, мы с Диланом всегда только о смерти и разговаривали, и почти каждый раз, когда мы играли в «что хуже», речь шла о ней. Взрослые уверены, что справляются со смертью лучше, чем дети, но это не так. Я видала одну трехлетнюю девочку, которая танцевала у свежей могилы своего отца. В руке у нее была роза. «Где лежит папина голова?» — спросила она и воткнула розу в землю в том самом месте. Не представляю, чтобы такое проделал взрослый.

Я чувствую, что взрослею, — прямо сейчас, здесь, под курткой, рядом с Диланом, окруженная голосами мертвецов. По-моему, Дилан чувствует то же самое. Мы больше не дети. Ну то есть я-то никогда ребенком и не была, но теперь мне уже необязательно им притворяться. Я смотрю на Дилана и думаю: он такой хрупкий, такой адски хрупкий! Если я захочу поцеловать его в щеку и нечаянно попаду в висок, это может его убить. Но я все-таки решаюсь: прицеливаюсь как можно точнее и целую его в щеку. Дилан замирает на миг, потом поворачивается ко мне, улыбается — возвышенной улыбкой — и прижимает эту улыбку к моим губам. На один миг.

— Мы на земле для того, — говорю я, — чтобы на протяжении одной световой вспышки побыть вместе с другим человеком. Если это удастся, нас вознаграждают.

— Господи, Салли Мо, откуда ты это взяла?

— Сама придумала. Десять секунд назад. Одиннадцать.

— И что же это за вознаграждение?

— Мы рождаемся.

— Понятно.

— Скоро все птицы взлетят со своих ветвей и станут парить над нами крылом к крылу, и на нас никогда больше не упадет ни капли.

Вместо птиц к нам подлетают три мотылька и начинают водить хоровод вокруг моей головы, а потом вокруг Дилана. Бред какой-то.

— Они переносят мед из моего сердца в твое, — говорю я.

— Ну ты даешь, Салли Мо, — говорит Дилан, — хватит уже.

И берет мою руку в свою.

Я хочу остаться здесь, навсегда, здесь, где сейчас сижу, на дюне у моря, в этой истории, здесь я существую, здесь хочу пробыть до самой смерти.

Я говорю:

— Дилан, теперь мы должны будем умереть, ты и я. Мы разбудили друг друга поцелуем, мы наконец-то начали жить, а тот, кто живет, должен умереть — мы попались!

— Это твой первый поцелуй, Салли Мо?

— Да, твой тоже?

Дилан прокашливается, будто готовится отбарабанить целый список девчонок, с которыми целовался, но шепчет только:

— Да.

— Первый поцелуй уже делает нас смертными, Дилан, тут ничего не поделаешь.

— Могла бы и предупредить, Салли Мо.

— Что хуже, Дилан, — спрашиваю я, — что правды нет или что ее невозможно узнать?

— Если правды нет, Салли Мо, то я не знаю, что тогда нужно искать.

— Ну а если ты заранее знаешь, что никогда ее не найдешь?

— Главное — искать. И, кто знает, может быть, я стану первым, кто ее найдет?

— Не сомневаюсь, — говорю я, — ты найдешь.

— Счастливая жизнь, — говорит Дилан, — это когда ты хорошо поискал, заглянул под каждый камень, все повидал, поговорил с животными. И если в конце ты так и не нашел правду, то по крайней мере видел и слышал красоту. А загубленная жизнь — это когда ты с самого начала знал, что правды нет, и даже не пробовал искать.

Дилан способен найти счастье, там, снаружи, он — способен, для этого нужен талант, и у него он есть. Не может же быть так, что нам всем лучше было совсем не рождаться? Должно же быть что-то, ради чего стоит жить? Дилан это найдет и расскажет мне, когда мне исполнится семьдесят четыре и мы снова встретимся.

— Можно я тебя еще раз поцелую, Дилан, перед тем как нам придется расстаться?

— Что ты собираешься дальше делать, Салли Мо?

— Ничего.

— Ничего?

— Отправлюсь красить луну.

— Ничего себе «ничего»!

Он обнимает меня, и я чувствую мед его сердца у него на языке. У себя на языке. Его руки скользят по моему телу. Боже, Дилан, продолжай, пожалуйста, не останавливайся.

И Дилан говорит:

— Салли Мо, какая же ты красивая!

И тут рядом с нами возникаешь ты. У тебя на плече белый кот дедушки Давида, он обвивает твою шею хвостом, чтобы скрыть синяки.

— Счастливо тебе, Дилан!

— И тебе, Салли Мо.

— Передашь всем от меня привет?

— Конечно, передам.

Мы сбегаем по склону дюны, бежим через лес в королевский замок. Там кот спрыгивает с твоего плеча и начинает соскребать с земли мох и хвою. Под ними — дыра.

— За мной, — говорит кот. И прыгает в дыру.

Мы прыгаем следом. Это я кое у кого позаимствовала. Мы катимся с горки, держась за руки, только горки никакой нет. Мы падаем глубже и глубже в непроглядную тьму, пока впереди не вспыхивает огонек. Огонек растет и растет, и мы видим дом дедушки Давида. Дедушка сидит в своем кресле у окна.

Ты вынимаешь из-под рубашки медвежонка и забираешься к нему на колени. К дедушке Давиду.

— Вы знакомы? — спрашиваю я.

— Мы подружились в поезде, — говоришь ты.

— С тобой такое бывало, Салли Мо? — спрашивает дедушка Давид. — Сидишь ты в поезде и видишь в окне другой поезд, который едет в ту же сторону? Иногда твой поезд его опережает, иногда наоборот, они то и дело нагоняют друг друга, и каждый раз ты видишь одних и тех же пассажиров. Если смотришь в окно. Но никто не смотрит. А зря, ведь можно придумать что-нибудь интересное — вы же в метре друг от друга! Можно почитать газету женщины, которая сидит в другом поезде. Можно шутить, строить рожи, во что-нибудь поиграть, побеседовать на бумаге: «Все нормально? Нет? А что такое? Ребенок болеет? Ай-ай-ай!» Можно договориться о встрече: «Завтра в полпятого на острове у упавшего дерева? Будем целоваться». Никто этого не делает. Все пялятся в свои телефоны. А я сидел в вагоне, — продолжает дедушка Давид, — и вдруг увидел в соседнем поезде мальчика. Он поднес к окну медвежонка и показал на него. А потом ткнул пальцем в меня и начертил в воздухе вопросительный знак. Я пожал плечами. И вдруг мальчик оказался на сиденье напротив меня.

— Бейтел это умеет, — киваю я. — Для него перейти из одного мира в другой — все равно что открыть дверцу холодильника.

— Мы сидели у окна друг напротив друга, — говорит дедушка Давид. — Бейтел сказал, что медвежонок — король зверей, и спросил, не король ли я людей. Я ответил, что нет, но он мне не поверил.

— И тогда твой дедушка рассказал анекдот про англичанина, — говоришь ты. — Расскажи-ка еще раз?

— Жил-был один англичанин, — начинает дедушка Давид. — Однажды он со своей женой приехал на каникулы сюда, в Нидерланды, и захотел посетить дворец Лоо. А дело было в старые времена, Салли Мо, когда билеты на поезд еще продавали в кассе. Так вот, подходит этот англичанин к окошку кассы и говорит, вежливо так: Two to The Loo. Ту-ту-де-лу. А кассир сует большие пальцы себе в уши, машет остальными и отвечает: «Тру-лю-лю-лю!»

Дедушка Давид засовывает большие пальцы себе в уши и машет остальными. Ты заливаешься смехом у него на коленях.

Дедушка спрашивает, умеем ли мы играть в белот*. Кот...

Звонок в дверь. Мама идет открывать.

— Салли Мо, Фил приехал!

— Иду!

Мы идем тебя хоронить, Бейтел. Там. Снаружи.

— Салли Мо!

— Иду-иду!

Я купила тебе подсолнухи.

---

* Карточная игра.

УСТАНОВЛЕНА СВЯЗЬ МЕЖДУ ПРОПАВШИМИ ДЕТЬМИ, КРАЖАМИ И СМЕРТЬЮ ВОСЬМИЛЕТНЕГО МАЛЬЧИКА

Сообщает наш корреспондент

В прошлую субботу в нашей газете было высказано предположение о том, что пропажа детей банкира К., смертельная авария с мопедом на Клеверной тропе и серия краж на острове связаны. Это предположение подтвердилось в понедельник на пресс-конференции.

Девочка Жаклин (15 лет) и мальчики-близнецы Бакс и Никель (по 8 лет), в ночь с четверга на пятницу явившиеся в отделение полиции, действительно оказались детьми известного банкира К. За их поисками следила вся страна. Высказывалось опасение, что дети похищены, но выяснилось, что они сами ушли из дома. Беглецы скрывались на острове в одном из бункеров времен Второй мировой войны и питались тем, что им удавалось украсть в магазинах и пляжных кафе. Дети во всем признались и после допроса были переданы родителям.

Их убежище обнаружили четверо детей из кемпинга «На развилке», среди которых был восьмилетний Бейтел. Мальчик погиб в аварии по дороге в деревню, куда направлялся, чтобы купить продукты для беглецов.

Его подруга, пожелавшая остаться анонимной, заявила: «Бейтел был самым добрым и чудесным мальчиком на свете. Зная его, понимаешь, почему люди продолжают рожать детей: всегда есть один шанс на семь миллиардов, что у тебя получится маленький Бейтел».

Тело мальчика отправлено в его родной город, где в среду состоятся похороны.

Использованные источники

Сказку о Молчунишке я услышал давным-давно в радиопередаче «Пробило семь, пора...». Эту сказку придумал и рассказал Хенк де Волф. «Гамлет» — пьеса Уильяма Шекспира. Истории про белого кота и про старую ворону и молодого зайца мне поведал Джон Схюрсма.

Шурд Кёйпер

Оглавление

Литературно-художественное издание
Серия «Встречное движение»

Шурд Кёйпер
Бред какой-то!

Для старшего школьного возраста

В соответствии с Федеральным законом № 436 от 29.12.2010 года маркируется знаком 16+

Дизайн и обложка	Полины Плавинской
Перевод	Ирины Лейченко и Ирины Михайловой
Литературный редактор	Ольга Дергачёва
Корректоры	Алёна Щербакова, Светлана Липовицкая
Верстка	Алис Аккер
Ведущий редактор	Алёна Щербакова
Главный редактор	Ирина Балахонова

ООО «Издательский дом «Самокат»
119017, Россия, г. Москва,
ул. Малая Ордынка, д. 18, стр. 1
+7 (495) 180-45-10
info@samokatbook.ru, www.samokatbook.ru

Отдел продаж
sales@samokatbook.ru

Книги по издательским ценам можно приобрести в магазинах издательства:
Москва, ул. Малая Ордынка, д. 18, стр. 1;
Санкт-Петербург, ул. Мончегорская, д. 8Б
и в интернет-магазине samokatbook.ru.

Подписано в печать 19.02.2021
Формат издания 60×84/16. Усл.-печ. л. 22,32
Тираж 3000 экз. Заказ № 7612.

Отпечатано в ПАО «Можайский полиграфический комбинат»
143200, Россия, Можайск, ул. Мира, 93
www.oaompk.ru; тел.: (495) 745-84-28, (49638) 20-685